GOLDMANN
ESOTERIK

Buch

John Blofeld, der viele Jahrzehnte in Ostasien lebte und die verschiedenen Wege des kontemplativen Yoga praktizierte, gibt in diesem Buch eine sachkundige Einführung in die östlichen Methoden der Selbsthilfe. Es ist ein nützliches Kompendium für jeden, der die ersten Schritte auf einem solchen Weg ohne persönliche Anleitung durch einen Lehrer gehen will.

Autor

Einen guten Teil seiner vierzig Asien-Jahre verbrachte der Engländer John Blofeld in chinesischen und tibetanischen Klöstern. Dort kam er in intensiven persönlichen Kontakt mit vielen buddhistischen und taoistischen Meistern des Yoga und der Meditation. Das Studium der östlichen Religionen erweckte in Blofeld den Wunsch, die alten asiatischen Traditionen dem Westen zugänglich zu machen.

JOHN BLOFELD

Selbstheilung durch die Kraft der Stille

Leicht erlernbare Übungen zur Erlangung
von körperlicher Gesundheit, psychischer Stabilität
und Kreativität mit Hilfe altbewährter
östlicher Meditationsmethoden.

GOLDMANN
VERLAG

Titel der Originalausgabe: Gateway to Wisdom
Aus dem Englischen übertragen von Ulli Olvedi

Für Bob, vor dem sich die Drachen der Lüfte verneigen;
Und für Ruth, der die Acht Unsterblichen erschienen;
Für Al, dessen Kunst des Fliegens ohne Schwingen
Seine Verwandtschaft mit den Unsterblichen bezeugt.

Made in Germany · 12/84 · 1. Auflage · 1115
Lizenzausgabe mit Genehmigung des Otto Wilhelm Barth Verlags
im Scherz Verlag, Bern und München

Umschlaggestaltung: Design Team München
Druck: Elsnerdruck GmbH, Berlin
Verlagsnummer: 11752
ES · Herstellung: Sebastian Strohmaier
ISBN 3-442-11752-6

Inhaltsverzeichnis

Vorwort

Mein ganzes Leben lang war ich von der wundervollen Weisheit Chinas bezaubert, die weitgehend aus dem besteht, was man zusammenfassend *San Chiao* oder die »Drei Lehren« nennt. Die Chinesen sprechen von ihnen selten als von »Religionen«, weil sie alle drei weniger mit Dogmen und Glaubensvorstellungen zu tun haben als mit der Kunst, weise zu leben. Der Konfuzianismus ist eher ein ethisches als ein religiöses System, wenn ihm auch gewisse religiöse Obertöne nicht fehlen; Anhänger des Taoismus können sich eifrig mit religiösen Übungen beschäftigen oder aber ganz auf sie verzichten, ohne dadurch im geringsten weniger echte Taoisten zu sein. Der Buddhismus hat, wenngleich er weit näher an das herankommt, was westliche Menschen unter Religion verstehen, keinerlei Dogmen, sondern legt seine Betonung darauf, einen bestimmten Geisteszustand – und nicht ein System von Glaubenssätzen – zu verwirklichen. Im vorkommunistischen China sprachen die Anhänger aller drei Wege von sich selbst als von denjenigen, die den Weg kultivieren; das chinesische Wort *Tao* (der Weg) wurde von allen gleicherweise verwendet, wenn auch mit unterschiedlichen Schattierungen der Bedeutung. Wenn man sich auf die Suche nach Weisheit und Ganzheit begab, nannte man das *Ju Mên* (Durchschreiten des Tors).

Mit dem Konfuzianismus wollen wir uns hier nicht befassen; aus seinen Lehren entwickelten sich, auch wenn sie einen Hauch von Mystik hatten, keine yogischen Methoden. Der Buddhismus ist im Westen bereits wohlbekannt und hat dort feste Wurzeln geschlagen; der Taoismus hingegen ist – außer als

Philosophie – nahezu unbekannt. Taoistische Weise, die schon immer schwer faßbar waren, scheinen weitgehend aus dem menschlichen Blickfeld verschwunden zu sein, seit sich China in den Händen der roten Machthaber befindet. Selbst in Nachbarländern ihrer alten Heimat – in der die Kultivierung des Weges offiziell nicht mehr erlaubt ist – stößt man selten auf einen echten taoistischen Meister. In meinem Buch *Das Geheime und das Erhabene** stellte ich im Epilog Vermutungen an, was geschehen würde, wenn einige dieser Weisen auf den Rükken vielfarbiger Drachen und *Ch'i Lin* (chinesischer Einhörner) reitend durch die Wolken über den Ozean schweben würden, um im Westen zu landen. Während ich diesen Epilog schrieb, ahnte ich noch nicht, daß ich selbst eines Tages im Bauch eines riesigen, von Menschenhand geschaffenen Vogels in die Neue Welt fliegen würde, auf die ich nie zuvor meinen Fuß gesetzt hatte, um dort Seminare über die verschiedenen Aspekte der chinesischen und tibetischen Weisheit zu halten. Und doch führte mich mein Geschick im Sommer 1978 eben dorthin. Ich fand in diesen fernen Ländern »jenseits des östlichen Ozeans« einen echten Hunger nach jener Weisheit vor, die von Chinas gegenwärtigen Herrschern unglücklicherweise zurückgewiesen wird. Ich traf viele buddhistische Lehrer aus verschiedenen asiatischen Ländern, die sich in ihrer neuen Umgebung inzwischen gut eingelebt hatten, wenn auch nicht so viele, um die überraschend große Nachfrage nach ihnen zu decken. Aber ich traf nicht einen einzigen taoistischen Meister, abgesehen von einigen Spezialisten der Künste und Wissenschaften, die eine gewisse Beziehung zum Taoismus haben, wie etwa die *I-Ging*-Weissagung, die Kalligraphie, *T'ai Chi*, Akupunktur und die chinesische Medizin.

Dieser Mißerfolg rührte nicht etwa daher, daß ich oder meine

* J. Blofeld, *Das Geheime und das Erhabene*, Mystizismus und Magie des Taoismus, O. W. Barth Verlag, München 1974.

Gastgeber sich zuwenig Mühe gemacht hätten, denn ich verbrachte mehr als dreieinhalb Monate in Nordamerika und besuchte elf Staaten der USA sowie drei kanadische Provinzen und hielt dabei ständig Ausschau nach taoistischen Lehrern. Von Los Angeles führte mein Weg über Big Sur und San Francisco nach Vancouver und zwischen den friedlichen Inseln und Bergen entlang, die sich von dieser schönen Stadt aus nahezu hundert Meilen nach Norden erstrecken. Im weiteren Verlauf meiner Reise flog ich nach Colorado, fuhr von dort nach Chicago und flog dann nach Toronto. Über Montreal, Boston, Vermont, New York und Washington kehrte ich schließlich nach Kalifornien zurück, um dort in aller Ruhe an den Hängen des Mount Tamalpias zu verweilen, einem einstmals heiligen Ort der Indianer. Mein Gefährte auf diesen Reisen, der unermüdliche Bob Shapiro, erwies sich als Meister der taoistischen Kunst, seinen Weg mühelos zwischen allen Hindernissen hindurch zu finden.

Der Mount Tamalpias hat noch viel von seiner alten Magie bewahrt. Obwohl man sich dort unzweifelhaft in Amerika befindet, bietet er doch Ausblicke, die ebensogut Chinas pastellfarbener Provinz Kiangsi oder Japans einzigartigem Binnenmeer entnommen sein könnten. Und siehe da, während ich auf seinem Gipfel stand, hatte ich das Vergnügen, einer Begleiterin, die für mich immer Lady Ruth sein wird, ein überaus erstaunliches Bild zu zeigen: Durch die Wolken segelten, unschwer erkennbar, die Acht Unsterblichen des taoistischen Pantheons in ihrer altertümlichen Dschunke mit den viereckigen Segeln auf uns zu!

Zwischen den Städten, Farmen, Wäldern, Bergen und Inseln Nordamerikas stieß ich auf zahlreiche große und kleine Zentren und Gruppen, in denen nachdenkliche Menschen ernsthaft nach Heilmitteln für die zerstörerischen ökologischen, psychologischen und spirituellen Probleme suchen, die sich als Konsequenz des hemmungslosen Fortschritts der kapitalistischen

Wirtschaft ergeben. Manche davon, die man *growth institutes* (Zentren für geistiges Wachstum) nennt, befassen sich mit der Aufgabe auf breiter psychologischer Ebene; obwohl sie keineswegs ein ausschließliches Interesse für die Lehren asiatischer Weiser haben, heißen sie jede Technik willkommen, mit Hilfe derer man zu einer positiven, ausgeglichenen Lebensweise und einer unerschütterlichen Ruhe des Geistes finden kann. Meine Seminare an diesen Orten brachten mir reichhaltige Erfahrungen, die für mich im Hinblick auf dieses Buch sehr wertvoll waren. Von noch größerem Interesse in diesem Zusammenhang waren die Institute und Zentren, die sich auf das Studium und die Schulungswege des Buddhismus spezialisiert haben. Dazu gehören eine Reihe von sehr aktiven Zen-Zentren und andere unter der Leitung tibetischer Lamas. Eines davon, das von Trungpa Rinpoche gegründet wurde, ist bereits zu einer buddhistischen Universität herangewachsen; ein anderes unter Tarthang Tulku verspricht, eine solche zu werden; und die kalifornische »Stadt der Zehntausend Buddhas« hat bereits einen Kern von buddhistischen Einrichtungen unter der Leitung des chinesischen *Dharma*-Meisters Hsüan Hua, um den herum eine buddhistische Universität entstehen soll. Was buddhistische Tempel, Institute und Zentren kleineren Ausmaßes betrifft, die von japanischen, tibetischen, chinesischen, vietnamesischen und thailändischen Mönchen gegründet wurden, so findet man sie über weite Teile der USA und Kanadas verstreut, nicht zu reden von den kleinen, locker gefügten buddhistischen Gruppen, die sich regelmäßig zu Gesprächen und Meditationen treffen. Eine mehr oder weniger komplette Liste wäre sehr lang, und dasselbe gilt für andere Institute und Gruppen, die sich auf Akupunktur, chinesische Medizin und *T'ai Chi* spezialisiert haben.

All diese Entwicklungen sind äußerst ermutigend; dennoch konnte ich, als ich Nordamerika verließ, die Eindrücke, die ich mit mir nahm, nicht mit ungetrübter Freude betrachten. Ich hatte aus vielen Quellen von jungen Leuten gehört, die – getrieben von einer heftigen Sehnsucht nach sinnvolleren Lebensformen als jenen, die von einer hochentwickelten kapitalistisch-technologischen Gesellschaft angeboten werden – das Opfer von Gurus geworden sind, die eher die Emotionen ansprechen als Weisheit und gesunden Menschenverstand. Es war viel die Rede von Gehirnwäsche und sogar von Entführungen, von Vereinigungen, die forderten, alle privaten Besitztümer auszuliefern, und von Jugendlichen, die sich dem einen oder anderen dieser sogenannten Gurus angeschlossen hatten und dann bedroht wurden, wenn sie wieder gehen wollten. Ich habe auch Anzeigen von Gruppen gelesen, die behaupteten, »tantrischen Buddhismus« zu lehren, deren Absicht aber eindeutig darin bestand, aufregendere Sex-Spielarten zu vermitteln. Alle diese Übel resultieren aus einer hemmungslosen naiven Begeisterung, verbunden mit einem Mangel an Lehrern mit hoher spiritueller Qualifikation. Die Situation ist um so gefährlicher angesichts der Schwierigkeit, die unerfahrene junge Leute damit haben, zwischen Gurus, die dieses Namens würdig sind, und solchen, die ihn nicht verdienen, zu unterscheiden. Diese Situation ist zutiefst verwirrend und in einem Land, in dem die »Religionsfreiheit« so sehr respektiert wird, daß das Gesetz oft nicht die Macht zum Eingreifen hat, nur schwer zu bessern.

Mein Entschluß, dieses Buch zu schreiben, wurde durch zwei Gründe herbeigeführt, die mir während meiner Seminare deutlich wurden. Erstens gibt es in Nordamerika (wie in Europa) zwar Gegenden, wo gute Lehrer keine Seltenheit mehr sind, aber in anderen ist das durchaus nicht der Fall; viele Menschen, die liebend gerne einen Schulungsweg gehen würden, sind durch Beruf oder familiäre Verpflichtungen an Orte gebunden, wo sie keine Unterweisung erhalten können. Zweitens gibt es heutzutage so viele Bücher über östliche Weisheit, daß Menschen, die sich der Mühe unterziehen, an Seminaren über dieses Thema teilzunehmen, oft weniger an Informationen als an Instruktionen interessiert sind, die unmittelbar zu irgendeiner Art von *Tun* anleiten. Sie wollen Techniken der yogischen Schulung erlernen. Da sie sich bewußt sind, daß die regelmäßige Praxis des kontemplativen Yoga erfreuliche und manchmal beseligende Erfahrungen zur Folge hat und daß das Leben durch diese sinnvoller und fröhlicher wird, wollen sie selbst solche Erfahrungen machen.

Bei meiner Rundreise brachte mich dies in Verlegenheit, da spirituelle Übungen selten zu schnellen Erfolgen führen; in einem Seminar, das höchstens acht Tage dauert, ist es – selbst wenn jeder den größten Teil der Zeit mit Meditationsübungen verbringt – unwahrscheinlich, daß sofort spürbare Entwicklungen daraus resultieren. Ich tat jedoch mein Bestes, um einige Möglichkeiten der Praxis vorzustellen, indem ich etwa das Ritual demonstrierte, mit dem man Schafgarbenstengel zur I-Ging-Weissagung wirft, oder die Teilnehmer darin unterrichtete, die überlieferten rituellen Anrufungen der Chinesen zu intonieren oder *Mantras* zu rezitieren; außerdem gab ich Unterweisungen in verschiedenen Arten der Meditation wie auch in der Anwendung verschiedener Rituale und *Mudras* – von denen der *T'ai-Chi*-Meister Al Huang sofort einige in einen magisch-anmutigen rituellen Tanz umsetzte. Alle diese Bemühungen wurden begeistert aufgenommen, aber sie brachten in der verfügbaren Zeit keine bemerkenswerten Ergebnisse (und konnten sie auch nicht bringen). Die einzige Übung, die das Gefühl vermittelte, etwas erreicht zu haben, war die Übung des Gruppen-Heilens, in der wir gemeinsam eine bestimmte Art von Yoga-Sammlung zum Wohle zweier schwerkranker Menschen vollzogen, deren darauffolgende rasche Besserung sehr wahrscheinlich ein Erfolg dieser Übung war. Dies brachte mich auf den Gedanken, ein Buch über einfache Yoga-Methoden zu schreiben, das vielleicht zu ähnlich wirkungsvollen Übungen anregen könnte, wenn ich es speziell auf die Erfordernisse des westlichen Menschen ausrichtete.

Als ich zum erstenmal auf diese Idee kam, zögerte ich. Um

erweiterte Bewußtseinszustände zu erreichen, welche zu spirituellen Einsichten führen, bedarf es nicht nur der regelmäßigen Übung, sondern auch eines exakten Wissens und strenger Disziplin des Geistes und des Körpers. Deshalb sind die persönliche Aufsicht und Führung eines Lehrers äußerst wünschenswert; ohne diese Hilfe kann es zu schwerwiegenden Fehlentwicklungen kommen. Deshalb schob ich den Gedanken für eine Weile wieder zur Seite, aber er tauchte immer wieder auf.

»Auch die längste Reise muß mit einem einzigen Schritt beginnen«, lautet ein chinesisches Sprichwort. Man kann, wie ich aus Erfahrung weiß, sich wenigstens ein kleines Stück auf ein hohes yogisches Ziel zubewegen, indem man ganz allein vorangeht. Angesichts dessen sah ich doch eine Berechtigung für ein Buch, das man im Anfangsstadium des Weges verwenden kann, bis sich die Gelegenheit bietet, die persönliche Führung eines qualifizierten Lehrers zu erhalten. Der Leser sollte ganz klar sehen, daß ihn ein Buch – abgesehen von sehr seltenen Fällen – nur ein kleines Stück des Weges weiterbringen kann. Wenn er einige der yogischen Übungen ausführt, die auf den folgenden Seiten beschrieben sind, und die entsprechende innere Haltung ihnen gegenüber entwickelt, wird er jedoch die Qualität des Lebens für sich selbst und seine Mitmenschen verbessern können, während er sich damit zugleich auf die Schulung durch einen Meister vorbereitet. Es wäre jedoch leichtsinnig, würde er daran denken, sich bis zu jenen weiten Meeren vorzuwagen, in denen heftige Strömungen und versteckte Riffe all jene gefährden, die ohne die Führung eines erfahrenen Lotsen dort segeln. Das Buch kann auch für diejenigen von Nutzen sein, die mit Hilfe eines guten Lehrers den richtigen Weg eingeschlagen haben, denen es jedoch ihre Lebensumstände nicht erlaubten, in Kontakt mit ihm zu bleiben – eine Situation, in der ich mich selbst oft befunden habe. In dieser Lage können sich manche der hier vorgestellten Übungen als Unterstützung ihrer Hauptpraxis erweisen.

Die Zielsetzungen dieses Buches sind demnach:
1. die Qualität des Lebens im Hier und Jetzt durch die Erkenntnis der grundlegenden Heiligkeit und Einheit des Selbst, aller lebenden Wesen und alles Seienden zu steigern;
2. einige der inneren Einstellungen tiefer einzuprägen, die für ein sinnerfülltes Leben nötig sind, und auf einen Weg zur Erleuchtung vorzubereiten (wobei kein Versuch unternommen wurde, die weiteren Stufen dieses Weges miteinzubeziehen, für welche die Anleitung eines Lehrers unabdingbar ist).

Um jene Zielsetzungen verwirklichen zu können, muß man:
1. eine Vorstellung vom Wesen der Wirklichkeit erlangen, wie sie von Mystikern im Zustand erweiterten Bewußtseins erfahren wird;
2. verstehen, warum das ganze Universum als heilig betrachtet werden sollte;
3. den der Menschheit verlorengegangenen Sinn für Ehrfurcht wieder kultivieren;
4. erkennen, daß die Entwicklung von Weisheit und Mitgefühl Hand in Hand gehen muß;
5. negative Gefühle und unmäßiges Verlangen umwandeln;
6. innere Stille erlangen sowie einen Zustand der Gelassenheit, der durch das Auf und Ab des täglichen Lebens nicht zu erschüttern ist.

Die yogischen Mittel, die uns dazu verhelfen, sind:
1. Einfachheit und Mäßigung fördern;
2. kontemplative Einstimmung in die Rhythmen der Natur;
3. das Wesen von »Subjekt« und »Objekt« kontemplativ erforschen; Bewußtheit üben;
4. die Beherrschung verschiedener meditativer Techniken;
5. die Übung von Selbstheilung und Gruppen-Heilung;
6. Hilfsmittel wie yogische Atemtechniken, Rezitationen, *Man-*

tras, *Mudras*, künstlerisch-kreative Betätigungen, die Regelung von Ernährungsweise und des Geschlechtsverkehrs und so weiter.

Diese Dinge werden hier nicht in einer ganz bestimmten Reihenfolge behandelt; auf einige wird ausführlich eingegangen, manche werden nur gestreift, und während einige des strengen Übens bedürfen, ergeben sich andere von selbst als Frucht des Fortschritts der yogischen Übung. Der Aufbau des Buches führt uns auch nicht etwa vom flachen in immer tieferes Gewässer; im Gegenteil, die tiefgründigsten Lehren sind in den einführenden Abschnitten eines jeden Hauptkapitels zu finden. Denn obwohl die Übungen selbst einfach sind, ist die Theorie, die ihnen zugrunde liegt, dieselbe wie für die weit fortgeschrittenen Yogas. Manche der scheinbar einfachen Übungen können jedoch auf immer höheren Ebenen des Schulungsweges praktiziert werden, wobei sich ihr Gehalt zunehmend vertieft. Es wird nicht erwartet, daß der Leser alle Übungen praktiziert; jede erfordert eine größere Zeitspanne, bis sie eine spürbare Wirkung zeigt. (Zum Beispiel kann man innerhalb einer Minute lernen, ein kurzes *Mantra* zu rezitieren, aber seine Wirksamkeit beruht darauf, daß man es »gemeistert« hat, wozu ständige Rezitationen über einen langen Zeitraum hin nötig sind.) Die Einführung, mit der die beiden Hauptteile des Buches – der taoistische und der buddhistische – beginnen, ist jeweils so kurz wie möglich gehalten; sie sollte deshalb sorgfältig gelesen werden, da das vermittelte Wissen die Grundlage für eine richtige Ausführung der Yoga-Methoden ist. Schließlich ist alles, wozu hier zur Ausführung mit Körper, Händen und Mund angeleitet wird, nur insofern bedeutsam, als es auf den Geist wirkt. Der Geist steht an erster Stelle. Der Geist ist der König.

Es ist vielleicht nötig, daß ich meinen Gebrauch des Begriffes »Yoga« – und der Bezeichnung »Yogin« für den, der die Kontemplation praktiziert – erläutere. Das Wort *Yoga* hat die Bedeutungen »Vereinigung« und »verbinden«; ursprünglich wurde es in Indien im Sinne von »Vereinigung mit Gott« gebraucht, und seine Bedeutung hat sich dahingehend erweitert, daß es die verschiedenen spirituellen Übungen umfaßte, die zu diesem Zweck praktiziert wurden. Unglücklicherweise wurde es in westlichen Ländern als Synonym für *Hatha-Yoga* in die Umgangssprache aufgenommen. Dies führte zu einem Mißverständnis seiner vollen Bedeutung, da mit *Hatha-Yoga* nur die körperlichen Übungen im Gesamtsystem des Yoga gemeint sind. »Yoga« wird in diesem Buch weder in seinem traditionellen hinduistischen noch in seinem gebräuchlichen westlichen Sinn gebraucht. Da Taoisten und Buddhisten nicht an einen persönlichen Schöpfergott glauben, streben sie auch nicht nach einer Vereinigung mit Gott. Sie gehen davon aus, daß alle Wesen grundsätzlich vom Urgrund des Seins nicht trennbar sind (und deshalb auch nicht mit ihm vereinigt werden müssen), von dem sich der Mensch nur wegen seiner falschen Auffassung getrennt fühlt. Aus dieser falschen Auffassung ergibt sich die Notwendigkeit für das, was die Taoisten »Rückkehr zum Ursprung« und die Buddhisten »Erleuchtung« nennen – eine transzendentale Erfahrung, die die Fesseln der Ego-Verblendung zerreißt. Diese Erfahrung wird vom Gefühl der Beseligung und einer nie zuvor geahnten Freiheit begleitet. Sie besteht nicht darin, daß man eine Vereinigung mit dem Seinsgrund erreicht, denn diese Einheit war niemals unterbrochen, sondern in der freudigen Wahrnehmung dieser Einheit, für die man so lange blind gewesen ist.

In diesem Zusammenhang bedeutet »Yoga« die *volle Erkenntnis eines bereits existierenden, aber bisher nicht wahrgenommenen Zustandes der Einheit.* Im weiteren Sinn umfaßt der Begriff auch die verschiedenen Mittel, mit denen diese höchste intuitive Erfahrung erreicht wird. Ein »Yogin« ist jemand, der solche Mittel verwendet, um damit Erleuchtung zu erlangen oder zumindest begrenztere Ziele auf dem Weg zur Erleuchtung, die seine Fähigkeit steigern, intuitive Erfahrungen zu machen, und ihn mit seiner Umwelt aussöhnen, so lange er das letzte Ziel noch nicht erreicht hat. Da der Geist der Ursprung aller hohen Bestrebungen und das Sammelbecken aller zutiefst sinnerfüllten Erfahrungen ist, hat die Essenz der yogischen Praxis weit mehr mit dem Geist zu tun als mit dem Körper (obgleich das Wohlergehen des Körpers gewiß nicht vernachlässigt werden soll). Yogische Übungen haben deshalb hauptsächlich mentalen Charakter, wobei es allerdings in dieser Terminologie keine Trennung zwischen dem mentalen und dem spirituellen Geist gibt. Manchmal benutze ich das Wort »spirituell« wegen der inspirierenden Assoziationen, die es in unserer Sprache hat, aber ich gebrauche es ganz und gar rhetorisch. Letztlich wird selbst die Unterscheidung zwischen Geist und Körper von den Yogins als unzutreffend erkannt.

Im allgemeinen habe ich mich in meiner Darstellung eng an die taoistische und buddhistische Tradition gehalten, habe jedoch einige Änderungen vorgenommen, um den westlichen Erfordernissen, wie ich sie sehe, zu entsprechen. Wenn man eine Tradition von einer Kultur in eine andere verpflanzt, sollte man es mit den Details nicht gar zu genau nehmen, sich aber darum bemühen, die Essenz in unveränderter Form beizubehalten. Der Taoismus war bis jetzt – anders als der Buddhismus – auf sein Geburtsland beschränkt, wo die rote Flut ihn wegschwemmte. So ist es nicht mehr möglich, von berufener Seite darüber unterwiesen zu werden, in welcher Form der Anpassung er auch auf neuem Boden wachsen und gedeihen könnte. Der Buddhismus hat sich von frühester Zeit an mühelos den Kulturen verschiedener Länder angepaßt. Wo er sich verbreitete, nahm er jeweils viel Lokalkolorit an, ohne jedoch seine Essenz zu verwässern oder seine grundlegende Eigenart zu verlieren. So ist seine weitere Anpassung durchaus im Einklang mit allen früheren Entwicklungen. Leider war es mir, als ich dieses Buch verfaßte, nicht möglich, die Bestätigung meiner chinesischen Lehrer einzuholen, da ich jede Verbindung mit irgendeinem von ihnen, der vielleicht noch am Leben sein mag, verloren habe. Es ist zudem unwahrscheinlich, daß sie noch auf der Welt sind, denn sie müßten jetzt ungeheuer alt sein. Deshalb trage ich allein die Verantwortung – eine Verantwortung, vor der ich hätte zurückschrecken müssen, wenn ich nicht wüßte, daß die hier vorgestellten Übungen keinen Umgang mit machtvollen Energien beinhalten (außer mit *Maha-karuna*, dem Großen Mitgefühl des erbarmenden Bodhisattva Kuan Yin) und daß sie auch denjenigen, die sie ohne Lehrer praktizieren, wohl kaum Schaden zufügen werden. Dennoch bitte ich meine Lehrer und Schutzgottheiten um Verzeihung für etwaige Irrtümer, die sich vielleicht eingeschlichen haben.

Ich war versucht, dieses Buch unter meinem taoistischen Namen Niu-tòu Tao-jên (der Ochsenkopf-Eremit) zu veröffentlichen, der einerseits im Hinblick auf mein Geburtsjahr und andererseits wegen meines ungewöhnlich großen Kopfes gewählt wurde. Wie viele taoistische Beinamen ist es eine Art Spitzname. Aber es wäre nicht recht gewesen, dem Leser zu suggerieren, es sei dies die Arbeit eines echten chinesischen Weisen, denn der Unterschied zwischen einem, der die chinesische Weisheit schon mit der Muttermilch in sich aufgenommen hat, und einem, der auf einem unmethodischen Weg über Teilbereiche davon stolperte, ist sehr groß.

John Blofeld

Geschrieben im Wu-Wei-Studio (einem Ort, wo die Dinge von selbst geschehen dürfen), im Frühling des Jahres des Schafes (1979).

Erster Teil

TAOISTISCHE THEORIE UND PRAXIS

I. THEORIE

1. Der große Entwurf der Natur

Die taoistische Vorstellung vom Wesen des Universums steht in enger Übereinstimmung mit der buddhistischen Konzeption (wie sie im zweiten Teil des Buches dargestellt wird). Sie ist zugleich so überaus hochentwickelt und so außerordentlich aktuell, daß die moderne Physik erst kürzlich begann, sich an die Annahme desselben allgemeinen Prinzips heranzutasten. In dieser Konzeption hat die Idee von einer allmächtigen Schöpfergottheit, die getrennt von ihrer Schöpfung existiert, keinerlei Raum. An der Stelle des Gottesglaubens steht die Ehrfurcht vor der Majestät und dem Mysterium des Kosmos selbst. Taoistische Weise haben sich niemals erdreistet, das Höchste zu definieren; denn wie der große Lao-tzû im *Tao Tê Ching*, das vor zweieinhalb Jahrtausenden geschrieben wurde, erklärt: »Wer redet (vom *Tao*), weiß nicht, wer weiß, redet nicht.« Er sagt auch: »Das in Worten ausdrückbare *Tao* ist nicht das ewige *Tao*; ein Name, der ausgesprochen werden kann, ist nicht der des ewigen *Tao*.« Denn mit *Tao* (wörtlich »der Weg«) bezeichnet er nicht eine Macht, die außerhalb der Erscheinungsformen steht, sondern die Substanz – oder besser Nicht-Substanz – des Universums selbst. Wie die großen Mystiker vieler verschiedener Kulturen in der unmittelbaren Erfahrung der Wirklichkeit – dem Höhepunkt mystischer Erfahrung – erkannten, ist das höchste heilige schöpferische Prinzip kein *Wesen*, das geliebt oder durch Hymnen und Opfer milde gestimmt werden kann, sondern vielmehr ein *Zustand des Seins*, der im gesamten Kosmos manifest und von nichts getrennt ist, da er selbst die Essenz jeglicher Existenz darstellt.

Das erhabene *Tao* ist das, was unmittelbar vor (und gleichermaßen in und hinter) unseren Augen liegt. Weit davon entfernt, vom *Tao* getrennt zu sein, so wie die Seelen im Sinne christlicher Theologie von Gott getrennt sind, sind wir vielmehr von ihm durchdrungen und haben teil an seinem Sein. Wenn die meisten von uns ein Gefühl der Einsamkeit, des Getrenntseins von der höchsten Wirklichkeit und von all den Wesen und Dingen um uns herum empfinden, so hat das seinen Grund in einer verblendeten Vorstellung und einer irrigen sinnlichen Wahrnehmung, die uns dazu veranlassen, in Begriffen wie »ich bin ich« und »das andere ist das andere« zu denken. Immerhin ist diese Illusion so tief verwurzelt, daß sogar taoistische Yogins von der höchsten mystischen Erfahrung, die sie anstreben, als von der »Rückkehr zum Ursprung« sprechen. Allerdings sind sie sich bewußt, daß dies eine unzutreffende Bezeichnung ist, da man nicht zu etwas zurückkehren kann, von dem man niemals auch nur einen Augenblick lang getrennt war. »Rückkehr zum Ursprung« ist ein bildhafter Ausdruck für die unaussprechlich beseligende Erfahrung des Yogin, in seinem gesamten Sein der vollkommenen Einheit mit allem, was ist, was war und was je sein kann, innezuwerden.

Menschen mit einem christlichen oder jüdischen Hintergrund neigen zu der Annahme, daß das Nichtvorhandensein des Glaubens an eine allmächtige Schöpfergottheit notwendigerweise die Anerkennung einer materialistischen Doktrin bedeutet. Das ist jedoch ein großer Irrtum. Ein Taoist wäre eher einverstanden, wenn man ihn als einen Anhänger der Lehre bezeichnete, daß die Materie in ihrer Essenz geistig ist; denn obwohl sein Denken über solche Unterscheidungen hinausgeht, kommt seine Vorstellung vom Kosmos viel näher an die von einer makellosen geistigen Ganzheit heran als an das, was man gemeinhin unter Materialismus versteht. Er erkennt, daß Geist und Materie unteilbare Manifestationen des Formlosen, des Unmeßbaren, des Immer-Seienden, des undifferenzierten und in seinem Wesen unveränderlichen *Tao* sind, das zwar am besten als das Namenlose bezeichnet wird, da es jenseits aller Beschreibungen ist, das man aber der Einfachheit halber den »Weg« nennt. Das *Tao* ist der Weg, es ist aber auch der Ursprung, die Reise, der Reisende und das Ziel. Man kann sich dafür entscheiden, es als Materie oder als Geist aufzufassen oder als beides, oder als keines von beiden; solche Unterscheidungen sind nur so lange gültig, wie wir uns auf einer sehr unvollkommenen Bewußtseinsebene aufhalten. Nichts ist so armselig und unbedeutend, daß es seinem Wesen nach etwas anderes wäre als das Großartigste und Tiefgründigste. Deshalb sind selbst die allergewöhnlichsten Menschen, Tiere und Dinge der größten Hochachtung wert. Ein Mensch, seine Mitmenschen, alle fühlenden Wesen, ihrer aller Umwelt und der gesamte Kosmos sind unlösbar miteinander verbunden; alle sind gleichermaßen greifbare, aber ganz und gar vergängliche Manifestationen des ungreifbaren, undifferenzierten, unermeßlichen, zeitlosen Seins – des *Tao*. Wenn ich mich vor ihnen verneige, verneige ich mich vor etwas Größerem als Gott. Wenn ich den Duft einer Rose oder den Gestank von Mist einatme, atme ich die Essenz des Seins. Das eine zu bewundern und vom anderen angewidert zu sein, heißt, eine wertlose und sogar schädliche Unterscheidung zu treffen. Der taoistische Weise ist jemand, der gelernt hat, jedes Winkelchen, jedes Atom seiner Umwelt zu schätzen und jegliche Beeinträchtigung selbst der kleinsten und abstoßendsten Kreatur zu vermeiden. Ameisen und Küchenschaben sind nicht weniger als der Mensch Manifestationen des *Tao*; auch sie haben ihren Platz, ihr Recht, sich ans Leben zu klammern, ihre Abneigung gegen Schmerz und Hunger, ihr Bedürfnis, sich dieser Übel mit den Mitteln zu erwehren, die für ihre Spezies natürlich sind. Der Mensch ist nicht der Herr des Universums; er ist dazu verurteilt umzukommen, wenn er zu lange gegen die Natur lebt, und wenn das geschehen sollte, werden die Ameisen und Küchenschaben sein Abtreten nicht einmal wahrnehmen. Im Taoismus hat Arroganz keinen Platz.

Ein anderer Irrtum, der leicht im Kopf von Menschen entsteht, die mit dem Taoismus nur oberflächlich vertraut sind, rührt daher, daß die erleuchtete Philosophie und die alte chinesische Volksreligion sich miteinander vermischten. Einige, wenn auch keineswegs alle Taoisten akzeptieren den alten Glauben, nach dem das Universum von diversen Hierarchien übernatürlicher Wesen bevölkert ist. Diese Vorstellung wird gelegentlich mit Theismus verwechselt und hat auch zu der Annahme geführt, der Taoismus sei ein recht primitives Glaubenssystem. Für den Taoisten jedoch ist diese Vorstellung keinesfalls ein zentraler Aspekt; man kann sie akzeptieren oder ablehnen, ohne deshalb mehr oder weniger Taoist zu sein. Der Taoismus ist weit entfernt von einer theistischen Konzeption des Universums; denn Götter und Dämonen werden von denen, die ihre Existenz als Teil der universalen Ordnung auffassen, als flüchtige Manifestationen des *Tao* erkannt, die in ihrem Wesen nicht von den greifbaren Gestaltungen wie Menschen, Tieren und Pflanzen unterschieden und deshalb wie diese dem Zyklus von Geburt, Wachstum, Verfall und Auflösung unterworfen sind. Wie Elefanten eine längere Lebensspanne haben als Eintagsfliegen, so mögen die Götter wesentlich länger leben als die Menschen und bestimmte Kräfte und Eigenschaften haben, die zu ihrer Spezies gehören; aber sie stehen in keiner Hinsicht über dem Universum oder haben die Macht, entscheidend in das Wirken des *Tao* einzugreifen. Um die vertraute christliche Terminologie zu gebrauchen: Sie sind Geschöpfe; nicht eines von ihnen kann mit einer Schöpfergottheit identifiziert werden.

Der Glaube an eine Vielzahl von Göttern und Dämonen wird vom modernen Menschen weitgehend für ein Charakteristikum der primitiven Religionsformen gehalten, aber diese Einstellung bedarf einer genaueren Untersuchung. Es war zumindest bis vor kurzer Zeit noch so, daß die Menschen überall auf dieser Welt, welchen Kulturen und Glaubensbekenntnissen sie auch angehörten, ein Gefühl für die Anwesenheit unsichtbarer – wohltätiger und unheilvoller – Kräfte hatten. Waren sie alle im Unrecht? Ich selbst würde zögern, die Behauptung aufzustellen, daß es solche Wesen wie Götter und Dämonen, Engel und andere nicht geben könne. Es kommt darauf an, wie man sie sich vorstellt. Man kann erleben, daß Menschenmassen von Kräften bewegt werden, die den einzelnen Individuen, aus denen die Massen bestehen, fremd sind, und wir wissen aus Erfahrung, daß ein Mensch manchmal von einem überwältigenden Impuls ergriffen werden kann, der seiner persönlichen Art ganz zuwiderläuft. Wir alle kennen Umstände, in denen wir offenbar einer Glücks- oder Pechsträhne unterworfen sind. Es gibt gewisse Geisteszustände, die zumindest sehr nach »Besessenheit« aussehen. Und jemand, der regelmäßig den kontemplativen Yoga praktiziert (Meditation, wie man das heute recht unpräzise nennt), wird ihm bisher unbekannter Kräfte gewahr, die, wenn sie sich im Geist erheben, seinen weiteren Fortschritt zu behindern drohen, indem sie die mühsam erlangte Ruhe des Yogin beeinträchtigen und die Konzentration zeitweise fast unmöglich machen. Und es gibt andere Zeiten, in denen es den Anschein hat, daß wohlgesinnte Kräfte ihm helfen und ihn sanft seinem Ziel entgegentragen. Was sind das für Kräfte, die bei all diesen Gelegenheiten am Werke sind? Der moderne Mensch hat Namen für sie, aber selten kann er mehr bieten als provisorische Erklärungen, und gelehrte Begriffe werden oft dazu benützt, einen Mangel an Verstehen zu verbergen. Sind diese Kräfte äußerlicher oder innerlicher Herkunft? Oder beides? Wenn man sich einige davon in der Form von Dämonen mit feurigen Augen und gebleckten Fangzähnen vorstellt, mag uns das als lächerlich und unzeitgemäß erscheinen, wenngleich psychische

Phänomene aller Art heutzutage weit seltener belächelt werden als noch vor wenigen Jahren. Was zuerst zählt, ist die Tatsache, daß es Impulse gibt, die nicht im Einklang mit dem Charakter einer Person auftreten, die sie überwältigen und große Verheerungen anrichten können. Ob man sie für Dämonen oder Psychosen hält – die Auswirkungen sind für jeden sichtbar; und ich selbst habe erlebt, wie einige davon mit Methoden geheilt wurden, die zur Vertreibung von Dämonen entwickelt worden sind. Die verschiedenen Namen und Interpretationen, die es für sie gibt, richten sich nach dem jeweiligen kulturellen Hintergrund; sie als nicht-existent beiseite zu schieben, ist augenscheinlich absurd. Das einzig Wichtige ist, daß man in der richtigen Weise mit ihnen umgeht, und die Taoisten beeindrucken mich dadurch, daß sie hierzu oft besser gerüstet sind als ein großer Teil unserer Psychiater – was das Wort »primitiv« in diesem Zusammenhang als unpassend erscheinen läßt.

Jedenfalls muß man bei der Praxis des kontemplativen Yoga mit geheimnisvollen Kräften rechnen, welchen Ursprung sie auch immer haben mögen. Aber ich hoffe, deutlich gemacht zu haben, daß der ganze Bereich übersinnlicher Phänomene in dem großen taoistischen Entwurf der Existenz nur eine Nebenrolle (oder oft gar keine Rolle) spielt. Von viel größerer Bedeutung ist der schon zuvor angesprochene Punkt, daß die wirklichen Feinde des Fortschritts im Yoga nicht Dämonen sind, sondern die dem Menschen eigene Neigung, falsche Unterscheidungen zu treffen, sich an diesem festzuklammern und jenes zurückzuweisen, den Geist zu verehren und die Materie zu verachten (oder umgekehrt), das »Ich« zu lieben und dem »anderen« gegenüber gleichgültig zu sein oder es zu hassen. Bis diese Unterscheidungen überwunden sind, kann der Fortschritt nur langsam erfolgen; in der beseligenden Erfahrung der Rückkehr zum Ursprung hingegen ist jegliche Vorstellung von Ich und anderen völlig ausgelöscht.

2. Grundgedanken des Taoismus

Nicht-Dualität

Im *Tao Tê Ching* steht geschrieben: »Der Kosmos hat seinen Ursprung in dem, was man die Mutter von Himmel und Erde nennen kann. Die Mutter zu begreifen heißt, das Kind kennenzulernen; das Kind zu kennen heißt, an der Mutter festzuhalten, und so wird das Leben sicher.« »Mutter« hat hier keine anthropomorphe Bedeutung; es ist damit lediglich der formlose Aspekt des *Tao* gemeint, der eng mit dem buddhistischen *Shunyata*, der Leere, verwandt ist und auf den Kosmos als auf eine ungeteilte Einheit hinweist. »Kind« dagegen bezieht sich auf die Sicht des Kosmos als einer Vielheit veränderlicher Formen. Das eine wahrzunehmen und zu begreifen heißt, das wahre Wesen des anderen zu verstehen, und umgekehrt. Die Mutter zu mißachten bedeutet, sich an materielle Dinge zu klammern, das Gefühl für das Geheimnis und die Ehrfurcht zu verlieren und das Leben nach bloßen Erscheinungen zu beurteilen. Das Kind zu mißachten bedeutet, die materielle Welt gering zu schätzen und zu meinen, daß wahre Schönheit und das wahre Gute irgendwo anders zu finden seien – der Irrtum der mittelalterlichen Christen. Das Schöne, das Gute und die Sinnhaftigkeit sind genau hier vor unseren Augen zu finden. Unser Unvermögen, sie wahrzunehmen, hat seinen Ursprung in unserer falschen Auffassung, nicht im Wesen des Lebens selbst. Geist und Materie sind eins; Hier und Jenseits sind eins; die vollkommene Wahrnehmung dieser Tatsache ergibt sich mit dem Heraufdämmern der inneren Stille beim kontemplativen Yoga.

Im *Tao Tê Ching* steht auch geschrieben: »IST NICHT ist der Name des Anfangs der Welt. IST ist der Name des Mutterschoßes der Myriaden Dinge.« Der Weise sagt weiter, daß sich der Geist, wenn man das Geheimnis der Existenz als einer Ganzheit sehen will, auf das IST NICHT konzentriert, auf die unbegrenzte, ungeteilte ungreifbare Nicht-Substanz des *Tao*; wenn man dagegen die Oberfläche der Wirklichkeit sehen will (wie Wissenschaftler, wenn sie sich auf ein bestimmtes Prinzip, Gesetz oder Phänomen konzentrieren), richtet sich der Geist auf das IST. Wie Lao-tzû uns sagt, »entspringen diese beiden einer gemeinsamen Quelle, auch wenn sie verschieden benannt werden. Beide nennt man geheimnisvoll. Geheimnis über Geheimnis, das Tor zu allen Wundern.« Diese Passage erinnert zugleich an die buddhistische Lehre: »Form ist Leere; Leere ist Form«. In vertrauten westlichen Begriffen heißt das (unter anderem), daß Materie Geist ist und Geist Materie. Das *Tao* ist zugleich die nahtlose, ungreifbare Leere *und* alles, was im Hier und Jetzt vor unseren Sinnen erscheint. Diese sind NICHT-ZWEI!

Yin und Yang

Das *Tao Tê Ching* erklärt an einer anderen Stelle, daß »das Eine zwei wird«, und deutet damit auf die Art und Weise hin, in der das ungreifbare *Tao* sich selbst als ein Kosmos manifestiert, welcher aufgrund der Wirkung des Polaritätsprinzips – der Wechselwirkung der polaren Kräfte *Yin* und *Yang* – Myriaden veränderlicher Formen enthält. *Yin*, das ursprünglich »die unbesonnte Seite des Berges« bedeutet, bezeichnet den empfangenden Aspekt der Erscheinungen; *Yang*, »die Sonnenseite des Berges«, bezeichnet ihren dynamischen Aspekt. *Yin* und *Yang* sollten nicht als unvereinbare Gegensätze betrachtet werden, sondern als »zwei Seiten derselben Münze« erkannt werden, da keines ohne das andere existieren könnte. Es könnte kein Licht geben ohne die Dunkelheit, keine Dynamik ohne die Ruhe, kein Plus ohne Minus, kein Tun ohne Wirkung. Auch soll man nicht meinen, daß das *Yin* minderwertiger sei als das *Yang*. Es könnte keine Zeugung geben ohne das Weibliche, keine Berge ohne Täler, kein Keimen der Pflanzen ohne – zuvor – Reifung und Verfall. *Yin* und *Yang* sind in allen erdenklichen Phänomenen enthalten und treten niemals isoliert auf, da das reine *Yang* den Samen des *Yin* enthält und das reine *Yin* den Samen des *Yang*, wie das durch die weiblichen Eigenschaften, die in jedem Mann zu finden sind – und umgekehrt – illustriert wird. Die jeweils unterschiedliche Wechselwirkung von *Yin* und *Yang* ist der Grund, weshalb sich die Phänomene voneinander unterscheiden. Wenn die *Yin*- und *Yang*-Komponenten eines Phänomens nicht in Harmonie miteinander sind, beginnt es zu zerfallen; mit der Erneuerung ihrer harmonischen Wechselwirkung tritt etwas anderes ins Sein. Philosophisch gesehen liegt in diesem Wechselspiel eine wichtige Lektion für den Yoga-Übenden, dessen sich immer mehr vertiefende intuitive Wahrnehmung ihn dahin führt, mit lächelnder Gelassenheit die Hochs und Tiefs des Alltags, Gewinne und Verluste, Wachstum und Verfall, Leben und Tod zu akzeptieren.

Ständige Wandlung

Der einzige unveränderliche Faktor im Kosmos ist die Veränderung selbst. Nichts bleibt auch nur für einen Augenblick lang dasselbe, auch wenn dies keineswegs einen chaotischen Zustand unkontrollierten Strömens zur Folge hat. Die Wandlungen des *Tao* folgen regelmäßigen zyklischen Mustern, beispielhaft dargestellt durch die Umlaufbahnen der Himmelskörper, den Ablauf der Jahreszeiten, den Wechsel von Tag und Nacht und die Folge von Geburt, Wachstum, Verfall und Auflösung, der alles unterworfen ist. Doch das Immer-Wechselnde bleibt ewig unveränderlich. Die kosmische Nicht-Substanz des *Tao* nimmt weder zu noch ab; außerdem hat – wie der amerikanische Denker Emerson intuitiv erfaßte – der unendliche Ozean des Seins die geheimnisvolle Fähigkeit, in der kleinsten vorstellbaren Einheit in seiner ganzen Fülle gegenwärtig zu sein. Die Nicht-Substanz des *Tao* gleicht dem reinen Bewußtsein darin, daß sie nicht von den Gesetzen des Weltraums beherrscht wird.

Obwohl das *Tao* ehrfurchtgebietend und heilig ist, bedarf es keiner Anbetung, da es von Lob oder Tadel nicht berührt wird. Mit den Worten des *Tao Tê Ching*: »Die Myriaden Dinge verdanken ihre Existenz dem *Tao*, aber es trachtet nicht, sie zu beherrschen; es vollendet alles, aber es will nichts besitzen.« Es ist richtig, den aus sich selbst seienden Kosmos und seine majestätischen Wandlungen mit Achtung und Ehrfurcht zu betrachten, aber es wäre ganz nutzlos, ihn mit Gebeten und Hymnen anrufen zu wollen. Das *Tao* kümmert sich nicht um den Aufstieg oder Fall von Individuen; ihm geht es nur um den sanften, mühelosen Ablauf seiner Veränderungen, das Wohlergehen des Ganzen. Deshalb erreicht der den Yoga Übende sein Ziel nicht dadurch, daß er das *Tao* anfleht, ihm gnädig zu sein, sondern indem er lernt, sich selbst in Übereinstimmung mit seinem harmonischen Wirken zu bringen.

Die Fünf Aktivitäten (Wu Hsing)

Das Spiel der stetigen, geordneten Veränderung scheint die wissenschaftlich gebildeten frühen Taoisten, von denen es offenbar eine ganze Reihe gab, besonders fasziniert zu haben. Sie versuchten die Wechselwirkungen der Naturkräfte zu analysieren – und demzufolge vorauszubestimmen –, und zwar nicht nur in Begriffen der *Yin-Yang*-Polarität, sondern auch mit Hilfe eines Systems von fünf weitgespannten Kategorien sich gegenseitig aufbauender und gegenseitig zerstörender Aktivitäten. Unglücklicherweise erinnern die Namen, welche die Chinesen ihnen gaben – Metall, Holz, Wasser, Feuer und Erde – so sehr an die vier Elemente der griechischen Kosmologie, daß der Begriff *Wu Hsing* oft unzutreffend mit »die fünf Elemente« übersetzt wird, obwohl die chinesischen Schriftzeichen eindeutig »die Fünf Aktivitäten« bedeuten; denn *Wu* heißt »fünf«, und *Hsing* hat die Grundbedeutung von »gehen, handeln, tun«. Elemente sind statisch, *Hsing* ist dynamisch.

Metall bezeichnet die Aktivitäten, die mit Stärke, Ausdauer, Widerstandskraft und Verzögerung verbunden sind. Holz bezeichnet Prozesse, die zu Wachstum, Reifung und Verfall führen. Wasser bezeichnet unter anderem befruchtende Funktionen. Feuer bezeichnet stark dynamische Aktivitäten. Erde bezeichnet tragende, Mutterschoß-ähnliche Funktionen. Alle diese sind unter manchen Umständen positiv und unterstützend und in anderen Fällen negativ und zerstörend, je nach den Erfordernissen der Natur.

Jedes taoistische yogische Handbuch ist voll von Verweisen auf *Wu Hsing*. Ein Chinese wäre sicher überrascht, in einem Buch wie diesem so wenig über die Fünf Aktivitäten zu finden. Das Problem liegt darin, daß ihre Symbolik so untrennbar mit verschiedenen chinesischen Ideogrammen (oder Teilen von Ideogrammen) und dem System der Zehn Himmlischen Stämme und der Zwölf Zweige verbunden ist, daß sich jene Passagen, die sich darauf beziehen, kaum in eine westliche Sprache übertragen lassen. Sie wurden hier hauptsächlich deshalb erwähnt, weil am Taoismus interessierte Menschen des Westens ihnen sehr wahrscheinlich in Verbindung mit einer der zum Taoismus gehörenden Künste und Wissenschaften begegnen werden, wie zum Beispiel dem *T'ai Chi*, der *I-Ging*-Weissagung und der chinesischen Medizin. Sie alle sind heute in Amerika und Europa bei weitem verbreiteter als der Taoismus selbst.

Die Drei Schätze

Die taoistischen yogischen Lehrbücher haben auch viel über das zu sagen, was man die »Drei Schätze« nennt. Diese umfassen in ihrer groben Form Sperma, Atem und Geist, von denen jedes eine feinstoffliche kosmische Entsprechung hat. Durch das Erzeugen, Nähren und die Wechselwirkung dieser insgesamt sechs Aspekte werden erstaunliche yogische Kräfte entwickelt und die Rückkehr zum Ursprung vorbereitet. Die betreffenden Übungen – die sogenannte »Innere Alchemie« – müssen leider durch einen kompetenten Lehrer gelehrt und überwacht werden. Sie allein auszuführen, wäre gefährlich für die Gesundheit und könnte sogar zu geistigen Krankheiten führen, weshalb dieser Teil der taoistischen Praxis in diesem Buch nur kurz gestreift wird. Doch erachtet nicht jeder taoistische Meister die Innere Alchemie als grundsätzlich notwendig für die Vorbereitung der mystischen Erfahrung, und so mag dies kein gar so großer Verlust sein.

Ziele, die für Übende auf dem Weg erreichbar sind

Es ist so schwierig, die Rückkehr zum Ursprung zu verwirklichen, daß viele taoistische Adepten in China ganz zufrieden damit waren, niedrigere Ziele anzustreben, von denen jeder hoffen konnte, sie durch sorgfältiges Kultivieren des Weges zu erreichen. Wenn die Übungen, die in diesem Buch vorgestellt werden, auch allein nicht ausreichen, um jene Rückkehr zu ermöglichen, werden sie wenigstens einigen Fortschritt in der richtigen Richtung erlauben. Zu diesen Zielen gehört selbstverständlich auch eines, das von nahezu allen ernsthaft Meditierenden angestrebt wird: Erlangung einer zunehmend vertieften intuitiven Wahrnehmung des wahren Wesens der Wirklichkeit – Einblicke, die oft von Empfindungen der Seligkeit begleitet werden und die unweigerlich zu größerer Weisheit und Lebensfreude führen und zu der Fähigkeit, den Sinn des Lebens besser zu verstehen. Andere Ziele, die man vielleicht als Nebenprodukte der Erlangung dieses Zieles betrachten kann, sind eine Verlängerung oder Wiederherstellung jugendlicher Kraft, eine ausgezeichnete Gesundheit und eine Verlängerung des Lebensalters auf bis zu hundert Jahren, wobei man sich bis zum Ende guter Gesundheit und einer glücklichen Gemütsverfassung erfreut.

Ein langes Leben allein mag nicht unbedingt als wünschenswert erscheinen, aber in diesem Fall ist es wahrscheinlich nicht nur von strahlender Gesundheit begleitet, sondern auch von einer heiteren Ruhe, die jeden Augenblick lebenswert macht, da die negativen Auswirkungen von Langeweile, Frustration, Verlust, Angst und Furcht gebannt sind. Außerdem wird ein Mensch, der frei ist von diesen Auswirkungen, mit aller Wahrscheinlichkeit geliebt und geschätzt und sei es nur, weil er keine Sorgen hat, die er anderen aufzubürden versuchte, die ihrerseits das Gefühl haben, mit den eigenen Sorgen genügend belastet zu sein. Bei alledem kann er sicher sein, daß er sich zu einem glücklichen Menschen entwickelt, der frei ist von Neid und Abneigung und den man darum gern zum Freunde hat.

Ich zweifle nicht daran, daß alle diese Ziele im Bereich des Möglichen liegen. In vielen abgelegenen Einsiedeleien an den Hängen eines der zahllosen heiligen Berge Chinas traf ich taoistische Eremiten, die außergewöhnlich glücklich, gesund und aktiv für ihre Jahre waren; sie waren von einer erstaunlichen, fast athletischen Agilität und bewiesen oft auch große Geschicklichkeit in Künsten wie dem Heilen, der Kalligraphie, Dichtkunst, Musik und Malerei, dem Selbstverteidigungskampf oder in der gärtnerischen Gestaltung von Miniaturlandschaften. Sie waren stets von einer Atmosphäre des Friedens und der Fröhlichkeit umgeben; nur ein paar Tage bei ihnen genügten schon, um in einem Menschen den Glauben an den Wert des

Lebens wiederherzustellen und neue Möglichkeiten des Glücks zu eröffnen. All dies rührte von einer Weisheit her, die der inneren Stille entspringt.

Unsterblichkeit und Rückkehr zum Ursprung

Wenn wir uns in diesem Buch auch hauptsächlich mit den Anfangsstufen des Weges befassen, sollten diese doch in Relation zu den höchsten Zielen der taoistischen Yogins gesehen werden. Dies führt uns zu ihrer Vorstellung vom Leben nach dem Tod. Ich traf viele Taoisten, die als Folge der gegenseitigen Durchdringung von Taoismus und Buddhismus im Laufe von zwei Jahrtausenden glaubten, alle Wesen müßten eine lange Reihe von Leben hinter sich bringen, bevor sie die Selbstverwirklichung erlangen. Aber die typische taoistische Anschauung ist eine ganz andere. Nach der alten Überlieferung wird ein Mensch mit zwei Seelen geboren, die sich beim Tod trennen. Die eine steigt dann in eine himmlische Region auf und löst sich dort nach einiger Zeit auf – obwohl ihre Existenz in bestimmten Fällen über lange Zeit erhalten werden kann –, die andere sinkt in die Erde und löst sich dort ebenfalls nach und nach auf. Deshalb waren sich taoistische Yogins der Dringlichkeit bewußt, die Selbstverwirklichung in diesem einen Leben zu erlangen, gleich welches der beiden hohen Ziele sie auch anstrebten.

Eines der Ziele, das zwar als »Unsterblichkeit« bezeichnet wird, bedeutet in Wirklichkeit nicht mehr als eine verlängerte Existenz als Individuum in einer Art vergeistigter sterblicher Gestalt, sei es in einer geistigen Region oder in einem der geheimnisvollen unzugänglichen Teile der Erde, wo, wie man glaubt, die Unsterblichen leben. So erfreulich er auch sein mag, enthüllt doch der Wunsch nach diesem Seinszustand die Unwissenheit um das wahre Wesen jenes höchsten Zieles, das man Rückkehr zum Ursprung nennt; denn wenn man dieses verstanden hat, verblassen daneben die Freuden der relativen Unsterblichkeit, wie poetisch sie sich auch darstellen mögen. Jene taoistischen Mystiker, denen sich während der Praxis ihres kontemplativen Yoga bereits beseligende intuitive Einblicke in die Herrlichkeit des höchsten Zieles aufgetan haben, sind wahrhaftig glücklich zu schätzen. Sie haben das Vertrauen, entweder im Augenblick des Todes oder schon vorher ein Ziel zu erreichen, welches alle anderen Ziele, die der Mensch seit dem Beginn der Geschichte erdacht hat, transzendiert – zumindest will es mir so scheinen. Diese große Apotheose ist so schwer faßbar, daß sie sich nicht in einem Satz ausdrücken läßt, sondern schrittweise angegangen werden muß. Um mit einer unbefriedigenden und ziemlich primitiven Analogie zu beginnen, wollen wir einstweilen sagen, daß die Erfahrung etwa dem Gefühl eines Regentropfens in dem Augenblick ähneln muß, in dem er sich in vollem Bewußtsein mit dem Ozean vermischt. Der Adept, der plötzlich von dem letzten Schleier der Verblendung befreit ist, die ihm seine eigene individuelle Existenz vorgaukelt, wird sich also plötzlich seiner vollkommenen Einheit mit dem Ganzen bewußt. Während jedoch der Regentropfen, der in den Ozean fällt und mit ihm verschmilzt, niemals mehr sein kann als ein bedeutungsloser Teil der unendlichen Wassermasse, trifft dies auf den erleuchteten Yogin ganz und gar nicht zu. Erstens war er niemals wirklich vom »Ozean« des *Tao* getrennt; deshalb erreicht er nicht plötzlich einen neuen Zustand der Einheit mit ihm, wie das beim Regentropfen der Fall ist. Er wird sich vielmehr beseligt dessen bewußt, daß er niemals von ihm getrennt war. Zweitens – und das ist es, was die Erfahrung so großartig macht, daß sie jede Vorstellungskraft übersteigt – empfindet er sich selbst nicht als winzigen Teil des riesigen Ozeans, sondern *er wird das Ganze!* Es ist so, als dehnte sich sein Bewußtsein plötzlich über seine früheren Grenzen hinaus aus, um *den ganzen Kosmos in sich aufzunehmen!* Das *Tao*, das seinem Wesen nach nicht einem riesigen materiellen Körper wie etwa dem

Ozean gleicht, sondern eher dem »Geist« oder dem »reinen Bewußtsein« ähnelt, ist nicht unterteilbar. Das *Tao* ist *in seiner ganzen Fülle* in jedem seiner kleinsten Teile gegenwärtig. Deshalb bedeutet die Bewußtwerdung der vollkommenen Einheit mit ihm, daß man sich bewußt wird, tatsächlich der ganze Kosmos zu *sein*, in jeder Hinsicht unendlich zu sein! Ein Mensch, der diese wundervolle Erfahrung macht, muß sich fühlen, als hätte sein Bewußtsein, das zuvor in seinem kleinen Schädel untergebracht schien, sich plötzlich so weit ausgedehnt, daß es mit der Ganzheit der Existenz deckungsgleich geworden ist.

Diese Wahrheit wurde mir einst durch einen alten Herrn namens Tsêng Lao-wêng vermittelt. Als er mit mir sprach, blickte er in meine Augen – und für den Bruchteil einer Sekunde schien ich die Tragweite des Gesagten intuitiv zu erfassen; mit anderen Worten, für diesen kurzen Augenblick erlebte ich wirklich bis zu einem gewissen Grade, was für ein Gefühl es ist, *das Universum zu sein!* Aber natürlich war ich nicht bereit für eine so überwältigende Erfahrung und wandte schnell den Blick ab, mit dem Gefühl, andernfalls augenblicklich von einem so heftigen Energiestrom verzehrt zu werden, daß nicht einmal Asche von mir zurückbliebe. Selbstverständlich hatte ich in jenem Moment keine Zeit, in solchen Begriffen über meine Erfahrung nachzudenken. Ich versuche hier nur, etwas von der Art meiner Gefühle in diesem Moment auszudrücken, diese Mischung von Beseligung und Entsetzen zu beschreiben. Wäre ich damals auf dem Weg schon weit fortgeschritten und angemessen auf die Erfahrung vorbereitet gewesen, so hätte ich kein Entsetzen empfunden – nur reine Beseligung. Denn das ist die Bedeutung der Rückkehr zum Ursprung – soweit Worte eine Wirklichkeit vermitteln können, die weit jenseits der Grenzen des begrifflichen Denkens liegt.

3. Innere Einstellung

Um in der Übung des kontemplativen Yoga voranzukommen, muß man natürlich die rechte innere Einstellung gegenüber Menschen, Situationen und der gesamten Umwelt entwickeln. Ein taoistischer Adept ist jemand, der den »Drei Freunden des Winters« gleicht. Wie die Kiefer kann er hoffen, ein bemerkenswert langes Leben zu gewinnen. Wie der Winterpflaumenbaum, dessen rote Blüten im Schnee leuchten, blüht er auch unter widrigen Umständen, heiter und unberührt von Kälte und einer trostlosen Umgebung. Wie der Bambus ist er so stark und dennoch zugleich so flexibel, daß er sich ohne Mühe beugen kann, um sich den mächtigen Winden der Umstände anzupassen; und weit davon entfernt, von ihnen zerbrochen zu werden, schnellt er mit unvergleichlicher Elastizität wieder hoch. Von diesen drei Eigenschaften ist die letztere die wichtigste; sie muß er anstreben, dann kommen die anderen von selbst hinzu.

Angespannt zu sein, starrköpfig, stocksteif, unbeweglich, nicht zur Anpassung fähig, streng im Verhalten und Meinen, bigott, humorlos, angriffslustig, leicht aus der Ruhe zu bringen, schnell entmutigt, von Sorge zerfurcht, jammernd und klagend, von widrigen Umständen überwältigt – all dies ist der reine Gegensatz zu den Eigenschaften eines Taoisten. Menschen, die sich brüsten, daß sie fähig sind, gegen den Strom zu schwimmen, werden niemals gute Taoisten, wenn sie ihre innere Einstellung nicht ändern. Ein Taoist bewahrt seine Energie, indem er gelöst mit jeder Situation mitgeht und sich ihr angleicht. Sein Wille kann so stark sein wie die Strömung eines Gebirgsflusses, aber das verleitet ihn nicht dazu, sinnlos gegen Hindernisse anzurennen, die unüberwindlich sind oder die man leicht umgehen könnte. Da er sich nicht darum kümmert, was die Leute von ihm denken mögen, ist er nicht stolz auf Heldentaten um ihrer selbst willen, und deshalb sucht er sich immer den leichtesten Weg. Das soll nicht heißen, daß er vorschnell etwas aufgibt, sondern nur, daß er weder das Unmögliche versucht, noch mehr Energie aufwendet als unbedingt nötig, um das Mögliche zu erreichen. Er ist keineswegs faul, aber er bewahrt seine Kräfte, um das Beste aus ihnen zu machen.

Ein Taoist hat kein Verlangen nach Berühmtheit oder öffentlicher Anerkennung. Obwohl er gerne zur Verfügung steht, wenn man ihn um einen Dienst bittet, tut er das, was getan werden muß, mit einem Minimum an spektakulärem Aufwand, zieht sich so früh wie möglich aus dem Brennpunkt des öffentlichen Interesses zurück und ist ganz zufrieden, wenn andere sich des Lobes erfreuen. Er ist der ewige Wanderer, der die Dinge gelassen nimmt, wie sie kommen, der seine Energie einsetzt, wenn es nötig ist, aber dabei innerlich entspannt bleibt. Wenn alles gut läuft, freut er sich darüber, wenngleich eher in der Weise, wie jemand von dem unerwarteten Anblick von Schlüsselblumen im Wald beglückt ist und sich eine kleine Weile an ihrer frischen Schönheit erfreut, ohne den geringsten Wunsch zu haben, sie festzuhalten oder zu besitzen, und dann ruhig weitergeht. Wenn Unheil über ihn kommt, nimmt er es ohne Murren an, weil er genau weiß, daß es kein Hinauf ohne ein Hinunter geben kann, keinen Sommer ohne Winter, kein Wachstum ohne Verfall. Es fällt ihm leicht, Schönheit noch in scheinbarer Trostlosigkeit zu entdecken und selbst in dem einen Gewinn zu finden, was anderen als größtes Übel erscheinen mag – wie es bei einem meiner Freunde der Fall war, der in mittleren Jahren an Polio erkrankte und auf die Prognose des Arztes, daß er nun sein ganzes Leben lang bettlägrig sein würde, zur Antwort gab: »Ha, endlich werde ich so viel Zeit zum Lesen haben, wie ich möchte!«

Aus diesem und anderen Gründen gibt es eine besondere Affinität zwischen Taoisten und dem fließenden Wasser, das zugleich das schwächste und das stärkste aller Elemente ist. Flüsse sind beharrlich im Verfolgen ihres Zieles, aber sie kämpfen nicht gegen Hindernisse an, die sie umgehen können. Und wenn kein Weg um eine Felswand herum zu finden ist, waschen sie sie mit solcher Geduld aus, daß man das Fortschreiten ihres langsamen Sieges oft gar nicht feststellen kann. Wo Flüsse mühelos ein Gefälle hinabfließen können, schießen sie dahin; in der Ebene, wo sie sich breit ausdehnen, ist ihre Bewegung oft unsichtbar, obgleich sie niemals innehält. Ich bin überzeugt, daß Lao-tzû an Wasser dachte, als er schrieb: »Das schwächste Ding im Himmel und auf Erden kämpft gegen das stärkste und siegt. Es kommt vom Nirgendwo (das heißt unsichtbar in der Form von Dunst) und dringt ein, wo kein Spalt ist (das heißt durch die winzigsten Poren des Felsens). So erkenne ich den Wert des *Wu Wei* (wörtlich: keine Aktivität). Die Lehre ohne Worte und der Wert des *Wu Wei* werden von der Welt nicht oft erkannt.«

Wu Wei, ein Lieblingsterminus der Taoisten, ist kaum zufriedenstellend zu übersetzen und hat zu vielen Mißverständnissen über die richtige Methode der Kultivierung des Weges geführt. Ich glaube, daß damit gemeint ist: Keine Aktivität, die nicht in den Erfordernissen der Situation verwurzelt ist, kein unnötiger Aufwand. Die Natur, die Lao-tzûs geliebter Lehrmeister war, ist ständig in Aktion – aber nicht in unnötiger. Bäume, die im Schatten wachsen, neigen sich der Sonne zu; alle Pflanzen ziehen Nahrung aus Erde und Himmel; Vögel bauen Nester und suchen Würmer, um sich und ihre Jungen zu ernähren; Eichhörnchen sammeln Nüsse für den Winter; Fische schwimmen und Tiger springen – aber das sind Aktivitäten, die ihren Bedürfnissen entsprechen, den Erfordernissen des Hier und Jetzt; sie entspringen nicht der Berechnung oder einem Verlangen nach Überlegenheit, Macht, Reichtum und Profit, noch drängt es sie zum Übermaß. Ein Hirsch kann in aller Ruhe vor den Augen eines Tigers äsen, wenn der Tiger seinen Hunger bereits gestillt hat. Gewiß, von bestimmten Fischen sagt man, daß sie Millionen Eier legen, aber diese Verschwendung erfolgt aufgrund einer echten Notwendigkeit in Bereichen des Meeres, wo die Überlebenschancen eines Eis äußerst gering sind. Keine dieser Aktivitäten steht im Widerspruch zum Prinzip des *Wu Wei*; aber man steht nicht damit im Einklang, wenn man den Markt aufkauft oder versucht, anderen immer einen Schritt voraus zu sein.

Ein Taoist hat wenige und einfache Bedürfnisse. Das Essen kann nahrhaft und wohlschmeckend sein, ohne daß es exotischer oder ungewöhnlich teuerer Zutaten bedarf; Kleider können dem Klima entsprechen und schön anzusehen sein, ohne daß es übertrieben viele sein oder daß sie aus kostspieligen Stoffen gefertigt sein müssen; man kann ganz angenehm leben, ohne Platin oder Diamanten zu besitzen, die sowieso lästig sind, weil sie so sorgfältig bewacht werden müssen; und man kann ein Zimmer oder eine Wohnung recht hübsch einrichten, ohne sich in große Ausgaben zu stürzen. Kurz, es bringt keinen Vorteil – aber dafür etliche Nachteile –, wenn man von irgend etwas zu viel hat und seltene und teuere Besitztümer erwirbt oder haben möchte. Anhänger des Weges wissen instinktiv, wie man die Freude an bescheidenem Komfort und an Schönheit mit einem Gefühl für Mäßigkeit verbindet; jedenfalls halten sie sich fern von aller Protzerei.

Ich muß gestehen, daß der Taoismus, auch wenn er eine bewundernswerte Lebensart für das Individuum anbietet, keine spezifischen Mittel hat, um die Probleme der Masse zu lösen, unter denen unsere großen Städte leiden. Hierfür sind kollektive Hilfsmittel erforderlich, die über die Kraft des einzelnen hinausgehen. So wie eine schmutzige Pfütze allerdings durch jeden sauberen Regentropfen oder Tautropfen, der hineinfällt, etwas weniger trübe wird, so wird die Qualität dichter urbaner

Gemeinschaften durch jedes Individuum verbessert, das sich von Gier, Gewinnsucht, Vergnügungssucht, Neid und betrügerischem Handel freihält. Sollten taoistische Werte einmal von einer großen Anzahl von Menschen im Westen anerkannt werden – zumal wenn einige davon Personen in Machtpositionen sind –, dann würde sowohl die Gesellschaft als Ganzes als auch jeder einzelne davon profitieren.

Die entspannte, humorvolle Toleranz, die für Anhänger des Weges charakteristisch ist, nimmt ihnen die Lust, sich einzumischen. Sie verfolgen ruhig ihre Ziele und teilen ihre Weisheit gerne mit jedem, der aus eigenem Antrieb kommt und um Hilfe oder Rat bittet; es macht ihnen nichts aus, anderen zuzugestehen, ihr Leben nach ihren eigenen Vorstellungen zu gestalten. Taoistischen Meistern widerstrebt es, sich als Missionare und Eiferer hervorzutun; vielmehr neigen sie so sehr dazu, ihr Licht unter den Scheffel zu stellen, daß selbst ihre nächsten Nachbarn gar nicht bemerken mögen, daß der Mann von nebenan ein Weiser ist. Das ist unzweifelhaft einer der Gründe, weshalb sie so schwer zu finden sind. Einer meiner chinesischen Freunde mit beträchtlichem Einfluß in taoistischen und buddhistischen Kreisen versuchte kürzlich ohne Erfolg, einige gelehrte Anhänger des Weges in Taiwan dazu zu bewegen, Amerika zu besuchen, wo viele Leute es als Ehre empfunden hätten und begeistert gewesen wären, sich um sie zu kümmern. Unter den gegenwärtigen Umständen ist dieser völlige Mangel an missionarischem Geist eher bedauerlich, aber westliche Anhänger des Weges würden gut daran tun, etwas von dieser Zurückhaltung zu üben. Der Wunsch, zu einem Guru ernannt zu werden, hat keinen Platz in der taoistischen Lebenshaltung. Wie Lao-tzû von den Weisen des Altertums sagte: »Sie lebten zurückgezogen und verhielten sich zurückhaltend, als scheuten sie die Menschen, und sie behandelten jedermann mit Achtung, wie man einen werten Gast behandelt.«

Bis zum heutigen Tag wird man keinen echten taoistischen

Weisen finden, der behaupten würde: »Ich weiß alles über das *Tao*. Wenn Du das Ziel erreichen willst, solltest Du Dich unbedingt unter meine Schüler einreihen.« Reklame für sich selbst ist dem taoistischen Geist so fern, daß es wirklich schwer ist, einen Lehrer zu finden; aber das ist besser, als fände man eine Menge selbsternannter Lehrer, die kaum über echtes Wissen verfügen und ihre begeisterten Schüler deshalb nur in die Irre führen. Daraus ergibt sich auch ein Kriterium dafür, welchen Lehrern man *nicht* folgen sollte – vor allem nicht einem, der sich damit hervortut, auf dem Weg sehr weit fortgeschritten zu sein. Sollten aber doch einmal ein paar gute Lehrer auftauchen und uns ihre Überlieferungslinie verraten, so ist das etwas anderes, denn diese Art von Information kann im allgemeinen nachgeprüft werden. Die Überlieferungslinie besteht aus dem Lehrer dieses Lehrers und wiederum aus dessen Lehrer und so weiter – sie läßt sich vielleicht über viele Generationen zurückverfolgen. Herauszufinden, welcher Überlieferungslinie ein Lehrer angehört, war in China eine der Möglichkeiten, sich zu vergewissern, ob er wirklich etwas zu vermitteln hatte. Im Laufe der Zeit mag es durchaus westliche Menschen geben, die befähigt sind, viel fortgeschrittenere Yogas zu lehren als diejenigen, die in diesem Buch beschrieben sind. Einer der Wege, sie zu erkennen, wäre, die Namen der Lehrer herauszufinden, die sie unterwiesen haben.

II. PRAXIS

4. Lebensweise und Vorbereitungen

Die frühesten Taoisten, die der Geschichtsschreibung bekannt sind, waren Wanderer im wahrsten Sinn des Wortes; ihre spirituellen Nachkommen bezeichnen sich immer noch gern als durch das Leben Wandernde, obwohl dies seit langem schon einen eher euphemistischen Sinn bekommen hat, insofern, als sie das Leben nehmen, wie es kommt, seine Höhen willkommen heißen, seine Tiefen als einen unvermeidlichen Teil des großen Ganzen akzeptieren und sich an nichts anklammern. Vor mehr als zweitausend Jahren wurden jene Wanderer von Einsiedler-Gemeinschaften abgelöst, die ihre Klausen an abgelegenen und landschaftlich besonders reizvollen Orten erbauten, um die nötige Abgeschiedenheit und die ideale Umgebung für die Kultivierung des Weges zu haben. Andere führten das Leben gewöhnlicher Hausväter, die sich um ihre familiären Pflichten kümmerten und sich ihren Lebensunterhalt auf die verschiedenste Weise verdienten wie andere Leute auch. Es gab nie bindende Regeln für den Lebenswandel des einzelnen. Taoisten haben nicht viel für Regeln übrig; außerdem bezieht sich ein so großer Teil ihrer Praxis auf das Kultivieren einer geistigen Haltung und darauf, innere Stille zu erlangen, daß die Umgebung von nebensächlicher Bedeutung ist. Allerdings macht das Leben inmitten einer Landschaft von natürlicher Schönheit und weit entfernt von der Geschäftigkeit und dem Lärm der Städte die Übung des kontemplativen Yoga leichter. Unter den heutigen Bedingungen haben wir selten die Wahl; die meisten Menschen müssen an Orten leben, die von ihren Lebensumständen bestimmt sind.

Ernährung

Die wichtigste Ernährungsregel für taoistische Adepten (wie für ernsthaft Meditierende aller Richtungen) ist die der Genügsamkeit. Die taoistischen Gemeinschaften, die ich in China besucht habe, aßen gut, wenn sie es sich leisten konnten, aber immer leicht. Im Süden war der Reis ihr Grundnahrungsmittel; im Norden wurde dieser durch Weizen oder anderes Getreide in Form von Müsli, Brot oder Nudeln ersetzt. Die Gerichte, die zu diesen Grundnahrungsmitteln gereicht wurden, bestanden meistens aus Gemüse, das mit Bohnenquark (*Tofu*) und ein wenig Fleisch, Geflügel oder Fisch gekocht und mit Gewächsen der Berge gewürzt wurden – mit Pilzen, Bambussprossen, Judasohren (eine schmackhafte Art von Baumpilzen), Kräutern, Wasserkastanien, Beeren, Nüssen und Obst. Es gab keine Nahrungsmittel, deren Genuß verboten war, aber da viele der Einsiedler sich in der chinesischen Medizin auskannten, wußten sie, welche Nahrungsmittel Nährwert enthalten und welche man besser nicht oder nur sparsam zu sich nehmen sollte. Es gab nichts in ihrer Philosophie, das sie davon abhielt, wohlschmeckende Gerichte zu genießen oder zu den Mahlzeiten ein wenig Wein oder andere Spirituosen zu trinken. Da jedoch die Ziele ihrer yogischen Praxis auch ein langes Leben mit stabiler Gesundheit und verhältnismäßig jugendlicher Spannkraft miteinschlossen, waren sie darauf bedacht, jedes Übermaß im Essen und Trinken wie in allem anderen zu vermeiden und dafür zu sorgen, daß ihre recht leichte Kost auch nahrhaft war. Teuere Nahrungsmittel oder solche, die unter Schwierigkeiten aus weiter Ferne herangebracht werden mußten, wurden im allgemeinen gemieden.

Westliche Übende würden gut daran tun, einfach zu essen und schwere Gerichte zu meiden, aber nicht puritanisch die Nase über schmackhafte Küche zu rümpfen. Eine rigide asketische Haltung und übermäßiges Genußstreben führen beide gleichermaßen vom Wege ab; dasselbe gilt für eine übertriebene Sorge darum, was man essen und nicht essen soll – wie man es heutzutage in »alternativen« und »spirituellen« Kreisen im Westen häufig antrifft. Denn Sorge führt zu Angst, die sich wiederum auf die körperliche und geistige Gesundheit wie ein schleichendes Gift auswirkt. Der Taoismus vertritt eine lockere Einstellung so gut wie allen Dingen gegenüber.

Rauschmittel

Taoistische Adepten, die zwar Wein oder Branntwein trinken, vor allem wenn das Wetter feucht oder kalt ist, betrachten selbst einen gelegentlichen Alkoholrausch als ein Abirren vom Weg, da er für die Gesundheit nicht gut ist und alles andere als den Fortschritt in der yogischen Meditation fördert. Außerdem trinken sie Alkohol nur in Verbindung mit den Mahlzeiten. Taoisten lassen sich nicht von einem Cocktail vor dem Abendessen verlocken, und sie nehmen auch keinen Drink nach dem Essen oder vor dem Schlafengehen. Daß in taoistischen Lehrbüchern der Tabak nicht als schädliche Substanz verzeichnet ist, liegt daran, daß sie zu einer Zeit verfaßt wurden, als das Tabakrauchen in China noch unbekannt war. Tabak *ist* für die yogische Praxis schädlich, weil er nicht gerade zum besten Funktionieren des Atemsystems beiträgt. Der Atem ist einer der Drei Schätze des Yogin, die gehütet, gepflegt, verfeinert und so weit wie möglich von allen verunreinigenden Einflüssen freigehalten werden sollen. Was Haschisch, »harte« und psychedelische Drogen betrifft, so werden diese nicht als zulässiger Weg betrachtet, um höhere Bewußtseinszustände zu erreichen. Es besteht kein Zweifel, daß sie manchmal diesen Effekt haben; aber ihre Wirkung ist schwer zu kontrollieren, ihr Einfluß auf die psychischen Kanäle ist schädlich, und die ekstatischen Bewußtseinszustände, die sie manchmal hervorrufen, helfen nicht, jene dauerhafte Erweiterung des Bewußtseins zu erlangen, die von den Yogins angestrebt wird. Man wird in der Tat wohl kaum einen auf dem Weg der Selbstverwirklichung fortgeschrittenen Meditierenden finden, der den Gebrauch von Drogen denjenigen empfehlen würde, die hoffen, auf diesem Weg weit voranzukommen. Es hat sich oft genug erwiesen, daß es keine Abkürzungen zum Ziel des Yoga gibt. (Einen begrenzten Nutzeffekt können bestimmte Drogen für Neulinge des Weges haben, um sie erst einmal davon zu überzeugen, daß es tatsächlich höhere Bewußtseinszustände gibt, die man erreichen kann; aber die Wirkung dieser Drogen ist zu ungewiß, als daß man sich darauf verlassen könnte, daß sie tatsächlich zu eben diesem Erfolg führen.)

Sexualität

Nur wenige Taoisten legen ein Keuschheitsgelübde ab. Taoistische Einsiedler sind keine Mönche, wenn auch eine ganze Reihe von ihnen es vorzieht, zölibatär zu leben, vor allem auf den höheren Stufen des Pfades. Die Energien von Körper und Geist sind nämlich so eng miteinander verbunden, daß ein verschwenderisches Verausgaben einer der Formen dieser Energie die Gesamtmenge der zur Kultivierung des Weges verfügbaren Energie vermindert. Andererseits würde ein Taoist nie auf den Gedanken kommen, den Geschlechtsverkehr mit Sünde gleichzusetzen, da es sich dabei um eine natürliche Funktion handelt. Die Taoisten wissen, daß strikte Enthaltsamkeit für Menschen schädlich ist, die noch so weit von hohen Ebenen der geistigen Entwicklung entfernt sind, daß ein absolutes Zölibat sich auf ihre Meditationen störend auswirkt. Unterdrückte Begierde und quälende Phantasien können die geistige und körperliche Gesundheit viel mehr beeinträchtigen als die sorgfältig geregelte sexuelle Befriedigung, und deshalb wird letztere als mit der

Kultivierung des Weges vereinbar erachtet, vor allem auf den anfänglichen Stufen der yogischen Praxis.

Die Betonung liegt auf dem Maßhalten, da allzu häufiger Samenerguß den Vorrat eines der Drei Schätze so sehr reduziert, daß der Nutzen der yogischen Übungen dadurch verlorengeht. Um einerseits die Schädigungen zu verhindern, die unter Umständen durch strikte Enthaltsamkeit verursacht werden können, und andererseits allzu häufigen Samenerguß zu vermeiden, vertreten die Taoisten eine Disziplin der Zurückhaltung. Dieser Begriff in seiner speziellen taoistischen Bedeutung besagt nicht, daß die Häufigkeit des sexuellen Verkehrs selbst eingeschränkt wird; es ist damit vielmehr gemeint, daß der Samenerguß während des Verkehrs zurückgehalten wird, mit gelegentlichen Ausnahmen in bestimmten Abständen, die vom Pubertätsalter an mit jeder Lebensdekade verlängert werden. Merkwürdigerweise bezieht sich die Lehre, daß die physische und geistige Energie bei unmäßigem Geschlechtsverkehr erschöpft wird, nicht auf Frauen. Die Passage im *Tao Tê Ching*, in der es heißt, daß »der Geist des Tales unerschöpflich ist«, wird unter anderem so ausgelegt, daß die Essenz der Frau (die in ihrer groben Form sexuelle Energie ist) dank ihrer Kraft der Selbsterneuerung nicht erschöpft werden kann.

Die sexuellen Yogas, die von den Anhängern mancher Schulen des Taoismus vertreten werden, beinhalten sehr strenge Zurückhaltung seitens des Mannes. Da sie zur Kategorie der fortgeschrittenen Yogas gehören, werden sie nie ohne die Unterweisung durch einen erfahrenen Lehrer praktiziert; und da es viele andere Schulen taoistischen Denkens gibt, die der Ansicht sind, daß diese Art von Yogas nutzlos oder sogar schädlich sind für den Fortschritt auf dem Weg, habe ich es für das beste gehalten, sie auch nicht in vereinfachter Form zu präsentieren.

Geist und Körper

Alles, was in dem Abschnitt über die innere Einstellung der Taoisten dargelegt wurde, sollte von Anfang an sorgfältig beachtet werden, bis die rechte innere Einstellung ganz selbstverständlich geworden ist. Der Weg bleibt dem verschlossen, der nicht gelöst und flexibel wird und Liebe zu Einfachheit und Mäßigkeit sowie Achtung vor der Natur und allen Wesen und Dingen im gesamten Kosmos entwickelt. Die Unfähigkeit, sich eine solche Einstellung zu eigen zu machen, ist ebenso wie Rigidität jeder Art und das Unvermögen, Angst zu überwinden, ein Zeichen dafür, daß etwas mit unserer Praxis nicht stimmt, daß der Fortschritt zum Stillstand gekommen ist oder sich beunruhigend verlangsamt hat. Wirkungsvoller Yoga zielt vor allem darauf ab, höhere Bewußtseinszustände zu erreichen, und da die Materie nur eine Manifestation des Geistes ist, ist alles, was mit dem Körper zu tun hat, von zweitrangiger Bedeutung. Körperliche Gesundheit und Langlebigkeit werden von den Taoisten nicht um ihrer selbst willen angestrebt, sondern weil erstere für die geistige Gesundheit und das emotionale Gleichgewicht wichtig ist und weil ein langes Leben voller Spannkraft dem Adepten mehr Zeit und Kraft gibt, die volle Selbstverwirklichung zu erreichen – ein Ziel, das ein geistiger, nicht ein körperlicher Zustand ist.

Trotzdem darf man die Erfordernisse des Körpers nicht vernachlässigen. Die Gesundheit wird durch Mäßigung im Essen, Trinken und beim Geschlechtsverkehr, durch richtiges Atmen und angemessene körperliche Betätigung, Sauberkeit und das Meiden aller Arten von Exzessen unterstützt. Es gibt taoistische Körperübungen, die ganz außergewöhnliche Resultate haben; sie machen den Adepten unglaublich widerstandsfähig, erhöhen seine Spannkraft im Alter und verleihen ihm ein bemerkenswert jugendliches Aussehen. Da im Westen bis jetzt offenbar keine qualifizierten Meister aufgetaucht sind, die diese Methoden lehren könnten, wird es für den Yoga Übenden das beste sein, *T'ai Chi* zu praktizieren. Sowohl in Amerika als auch in Europa kann man verhältnismäßig leicht Lehrer für diese Art von Körperübung finden, die ganz auf taoistischen Prinzipien beruht und all jene Ergebnisse zeitigen kann, die ich eben erwähnte. *T'ai Chi* hat zudem den Vorteil, daß man auf jeder Altersstufe damit beginnen kann. So reichen die Fähigkeiten meines »chinesischen Neffen« Huang Chung-liang (Al Huang) ganz nahe ans Fliegen heran, und er hat sich die körperliche Konstitution eines um zwanzig Jahre jüngeren Mannes bewahrt. Seine Mutter, eine *T'ai-Chi*-Meisterin der *Pa-Kua*-Schule, ist immer noch eine jugendliche Frau, obwohl sie schon in den Sechzigern steht. Andererseits sollten alle »Eins-und-zwei-und«-Übungen in der Art militärischen Drills unbedingt vermieden werden, da diese zu Spannungen führen, und das ist genau das Gegenteil von dem, was für Anhänger des Weges förderlich ist. *T'ai Chi* wurde von Einsiedlern entwickelt, die für ihre außerordentlichen Fähigkeiten berühmt waren, und es basiert auf der Idee von der Aufrechterhaltung eines angemessenen Gleichgewichts zwischen den Drei Kräften (Himmel, Erde und Mensch) und den Fünf Aktivitäten, die durch Metall, Holz, Wasser, Feuer und Erde symbolisiert werden. Nichts könnte typischer taoistisch sein als *T'ai Chi*, und dennoch ist es ganz und gar zeitgemäß, wie Meister Huangs Integration des *T'ai Chi* in die Kunst des Tanzes deutlich macht. *Judo, Kendo* und *Taekwondo*, die alle auf denselben Prinzipien wie *T'ai Chi* aufbauen, sind ebenfalls ein annehmbarer Ersatz für taoistisches Körpertraining, vorausgesetzt, daß das taoistische Ideal, »das Bittere mit dem Süßen zu nehmen«, nicht von einem Geist hitzigen Wettkampfs und dem Wunsch zu gewinnen verdrängt wird. Es geht nicht um den Sieg, sondern darum, sein Bestes zu geben und dann den Ausgang des Wettkampfs ruhig hinzunehmen. Jede Erregung des Geistes ist störend für den Fortschritt auf dem Weg.

Die besonderen Anweisungen für das Baden, die in manchen

taoistischen Lehrbüchern zu finden sind, empfehlen bestimmte Stunden des Tages, bestimmte Tage des Monats usw. und bestimmte Intervalle, in denen man sich mit Wasser übergießen soll; all das ist beeinflußt von der taoistischen Wissenschaft der Numerologie, die aber von vielen fortgeschrittenen Adepten für unwichtig erachtet wird. Die Hauptpunkte, die man sich merken sollte, sind die, daß Gesundheit der Sauberkeit bedarf, und daß das Baden als Vorbereitung für die Säuberung des Geistes in der Meditation eine große Hilfe ist.

Schließlich heißt es, daß der Adept sich stets dem Wetter entsprechend kleiden soll; er sollte es vermeiden, sich unnötig Hitze, Kälte und Feuchtigkeit auszusetzen. Er sollte zudem darauf achten, nicht zu viel oder zu wenig oder zu allzu unregelmäßigen Zeiten zu schlafen. Kurz, er sollte sich in Hinsicht auf die Ernährung, Entwicklung, Reinigung und Erfrischung seiner körperlichen Hülle von seinem gesunden Menschenverstand leiten lassen. Schließlich ist dieser Körper viel enger mit seinem Geist verbunden, als die meisten in westlichen Traditionen geschulten geistigen Lehrer vermuten; er ist in der Tat ein Ausdruck des Geistes.

Umgebung

Taoistische Einsiedler verbrachten gern viel Zeit außer Haus, um mit der Natur eins sein zu können. Bei gutem Wetter führten sie ihre yogischen Meditationsübungen zumeist im Freien aus, da sie der Ansicht waren, dies sei für den Kreislauf des *Ch'i*, der Lebensenergie, von Vorteil. Eine schöne Landschaft – Felsen, Bäume, Blumen, Flüsse, Wasserfälle und Berge – fördert die Ruhe des Geistes. Bei schlechtem Wetter hingegen oder in einer städtischen Umgebung kann man sehr wohl auch innerhalb der eigenen vier Wände auf dem Weg voranschreiten. Da sowohl rituelle als auch körperliche Reinheit sehr wichtig sind, betrachtet man die frühen Morgenstunden, wenn das *Ch'i* ungehindert fließt, als eine ideale Zeit für die Übungen. Deshalb stehen taoistische Adepten gewöhnlich früh auf und beginnen den Tag damit, ihren Darm zu entleeren, ihren Mund zu spülen und zu baden, wobei sie ablenkende Gedanken und geistige Zustände, die der Meditation abträglich sind, zu vermeiden suchen; das wird zunehmend leichter, je weiter man auf dem Weg fortgeschritten ist.

Ein Platz, der für die regelmäßige Übung des kontemplativen Yoga benutzt wird, sollte sowohl rituell als auch äußerlich saubergehalten werden. Hier sollte man alle verunreinigenden Einflüsse fernhalten und den Platz selbst wie auch alle Gegenstände, die sich dort befinden, peinlich sauberhalten. Deshalb ist es gut, einen bestimmten Raum (oder eine Ecke eines Raums) ausschließlich der yogischen Praxis vorzubehalten, so daß dort eine Atmosphäre von äußerer und ritueller Reinheit aufrechterhalten werden kann. Bewohnt man ein Haus, das mehr als eine Etage hat, sollte sich diese Ecke oder dieser Raum im obersten Stockwerk befinden; in einer kleineren Wohnung ist es lediglich nötig, einen Platz zu wählen, der mit großer Wahrscheinlichkeit nicht von Gästen betreten wird, so daß seine Reinheit aufrechterhalten werden kann, ohne daß man irgend jemanden auf seine sakrale Funktion aufmerksam machen muß. Sakrale Dinge sollte man nicht zur Zielscheibe des Gespötts werden lassen; wenn der Adept dazu herausfordert, indem er die Aufmerksamkeit anderer darauf lenkt, liegt die Verantwortung allein bei ihm. Deshalb sollten seine spirituelle Praxis und alles, was dazugehört, so unauffällig wie möglich bleiben. Man kann heutzutage niemanden auffordern, an einem bestimmten Platz nicht zu rauchen oder bestimmte Gedanken nicht zu denken oder ein Weihrauchgefäß nicht als Aschenbecher zu benützen, ohne Gefahr zu laufen, sich zum Gespött zu machen. Ein taoistischer Adept hat viel Ähnlichkeit mit einem Eisberg – nicht weil er genauso kalt wäre, sondern weil ein großer Teil von ihm den Augen der gewöhnlichen Menschen verborgen bleibt. Ungeschulte Menschen – auch sie eine Manifestation des *Tao* – soll man keineswegs verachten, aber man offenbart ihnen auch nicht Dinge, die sie noch nicht verstehen und respektieren können.

Im Meditationsraum (oder in der Meditationsecke) werden keine besonderen Dinge benötigt; ein paar symbolische Gegenstände, die ihn von anderen Plätzen abheben, werden jedoch als hilfreich angesehen. Der Raum sollte einfach und sparsam eingerichtet sein, und man kann eine Vase mit geschmackvoll geordneten Blumen oder Blütenzweigen aufstellen, oder auch ein Zwergbäumchen oder eine Miniatur-Felslandschaft in einem irdenen Behälter, oder vielleicht ein Bild oder eine Bildrolle. Passende Themen für letztere sind Landschaften, eine Gruppe taoistischer Unsterblicher, eine Darstellung des *Yin-Yang*-Symbols, das chinesische Schriftzeichen »Tao« in kalligraphischer Ausführung oder eine Zeile aus dem *Tao Tê Ching*. Es ist üblich, jede Meditationsperiode mit dem Entzünden eines Räucherstäbchens zu beginnen, welches dann aufrecht in ein Weihrauchgefäß aus Bronze oder Porzellan, das mit Asche oder Sand gefüllt ist, gesteckt wird; ein einfaches Schälchen ist dafür auch geeignet. Die Räucherstäbchen sollten keinen allzu süßen oder scharfen Duft haben; sie sollten eher nach duftendem Holz als beispielsweise nach Rosen oder Lilien riechen. Man kann auch ohne Weihrauch auskommen, doch schafft er eine Verbindung mit einer sehr alten Tradition und hat mehr als eine nur symbolische Bedeutung. Symbolisch repräsentiert der dünne Rauchfaden den Aufschwung der spirituellen Sehnsucht und beschwört die Vorstellung von Energie, die aus der Materie befreit wird. Außerdem ist Räucherwerk ein Hilfsmittel, um einen meditativen Geisteszustand zu erzeugen. Zweifellos haben die Adepten aller Zeiten den Weihrauch aus diesem Grund benützt. Solche Hilfsmittel werden von denen, die ihren Zweck und ihre Bedeutung verstehen, keineswegs verachtet. Obwohl bestimmte Passagen in der *Zen*-Literatur eine ganze Reihe westlicher Menschen dazu veranlaßten zu meinen, das Ritual sei eher ein Hindernis als eine Hilfe für den spirituellen Fortschritt, ist es bemerkenswert, daß nicht ein einziger Tempel in Japan oder sonst irgendwo im buddhistischen Asien ganz ohne Rituale auskommt. Es ist gewiß ein Hindernis für das richtige Verständnis, wenn man meint, eine rituelle Übung, die richtig ausgeführt wird, könne allein schon spirituelle Wirkung haben. Es ist jedoch etwas ganz anderes, solche Übungen als Hilfsmittel zur Erzeugung eines erwünschten Geisteszustandes anzusehen, denn in diesem Fall hat ihre Wirkungsweise viel Ähnlichkeit mit der von Kunstwerken, die den Geist derer erheben, die sie betrachten.

5. Grundlegende meditative Techniken

Die Anweisungen für das Sitzen gelten für alle Meditationen, die im ersten Teil dieses Buches vorgestellt werden, wenn sie formell praktiziert werden. Einige der Übungen können jedoch auch mit gutem Erfolg informell ausgeführt werden; in diesem Fall ist jede beliebige Haltung geeignet, da man im Gehen, Stehen, Sitzen oder Liegen meditieren kann. Die Kontemplation der Natur ist sogar eine yogische Übung, die man vielleicht sogar am besten informell vollzieht. Es ist durchaus überflüssig, aus der Sitzhaltung einen Fetisch zu machen. Ich halte es nicht mit den Lehrern, die behaupten, die Schmerzen in den Beinen, die man vom Sitzen in der Lotushaltung bekommt, seien eine Hilfe für wirkungsvolle Meditation. Der Nachdruck, der im Taoismus darauf gelegt wird, daß man immer locker sein und jegliche Anspannung vermeiden soll, erstreckt sich nicht weniger auf den kontemplativen Yoga als auf irgendeine andere Aktivität. Wenn man andererseits die Lotushaltung bequem einnehmen kann (mit verschränkten Beinen sitzen, wobei die Füße wie bei den Buddhastatuen mit nach oben gekehrten Sohlen auf den Oberschenkeln liegen), so ist das um so besser. Diese Stellung wird nämlich als die geeignetste für langes und erfolgreiches Sitzen betrachtet, vorausgesetzt, daß man sie beibehalten kann, ohne von Schmerzen geplagt zu werden. Abgesehen davon, daß der Meditierende in dieser Haltung weniger leicht einschläft, können Geübte tagelang so sitzen (sollte das jemals nötig sein). Außerdem erleichtert diese Haltung den Kreislauf des *Ch'i* und erzeugt geistige Stille. Der Zweck informeller Meditation, bei der keine besonderen Sitz- und Atemtechniken beachtet werden, besteht darin, den Adepten in die Lage zu versetzen, vollen Gebrauch von all den nicht mit bestimmten Beschäftigungen ausgefüllten Zeitspannen des Tages zu machen sowie seine Praxis beim Herumstreifen im Freien und Genießen der Schönheit der Natur aufrechtzuerhalten. Diese Methode macht es auch möglich, überall, wo man sich gerade befindet, zu meditieren, ohne dadurch unerwünschte Aufmerksamkeit auf sich zu ziehen. Denn obwohl Taoisten nach weltlichen Maßstäben recht eigenartige Leute sind, ziehen sie es doch vor, unbemerkt zu bleiben.

Sitzen

Nur wenige taoistische Meister sind sehr streng hinsichtlich der Sitzhaltung. Die Lotusstellung ist ideal, wenn sie ohne Unbehagen aufrechterhalten werden kann. Auch das Sitzen in der Halb-Lotusstellung (mit nur einer nach oben gerichteten Fußsohle) oder einfach im Schneidersitz ist annehmbar. Alle diese Stellungen sind leichter ohne Schmerzen über längere Zeit auszuhalten, wenn man auf eine große viereckige Meditationsmatte ein kleineres Kissen legt, um das Gesäß anzuheben und damit die Belastung der Beine zu verringern. Da der Körperbau des westlichen Menschen sich von dem des Asiaten unterscheidet, vor allem, was sein Knochengerüst angeht, empfiehlt es sich für ihn, ein wesentlich höheres kleines Kissen zu benützen als das traditionelle flache Sitzpolster (siehe Illustration Seite 231). In Amerika konnte ich beobachten, daß viele westliche Meditierende ihre Sitzhaltung auf diese Weise bequem beibehalten konnten. Ältere Anfänger oder körperlich Behinderte können auch einen Stuhl benützen. In diesem Fall sollte der Stuhl gerade so hoch sein, daß die Oberschenkel parallel zum Boden verlaufen. Die Knöchel und Knie sollten sich leicht berühren, um die freie Zirkulation des *Ch'i* zu ermöglichen. Die Hände sollten in einer der zwei unten beschriebenen Stellungen im Schoß ruhen. Von den Hüften aufwärts ist die Körperhaltung dieselbe wie bei der Meditationshaltung mit verschränkten Beinen, und wenn es nicht aus körperlichen Gründen unbedingt notwendig ist, sollte man keinen Gebrauch von den Armlehnen und der Rückenlehne des Stuhls machen. Deshalb ist wohl ein Hocker in der richtigen Höhe mit einem flachen Kissen am geeignetsten.

Der Kreislauf des *Ch'i* ist am besten gewährleistet, wenn die Hände leicht im Schoß liegen und im Kontakt miteinander sind. Entweder liegt der Rücken der rechten Hand in der linken Handfläche, wobei die Daumenspitzen einander berühren, so daß Daumen und Zeigefinger beider Hände einen abgeflachten Kreis bilden; oder die Hände liegen ohne Spannung zur Faust geballt nebeneinander, wobei die Knöchel nach oben gerichtet sind und der ausgestreckte rechte Daumen von den Fingern der linken Hand leicht umfaßt wird. Der Körper sollte aufgerichtet, aber nicht starr sein, der Kopf ist *ganz leicht* nach vorn geneigt, indem das Kinn leicht zum Nacken hin zurückgezogen wird; die Augen sind zu drei Vierteln geschlossen, der Mund ist zu, die oberen und unteren Zähne nicht in Berührung miteinander, und die Zungenspitze berührt den Gaumen hinter den oberen Schneidezähnen. Die Haltung sollte frei von Spannung sein, aber wiederum nicht so schlaff, daß sie zum Dösen verleitet.

Die traditionelle Bekleidung für die Meditation war ein langes, loses Gewand, das über weichen Pluderhosen getragen wurde; wichtig ist dabei jedoch nur, daß die Kleider locker und bequem sitzen. Gürtel und Kragen sollten auf gar keinen Fall eng sein, und Körper und Beine sollte man nicht einem kalten Luftzug aussetzen. Wer kein Gewand hat, das lang genug ist, um die Beine vollständig zu bedecken, kann im Winter eine leichte Decke über die Beine legen.

Die wenigsten der typisch taoistischen Yoga-Atemübungen können nutzbringend oder gefahrlos ohne einen Lehrer geübt werden, aber es gibt einige, die jedem von Nutzen sein können, ohne im geringsten gefährlich zu sein. Es ist gut, jede yogische Meditation mit der folgenden Übung zu beginnen, die hilft, den Geist ruhigzustellen und den Kreislauf des *Ch'i* zu fördern. Wie bei den meisten Arten des Yoga-Atmens ist es auch vorteilhaft, allein diese Übung mehrmals täglich, aber vor allem am frühen Morgen je zehn oder fünfzehn Minuten lang auszuführen.

Der Übende, der seine Meditationshaltung eingenommen und sich entspannt darin eingerichtet hat, beginnt damit, daß er einige relativ tiefe Atemzüge nimmt, die er ein wenig länger ausdehnt als beim gewöhnlichen Atmen, die er aber nicht übermäßig langsam ausführt. Die Zeit für Einatmen und Ausatmen sollte gleich lang sein, und dazwischen sollte keine wahrnehmbare Pause entstehen. Der Atem sollte so regelmäßig und ruhig werden, daß sich die Härchen an den Nasenwänden kaum bewegen; er sollte auch für den Atmenden selbst unhörbar sein. Diese Art des Atmens sollte ein paar Minuten lang unverändert beibehalten werden, wobei die Aufmerksamkeit ganz auf das Fließen der Luft (und des *Ch'i*) durch die Nasenlöcher gesammelt ist. Schließt sich an diese Übung eine Meditation an, so läßt der Übende nun den Atem zu seinem normalen Tempo zurückkehren. Er achtet jedoch darauf, daß der Atem 1. nicht zu flach wird, 2. Ein- und Ausatem im Gleichgewicht sind und 3. der Vorgang völlig unhörbar bleibt. Wenn er darauf geachtet hat, sollte er seine Meditation nicht dadurch stören, daß er sich um diese Art des Atmens noch weiter kümmert.

Wird der Atem-Yoga nicht als Vorspiel zur Meditation, sondern allein geübt, kann der Übende – sobald er diese Methode völlig beherrscht – ihn abwandeln, indem er den Atem zwischen dem Ein- und dem Ausatmen eine Weile anhält – aber nicht länger, als er braucht, um langsam bis fünf zu zählen, da längere Pausen ohne die Aufsicht eines Meisters gefährlich sind. Hat er diese zweite Technik etliche Wochen lang praktiziert, kann er vorsichtig mit einer Atemübung beginnen, die rein taoistisch ist. Er sollte ziemlich langsam und tief ein- und ausatmen, wie bei der ersten Übung, wobei er seinen Bauch beim Einatmen weit nach *innen* zieht und beim Ausatmen nach *außen* drückt – also genau entgegengesetzt der instinktiven Bewegung. Diese besondere Technik wird ihm von großem Nutzen sein, wenn er später einmal das Glück hat, von einem Lehrer unterwiesen zu werden, der qualifiziert ist, ihn in dieser Art von Yoga-Atmung anzuleiten und sie weiterzuentwickeln.

Der Grund, weshalb jede Meditation mit ein paar Minuten für Atemübungen begonnen wird, ist erstens der, daß der Geist beruhigt und das Fließen des *Ch'i* angeregt wird, indem man die gesamte Aufmerksamkeit auf das Einströmen und Ausströmen des Atems richtet; zweitens der, sicherzustellen, daß der Meditierende während des weiteren Verlaufs der Meditation richtig atmet, weil ihm das eine große Hilfe ist. Die Stille des Geistes und ein rhythmischer Fluß des *Ch'i* sind kaum möglich, solange der Atem zu flach oder zu unregelmäßig ist; außerdem wird dem Adepten das richtige Atmen nach und nach zur zweiten Natur, und danach ist es dann unnötig, die Meditation mit Atemübungen einzuleiten.

Will man in der yogischen Praxis erfolgreich sein und sich einer guten Gesundheit erfreuen, so muß man auf seinen Atem achten, der zu jeder Tages- und Nachtzeit regelmäßig, ruhig und ziemlich tief sein sollte. Die Neigung, nur mit dem oberen Teil der Lungen zu atmen, die vor allem bei Menschen mit sitzender Beschäftigung verbreitet ist, sollte korrigiert werden. Im Laufe der Zeit wird sich der Übende an das richtige Atmen gewöhnen und fähig sein, sich auch körperlich anzustrengen, ohne daß sein Atemrhythmus dadurch sonderlich beeinträchtigt wird. Ich kannte taoistische Schwertfechter, die nach einem heftigen Waffengang, bei dem sich Körper und Gliedmaßen blitzschnell bewegten, so ruhig atmeten, daß man glauben konnte, sie seien eben von einem erholsamen Schlaf erwacht.

Stille des Geistes

Die Beruhigung des Geistes ist die Methode und die Stille das Ziel vieler kontemplativer Übungen. Die Stille ist selten leicht zu erreichen. Man kann die Tore der Sinne schließen, wie Chuang-tzû rät, indem man die Bewußtheit von der Umgebung abzieht und die Wogen der Gedanken zur Ruhe bringt. Das Bewußtsein kann jedoch nicht ganz und gar ohne ein Objekt sein, sonst ist es nicht mehr Bewußtsein. Dennoch sprechen die Lehrer des Yoga oft von objektloser Bewußtheit. Was sie mit diesem Begriff meinen, wird am besten dadurch illustriert, daß man die Bewußtheit des Meditierenden mit einer Lampe vergleicht, die ihre Strahlen über eine unbegrenzte Weite von reinem, weißem Schnee aussendet. Das Licht der Lampe ist nicht gedämpft, das heißt, daß der Übende hellwach bleibt; aber seine Strahlen breiten sich über unterschiedslose Reinheit aus, das heißt, das Objekt der Wahrnehmung ist das gesamte Feld des Seins, nicht eine oder mehrere seiner unterscheidbaren Formen. In einem Geist, der in dieser Weise auf den verborgenen Aspekt des *Tao* gerichtet ist, erhebt sich allmählich die intuitive Weisheit, die letztlich zu dem führt, was die Taoisten »Rückkehr zum Ursprung« und die Buddhisten »Erleuchtung« nennen. Mit taoistischen Worten: Das Kind kommuniziert unmittelbar mit der Mutter und geht für kurze Zeit in ihr auf.

Es kann sich als schwierig erweisen, diesen Zustand zu erreichen; deshalb wurden alle möglichen Techniken entwickelt, wie etwa die Sammlung der Bewußtheit auf den Atemrhythmus oder auf das Pulsieren des Blutes oder auch auf eines der feinstofflichen Zentren, vor allem auf das »Dunkle Tor«, das hinter dem Punkt zwischen den Augenbrauen liegt, oder auf das Zentrum in der Körpermitte in der Höhe des Nabels. All dies fördert die vollkommene Sammlung auf eine einzige Empfindung oder ein Objekt, in der Erwartung, daß dieses sich schließlich ins Formlose auflöst und man die Unendlichkeit erfaßt. Zudem ist es für einen Übenden, der sich noch am Anfang des Weges befindet, schon sehr gut, wenn er allein die In-einen-Punkt-gesammelte-Bewußtheit für eine kurze Zeit aufrechterhalten kann.

Eine andere Methode ist die, an sich selbst als an ein leeres Gefäß zu denken, das gefüllt werden soll. Man stellt sich das *Tao* in diesem Zusammenhang als einen unendlichen Ozean von Sein-Nicht-Sein vor, der sich in das Gefäß ergießt, sobald die Hindernisse, die seinen Fluß hemmen, beseitigt sind. Man sagt sich: »Ich bin dabei, in einen Zustand reiner Leere einzutreten, und mein ganzes Wesen öffnet sich dabei dem Glanz, der mich nun erfüllen wird.« Wenn man nach einiger Zeit Lichtblitze sieht oder das Gefühl hat zu fliegen, soll man sich nicht zu Stolz auf das Erreichte verleiten lassen, denn das würde den Geist unweigerlich in die Niederungen des Egoismus und der Verblendung hinabziehen. Schließlich ist das, was da geschieht, nicht den bescheidenen Kräften des Meditierenden zu verdanken, sondern dem unermeßlichen *Tao*, von dem der Übende nicht mehr ist als eine flüchtige Manifestation. Das »Ich« sollte sich nie allzu sehr hervortun, denn »Ich« ist in Wirklichkeit nicht eine Person namens Meier oder Huang, sondern es ist das Selbst des erhabenen *Tao*, in dem Meier und Huang nur vergängliche Manifestationen sind. Stolz auf gelegentliche Erfolge ist ein großer Feind des yogischen Fortschritts und führt zu schnellem Abgleiten. Bleiben Sie unzugänglich für solche belanglosen Gefühle. Seien Sie einfach still!

Zeit

Wer mit dem Yoga beginnt, sollte sich nicht überanstrengen. Etwa zwanzig Minuten der Übung am frühen Morgen und nochmals am Abend sind für den Anfang genug, vorausgesetzt, daß man die Übungen absolut regelmäßig ausführt. Nach und nach kann die Zeit für jede Sitzung und die Anzahl der Sitzungen erweitert werden, bis es – in einem fortgeschrittenen Stadium – nichts Besonderes mehr ist, einen oder zwei Tage lang zu meditieren. Dies wird sich von selbst entwickeln. Es besteht keine Notwendigkeit, das Tempo zu beschleunigen. Das ungeduldige Streben nach Erfolg macht jeden Erfolg unmöglich. Absolute Regelmäßigkeit im Üben ist weit mehr wert als gelegentliches langes Sitzen. Das *Tao* ist rhythmisch in seinem Wirken, und ebenso hält es der gut unterrichtete Übende. (Informelle Meditation kann natürlich jederzeit und so oft man will ausgeführt werden, sei es bei einem Waldspaziergang oder während man schlaflos im Bett liegt, aber sie sollte nicht das regelmäßige Sitzen ersetzen.)

Eine Geschichte

Einst verließ ein hochbegabter junger Gelehrter namens Li einer plötzlichen Eingebung folgend sein Heim, um Schüler eines berühmten Meisters zu werden. Der Meister hieß ihn überrascht in seiner Einsiedelei in den Bergen willkommen und fragte: »Junger Herr, was kann dieser arme alte Knabe einen gelehrten Edelmann wie Euch lehren?« Li warf sich eilends dem Meister zu Füßen und rief: »Ich habe die Vier Bücher und die Fünf Klassiker (des Staatskonfuzianismus) von vorn bis hinten studiert, ohne irgend etwas zu finden, das mich auf den Weg zur Unsterblichkeit bringen könnte.«

»Und warum solltet Ihr ein Unsterblicher werden wollen?«

antwortete der Meister. »Ich habe noch nie von Unsterblichen gehört, die einen hohen Rang in der Regierung des Reiches innehatten, wohingegen ein konfuzianischer Gelehrter von Eurem Format es bis zum Kanzler bringen kann.« Doch die offensichtliche Ernsthaftigkeit des jungen Mannes überzeugte den Meister schließlich, und er willigte ein, ihn zu unterweisen.

Innerhalb weniger Monate war Li bereits bewandert in den yogischen Übungen, und es war nichts Besonderes mehr für ihn, sich aus seinem Körper aufzuschwingen und die Wolkenpaläste der Unsterblichen zu besuchen oder *»hsi, hsi* durch die Luft zu fliegen« und Sonne und Mond zu umkreisen. »Ich glaube, ich bin auf dem besten Weg, den Meister zu überrunden«, dachte er. Ich bin schon nahe daran, ein Unsterblicher zu werden. Ah, diese Seligkeit zu wissen, wie man ohne Flügel fliegen kann!«

Von diesem Gedanken ermutigt, schlug er dem Meister einen Wettflug vor. »Jeder von uns soll, ohne sich von der Meditationsmatte zu erheben, zum Sitz der Unsterblichen auf dem *Kun-Lung*-Berg (weit weg in Zentralasien) fliegen, einen Pfirsich des langen Lebens pflücken und so schnell wie möglich zurückkommen. Wer als erster mit einer dieser seltenen Früchte wieder hier ist, soll das Vergnügen haben, den anderen zu einem Mondschein-Festmahl einzuladen.«

»Gut«, antwortete der Meister lächelnd. »Laß uns in unsere Meditationskammern gehen und gleich damit anfangen.« Überflüssig zu sagen, daß der alte Herr kaum seine Beine zur Meditation verschränkt hatte, als er auch schon mit einem duftenden Pfirsich in der Hand vom *Kun-Lung*-Berg zurückgekehrt war. Stunden später ging er zu Li, um nachzusehen, ob sein Geist immer noch nicht in seinen Körper zurückgekehrt sei, und traf den unglücklichen Gelehrten den Tränen nahe an; denn trotz aller Bemühungen hatte sich sein Geist stur dagegen gesträubt, sich auch nur bis zur Decke der Zelle zu erheben.

»Meine Kraft hat mich verlassen«, jammerte er.

»Aber ganz und gar nicht«, antwortete der Meister. »Es ist die Kraft des *Tao*, die dich verlassen hat, weil du seine wunderbaren Fähigkeiten dir selbst zugeschrieben hast. Jetzt mußt du nochmal ganz von vorn anfangen.«

Die Moral dieser Geschichte ist, daß Meditierende, so sehr ihnen auch die wunderbaren Erfahrungen, die ihnen manchmal widerfahren, willkommen sind, nicht auf irgendeinen persönlichen Erfolg stolz sein sollten, da solch ein Erfolg nur in sehr oberflächlichem Sinn als ihr eigener bezeichnet werden kann.

6. Innige Vereinigung mit der Natur

Diese Übungen dienen dazu, die Illusion der Getrenntheit durch die unmittelbare intuitive Wahrnehmung der eigenen wesenhaften Einheit mit der Natur zu überwinden. Sie helfen uns zu lernen, in harmonische Übereinstimmung mit *allen* Funktionen der Natur zu kommen, den Geist von müßigen Gedanken zu befreien und damit einen dauerhaften Zustand innerer Stille zu erreichen, der für die Pflege des Weges erforderlich ist.

Vorbereitung

Echte Weisheit ist ihrem Wesen nach ein Produkt der »wortlosen Lehre«, die Lao-tzû so hoch schätzte; deshalb hatte yogischer Fortschritt selten mit Bücherwissen zu tun, das weit häufiger ein Hindernis als eine Hilfe darstellt. Dennoch sind Bücher manchmal notwendig, um die Richtung zu weisen, in die der Geist sich wenden soll. Ich bin der Ansicht, daß westliche Schüler des Weges in den Schriften von Ralph Waldo Emerson eine Brücke von ihrer eigenen intellektuellen Tradition hin zu Lao-tzû's subtiler Wahrnehmung des Seins der Natur und des Wesens des Seins finden könnten. Sie würden gut daran tun, entsprechende Teile des *Tao Tê Ching* (das in mehreren Übersetzungen vorliegt) in Verbindung mit der Emersonschen Philosophie zu überdenken.

Das Bittere mit dem Süßen nehmen

Häufige Kontemplation der natürlichen Umgebung führt dazu, daß man die Natur in allen ihren Stimmungen mit Liebe würdigt. Wirbelstürme, verheerende Überschwemmungen, Waldbrände und Hagelschlag sind, wenn sie auch oft zu Katastrophen führen, für den Plan der Natur ebenso nötig wie warmer Sonnenschein, Frühlingsregen und sanfte Brisen. Zerstörung und Schöpfung sind zwei Seiten derselben Münze. Dichte Wälder zum Beispiel würden ohne das periodische Auftreten von Waldbränden aus »Atemnot« eingehen; gute Erde würde ihre Nährfähigkeit verlieren, wenn ihr die organischen Stoffe vorenthalten würden, die sie dem Absterben der Pflanzen verdankt. In der Natur geht es nicht um Individuen, sondern um das Wohlergehen des Ganzen. Der jährliche Zyklus umfaßt Zeugung, Wachstum, Verfall und Auflösung, wobei ein halbes Jahr lang das *Yang*-Prinzip dominiert, um dann allmählich dem wachsenden Einfluß des *Yin* zu unterliegen. Für Taoisten haben alle Jahreszeiten ihren Reiz, da jede einmalig, aber keine besser oder schlechter ist als die andere. Innige Vertrautheit mit der Natur führt uns dazu, ihre Grausamkeit nicht weniger zu schätzen als ihre Güte und damit zu klarer Einsicht in den großen Plan des Seins zu kommen. Während sich der Gärtner vom Unkraut und der Reisende von Schnee und Regen zur Verzweiflung bringen lassen, heißt der Taoist alles willkommen, was ihm begegnet; da er tief in das Geheimnis des Seins eingedrungen ist, sieht er in jeder Veränderung eine wunderbare Manifestation des Wirkens des erhabenen *Tao.* Als der Ursprung und Inhalt aller Energie, allen Geistes und aller Materie, als der reine »Stoff des Seins« erschafft und zerstört das *Tao* in unfaßbar großem Rahmen und fügt doch zum Ganzen weder etwas hinzu, noch nimmt es ihm etwas weg.

Es ist gut, durch Felder, Wälder und Berge zu streifen und hierüber nachzusinnen, die Augen weit offen für alles, was geschehen mag, denn das hilft uns, einen dauerhaften Geisteszustand zu schaffen – was für den Übenden sehr wichtige Konsequenzen hat. Wenn er es in seinem eigenen Leben mit Rückschlägen zu tun hat oder von scheinbaren Übeln wie Krankheit, heranrückendem Tod, Verlust etc. heimgesucht wird, bleibt seine heitere Gelassenheit ungestört, da für ihn alle Manifestationen des *Tao* eine geistige Nahrung darstellen. Bedauern und Angst haben keinen Platz in einem Geist, der von der täglichen Erinnerung an die einfache Wahrheit genährt wird, daß das Süße nicht ohne das Bittere existieren kann, das Auf nicht ohne das Ab. Es ist eine Hilfe für die yogische Praxis, wenn der Übende bei seinen Wanderungen durch die Natur bestimmte konkrete Beispiele dieser Wahrheit als Meditationsobjekte herannimmt. Wenn er dieses oder jenes Phänomen beobachtet hat, sinnt er eine Weile darüber nach, bezieht die Lektion dann auf seine eigenen Umstände und später auf einen weiteren Bereich, den er nach und nach so weit ausdehnt, daß er den gesamten Kosmos umfaßt. Diese Art von Kontemplation führt manchmal dazu, daß man tiefgreifende intuitive Zustände erlebt, die nicht durch Worte zu beschreiben sind und die von plötzlicher tiefer Beseligung begleitet werden können.

Die Umgebung als Erweiterung seiner selbst wahrnehmen

Anders als die Tiere leidet der Mensch (vor allem der moderne Mensch mit seinem hochentwickelten Ich-Bewußtsein) an der Illusion der Getrenntheit von seiner Umgebung und den Menschen darin. Die Empfindung der Getrenntheit ist eine Verblendung, weil sie eine Trennung vom *Tao* beinhaltet, und das ist unmöglich. Eine taoistische Methode, diese Illusion zu überwinden, ist folgende: Der Übende wählt eine bestimmte Manifestation des ewigen Namenlosen aus, wie etwa einen Weidenbaum, und verbringt im Verlauf der Jahreszeiten täglich einige

Zeit damit, in tiefer Kontemplation vor ihm zu sitzen. Er versucht, sein Wesen zu durchdringen, sich in sein »Weide-Sein« einzufühlen, bis er zu dem Baum selbst *wird* und seine Empfindungen erlebt, wie etwa, wenn die Säfte hochsteigen oder wenn neue grüne Knospen aus seinen Zweigen sprießen. Er spürt seine Reaktion auf Sonnenschein, Regen oder Schnee, sein Verlangen nach Nahrung von Erde und Himmel und die Befriedigung, die auf das Stillen des Hungers folgt. Während die Tage vergehen und die Jahreszeiten wechseln, wird der Adept zunehmend diese Weide (und so auch alle anderen natürlichen Phänomene) als eine Erweiterung seines eigenen Seins wahrnehmen, das ihm einst von der Oberfläche seiner Haut abgegrenzt erschien, das jetzt aber nicht einmal mehr vom Horizont begrenzt wird. Währenddessen wird das Gespenst seines »Ich« schrumpfen oder sich davonschleichen und sein ehemaliges Opfer der beseligenden Erfahrung der Herrlichkeit grenzenlosen Seins überlassen.

Selbst Menschen, die gar nichts von der yogischen Arbeit wissen, können, wenn sie ihren Geist darauf richten, immer neue Dimensionen der Schönheit in jeder Jahreszeit erleben – das Wiedererwachen des Lebens im Frühling, die Üppigkeit des Sommers, die Pracht des Herbstes, das Glitzern des ersten Frostes, dem das strahlende Weiß des Schnees folgt, der sich auf Feldern, auf Zweigen und Dächern häuft, und das reizvolle Geflecht nackter Äste gegen den Himmel. Doch für den Yogin gibt es größere Freuden als all das. Er hört nämlich auf, ein bloßer Zuschauer zu sein. Er wird vielmehr Teil der Landschaft, wie jene winzigen Figuren in den Einöden von Felsen und Bergen, die man auf taoistischen Tuschebildern sieht. Dennoch fühlt er sich nicht als unbedeutender Teil der ganzen Landschaft, da das Ganze auf geheimnisvolle Weise als in ihm selbst und er selbst darin erfahren wird.

Den Geist von müßigen Gedanken befreien und innere Stille erlangen

Die tiefe Kontemplation der Schönheiten und der vielfältigen Aspekte der Natur führt mühelos zur Beruhigung müßiger Gedanken. Der Geist, der sich über die kleinlichen Kümmernisse des Menschen erhebt, wird hell und klar. Die aufgewühlten Wellen des Denkens glätten sich, als wären sie von der ungeheueren Größe der Natur beschämt. Klänge, die wir bis dahin kaum bemerkt haben, wie etwa das Seufzen des Windes in den Kiefern, das Knarren des Bambus, das Zirpen winziger Insekten, das feine Trommeln von Regentropfen, das Plätschern von Wasser, das über Felsen und Steine rinnt, werden mit neuen Ohren gehört und erscheinen wie ein leiser Nachhall der Musik der Sphären. In diese Stille fallen Tropfen für Tropfen Anflüge jener Weisheit jenseits des Wissens, die des Menschen größter und oft am meisten vernachlässigter Schatz ist. Der Übende sollte ruhig sitzen und sich den Bildern und Klängen um sich herum so sehr hingeben, daß sein eigenes Sein ihm kaum zu Bewußtsein kommt; die Farben der Bäume und das Gurgeln des Flusses scheinen ganz von und für sich selbst da zu sein, ohne der Mitarbeit seiner Sinne zu bedürfen, deren er sich nicht mehr bewußt ist. Mit der Zeit verschwinden vielleicht auch diese, bis nichts mehr übrigbleibt von Horizont zu Horizont und darüber hinaus als der weiße Schnee der Meditation. Die grundlegende Formlosigkeit des *Tao* wird nun unmittelbar wahrgenommen. Dies ist die wahre Stille des Geistes.

Praktische Naturmystik

Wie es Wordsworth, Tennyson, Emerson und andere Dichter und Philosophen, die sich in die Geheimnisse der Natur versenkten, erfuhren, enthält jede einzelne Blume, jedes Sandkorn in sich das gesamte Sein des Kosmos. Dies ist ein Geheimnis, auf das man vielleicht manchmal von selbst stößt, und in solchen Momenten finden wir das dann ganz selbstverständlich und einfach. Aber es gibt absolut keine Möglichkeit, durch begriffliches Denken dahin zu gelangen, und noch viel weniger durch Worte. Man mag es vielleicht durch direkte Erfahrung als Tatsache erkannt haben und allen versichern, daß es so ist, aber man kann einem Menschen, der diese Erfahrung nicht gemacht hat, genausowenig davon vermitteln, wie man einem Blindgeborenen ein Gefühl für Farben vermitteln kann. Eine schriftliche Beschreibung, die von allem, was ich gelesen habe, am nächsten daran herankommt, findet sich in dem Buch *The Buddhist Doctrine of Totality*, einer Arbeit über das *Hua-Yen-Sutra* von Garma C. C. Chang. Abgesehen von jenen seltenen Fällen, in denen das Verständnis für dieses Mysterium ohne Hilfe aufsteigt, wird es am besten durch yogische Kontemplation jener Art erreicht, die das logische Denken transzendiert, obwohl es manchmal auch durch intellektuelle Auseinandersetzung auf der Ebene des begrifflichen Denkens unterstützt werden kann. Eine intensive gedankliche Betrachtung kann, wenn sie eine gewisse Zeit lang oft genug wiederholt wird, zu einem plötzlichen Sprung der Intuition führen, der uns über den Rest des Weges zu völligem Begreifen trägt. Solch ein Vorspiel zu einem Sprung der Intuition könnte in etwa so aussehen: Man sitzt in der Meditationshaltung und denkt:

»Diese Blume in meiner Hand ist, wenngleich nur von flüchtiger Existenz, in einem ganz realen Sinn eine richtige Blume mit eigener Substanz, Farbe, Form und eigenem Geruch. Dennoch gehören diese Eigenschaften nicht ihr, da sie von einer Vielzahl von Faktoren abhängig sind, die der Ganzheit des Seins angehören, wie etwa vom Auge und Bewußtsein des Beschauers, von der Qualität des Lichts, das im Augenblick herrscht, von ihrer Position im Verhältnis zu meinem Auge und so weiter. Da jede Veränderung eines oder mehrerer dieser Faktoren zu einer Änderung der Farbe und/oder Form führt, ist es klar, daß diese Eigenschaften nicht der Blume selbst zu eigen sind. Ebensowenig kann man sagen, daß sie eine bestimmte Größe hat, da sie im Verhältnis zu manchen Dingen groß und im Verhältnis zu anderen klein ist und mir zudem je nach ihrer Entfernung von meinem Auge unterschiedlich groß erscheint. Ihre einzige festgelegte Eigenschaft scheint die Art ihrer Substanz zu sein; doch selbst das ist illusorisch, da alle Substanzen, wie unterschiedlich sie auch sein mögen, in Wirklichkeit Manifestationen der Nicht-Substanz des *Tao* sind; und diese ist ungreifbar, besitzt keine Dichte und hat keinerlei unterscheidbare Eigenschaften. Wenn ich diese Blume in meiner Hand halte, ergreift in Wirklichkeit das *Tao* das *Tao*; wenn ich sie mit meinen Augen anschaue und ihren Duft mit meiner Nase einatme, ist es in Wirklichkeit das *Tao*, welches das *Tao* anschaut und es einatmet . . .«

Wenn der Adept in dieser Weise nachsinnt, wird er verstehen, daß Form letztlich Leere ist, also das grundlegende Nichtvorhandensein aller unterscheidenden Eigenschaften. Als nächstes denkt er darüber nach, daß die Nicht-Substanz des *Tao* (und deshalb der Blume) gleich einem Ozean reinen Bewußtseins nicht den Begrenzungen von Zeit und Raum unterliegt. Man kann nicht davon sprechen, daß der Ozean des Bewußtseins »Teile« habe, denn man kann kein Messer nehmen und ein Stück vom Geist abschneiden. Die Blume kann darum nicht als ein unendlich kleines Teilchen der Nicht-Substanz des *Tao* beschrieben werden. Da sie am Sein des *Tao* teilhat, aber kein Teil davon sein kann, muß sie das *Tao* selbst *sein*. Über diesen Punkt hinaus hilft uns das begriffliche Denken nicht weiter. Der Adept sitzt in der Stille, mit beruhigtem Geist, seine Bewußtheit ganz auf die Blume gesammelt. Die Blume ist, was sie ist. Er versucht jetzt nicht mehr, über sie nachzudenken, sondern sitzt voller Frieden und schaut. Es wäre erstaunlich, wenn er beim ersten Versuch schon fähig wäre, den intuitiven Sprung zu machen und augenblicklich zum Herzen des Mysteriums vorzudringen. Wiederholt er jedoch diese Meditation, vorzugsweise über längere Zeit hin zur selben Tageszeit, können kurze Blitze von Intuition aufzucken, bis er eines Tages plötzlich die ganze Bedeutung der Aussage begreift, daß so, wie der Kosmos die Blume enthält, die Blume den Kosmos enthält – wonach ihm natürlich die ganze Sache geradezu lächerlich *einfach* erscheint. Diese Einsicht wird in ihm eine wunderbare Weisheit erwecken, die weit über alles Beschreibbare hinausgeht. Das ist *pu yen chih chiao*, die Lehre ohne Worte.

Eine Geschichte

Vor etwa einem Jahrhundert begab es sich, daß ein Mädchen namens Purpurorchidee, das von seiner Stiefmutter grausam gequält wurde, im Alter von zwölf Jahren von zu Hause weglief. Nach vielen Entbehrungen wurde sie in einer baufälligen Bergeinsiedelei aufgenommen, wo fünf alte Frauen fern der Welt des Staubes lebten. Als die Jüngste hatte Purpurorchidee den größten Teil des Haushalts zu machen, und sie hätte sich jämmerlich einsam gefühlt, wenn sich nicht die Naturgeister der Umgebung mit ihr angefreundet hätten. Sie sah sie niemals wirklich, aber der Bach, in dem sie die Kleider der alten Frauen wusch, schien ihre Anwesenheit fröhlich willkommen zu heißen, und ebenso die Steine, über die sie die Kleider zum Trocknen breitete, und die Bäume, die den Gemüsegarten überschatteten, in dem sie arbeitete. Ihre Vertrautheit mit diesen unsichtbaren Geistern wuchs so sehr, daß sie bald die Freude der Bäume teilte, wenn die Säfte aufstiegen, des Flusses, wenn er aus seinem winterlichen Eisgefängnis erlöst wurde, und der Pflanzen, wenn eine Zeit der Trockenheit durch einen Regenguß beendet wurde. Bald hatte sie die Bedeutung von Einsamkeit vergessen.

Obwohl drei der alten Frauen eine nach der anderen wegstarben, kam niemand, um ihren Platz einzunehmen, denn die Zeiten waren schlecht, und die Berge waren zu Schlupfwinkeln von Banditen geworden. Mehr als einmal stiegen wild aussehende Männer auf der Suche nach Beute zur Einsiedelei herunter, aber der kleine Reisvorrat der Einsiedelei war ihnen zu sehr von Getreidekäfern durchsetzt, als daß er es wert gewesen wäre, fortgeschleppt zu werden. Der einzige Schatz an diesem Ort war Purpurorchidee, jetzt ein hübsches Mädchen anfang Zwanzig, aber ihre unsichtbaren Freunde warnten sie stets vor der Gefahr und boten ihr sichere Verstecke, die anderen Sterblichen unbekannt waren. Doch kam ein Abend, an dem drei rauhe Gesellen eindrangen, um Obdach für die Nacht zu fordern, und sie entdeckten Purpurorchidee in ihrer Zelle, wo sie sich eben von einer kurzen Krankheit erholte. Sie schrien, sie solle aufstehen und Essen machen, und sie grinsten bei dem Gedanken an das Vergnügen, das sie danach an ihr haben würden. Da das Mädchen sich offenbar nicht schämte und ihr Lächeln erwiderte, glaubten sie leichtes Spiel mit ihr zu haben, wenn die Zeit kam, ihr den Zeitvertreib der Mandarinenten beizubringen.

Den beiden alten Frauen, die noch am Leben waren, befahlen die Banditen, von der Bildfläche zu verschwinden, und setzten sich dann zu einem Mahl aus einfachem Gemüse und Reis nieder, denn dies war alles, was die Einsiedelei zu bieten hatte. »Ah«, schrie einer von ihnen, »du tust recht daran zu lächeln, kleine Schwester, denn heute nacht wirst du erfahren, daß drei Liebhaber dreimal so viel Kraft haben wie einer.«

Während sie mit Essen beschäftigt waren, setzte sich Purpurorchidee ruhig mit gekreuzten Beinen auf eine Bambusmatte, als würde sie geduldig die Freuden erwarten, die man ihr versprochen hatte, aber heimlich zog sie die Kraft einer Zeder in ihren Körper, die ihr besonderer Freund und das augenblickliche Objekt ihrer Meditation war. Als die Wüstlinge auf sie eindrangen, erwies es sich als keine einfache Sache, das sitzende

Mädchen aufzuheben, deren Geist von Schmerz nicht mehr berührt wurde und taub für Flüche, Drohungen und Schläge war. Mehr noch, ihr Körper erwies sich als so schwer wie ein Block aus Zedernholz! Schließlich stolperten die drei mit ihr – die immer noch die Beine in Meditationshaltung gekreuzt hatte – in ihre Zelle und ließen sie wie eine hölzerne Statue auf ihre Schlafmatte fallen. Da standen sie verwirrt, und der Schweiß rann von ihren Gesichtern, die schon ganz dunkel waren vor Wut.

Nun zog einer das Messer, schwang es mit wilden Verwünschungen und befahl dem Opfer, sich hinzulegen. Da er keine Antwort erhielt, stach er rasend auf ihr Bein ein, aber er vermochte nicht mehr, als ihr Gewand zu zerreißen, denn die Klinge glitt von ihrer Haut ab wie vom Stamm eines mächtigen Baumes. Rasend bis zum Wahnsinn stach er immer wieder zu, während seine Spießgesellen sie mit ihren Fäusten traktierten; aber sie hätten es ebensogut mit einer Eisenstatue der Chung K'uei, der Bezwingerin der Dämonen, zu tun haben können. Einer nach dem anderen bekamen sie es mit der Angst zu tun, entsetzt bei dem Gedanken, daß sie möglicherweise ein Sakrileg am Körper einer verwirklichten Unsterblichen begingen. Unsicher sahen sie einander an und schlichen sich dann davon.

Was Purpurorchidee betraf, so saß sie weiterhin in Versenkung und genoß das Gefühl von Kraft und Stille, das die Zeder ihr verliehen hatte. Stunden vergingen. Als sie schließlich zu einem gewöhnlichen Bewußtseinszustand zurückkehrte, war ein zerrissenes und unordentliches Gewand der einzige Beweis dafür, daß der Besuch der Wüstlinge kein Traum gewesen war.

Obwohl diese Geschichte vielleicht nur ein Märchen ist, basierend auf einem weitverbreiteten Glauben an die Schutzgeister, von denen es heißt, daß sie in Felsen, Bäumen, Flüssen und Quellen wohnen, versichern viele Taoisten, daß der menschliche Körper mit Hilfe von yogischer Meditation unverwundbar gemacht werden kann.

7. Die »Pflege des Einen« (*Pao I*)

Auf den anfänglichen Stufen des Weges führt die Übung dieses Yoga zu Stille, erhöhter Vitalität und ständigem Gewahrsein des Durchdrungenseins des eigenen Wesens vom erhabenen *Tao*. Auf einer fortgeschritteneren Stufe hilft sie, die jugendliche Kraft und die Lebensspanne zu verlängern. Wird sie bis zum Ende beibehalten, ist sie eine Methode, um das letzte Ziel zu erreichen. Von einigen Meistern wird *Pao I* (das heißt »das Eine pflegen, bewahren, umarmen«) für ein einzigartiges Mittel gehalten, um das Ziel zu erreichen, ohne daß man zu anderen yogischen Mitteln greifen muß (abgesehen von einer geeigneten Ernährungsweise und den richtigen Atem- und Körperübungen). Einem traditionell gesinnten Chinesen wäre es vielleicht nicht recht, daß sich eine Beschreibung von *Pao I* in einem Buch befindet, welches sich an Übende wendet, die keinen Zugang zu einem Lehrer haben und noch viel lernen müssen. Doch sollte ein einzigartiges System, das von allen anderen unabhängig ist, für Menschen auf allen Stufen der Entwicklung von der ersten bis zur letzten geeignet sein. Obwohl die hier gegebenen Unterweisungen nicht ausreichen, um jemanden in die tieferen Bereiche dieses Yoga einzuführen, glaube ich doch, daß es von großem Nutzen ist, ihn – wenn auch in einer rudimentären Form – zu praktizieren.

Wir sahen, daß im letzten Sinn alle Dinge ihrem Wesen nach identisch sind, weil sie Manifestationen desselben »Grundstoffs« darstellen, und daß wir dies deshalb nicht wahrnehmen, weil wir hartnäckig an einem Gefühl von »Ichheit« hängen und darum einen tiefeingewurzelten Widerwillen dagegen haben, unser Gefühl von Individualität aufzugeben, selbst wenn wir immer und immer wieder die Versicherung erhalten haben, daß es illusorisch ist. Dennoch weist die Tatsache, daß es uns zum yogischen Pfad hinzieht, darauf hin, daß etwas tief in uns sich weigert, sich mit den armseligen Befriedigungen zu begnügen, die die Welt denjenigen bietet, die nicht fähig sind, ihren egozentrischen Standpunkt aufzugeben. Es ist so, als würde uns eine »leise innere Stimme« zu höheren Anstrengungen auffordern. Nach der taoistischen Lehre gibt es innerhalb der komplizierten *Yin-Yang*-Struktur, die wir irrtümlich für unser »Ich« halten, einen Tropfen von reinem *Yang-shên* (*Yang*-Geist). Wenn indische Weise von Istadeva, der innewohnenden Gottheit, und die christlichen Mystiker vom »inneren Christus« sprechen, weisen sie damit auf dieselbe intuitive Erkenntnis hin, daß in unserem Sein ein makelloser »Tropfen« des erhabenen, ungeteilten *Tao* zu finden ist.

»Pflege des Einen« bedeutet, daß man sich der Anwesenheit dieser göttlichen Verbindung mit dem Unbeschreiblichen immer bewußter wird *und sich dementsprechend verhält*. Der *Pao-I*-Yoga dient dazu, diesen Vorgang zu unterstützen. Regelmäßiges Üben wird von Anfang an helfen, Hindernisse zu beseitigen, die dem Erlangen der inneren Stille im Wege stehen, und führt uns zum Wachstum der intuitiven Erkenntnis unseres eigenen Wahren-Wesens.

Methode

Ganz früh am Morgen, wenn der Fluß des *Ch'i* besonders kraftvoll ist, sucht sich der Übende einen ruhigen Platz für die Meditation. Es können das Zimmer oder die Ecke sein, die er normalerweise für diesen Zweck benützt, oder ein anderer Platz irgendwo im Freien, wo er eine schöne Landschaft um sich hat, vorzugsweise einen weiten Blick über Berge oder Hügel, eine

Ebene, das Meer oder auf den Himmel. Ein Berggipfel ist ideal, da nichts im Vordergrund sein sollte, das ihn ablenken könnte. Er nimmt eine der Meditationshaltungen ein und übt die Atemmethode, wie sie im fünften Kapitel beschrieben ist, wobei er sich eine Weile auf die Empfindung des Atemflusses durch die Nasenlöcher sammelt. Als nächstes kann er zur folgenden einleitenden Meditation übergehen, die eine gute Vorbereitung für die Hauptübung bildet. Wie fortgeschrittene Yogins wissen, entspricht ihre Symbolik tatsächlichen psychischen Prozessen:

Der Übende stellt sich bildlich vor (visualisiert), daß sein ganzer Körper in einen schönen, rechteckigen Tiegel verwandelt ist, der wie ein chinesisches Weihrauchgefäß oder ein Ritual-Pokal oben eine weite Öffnung hat und auf vier Beinen steht. Die obere Öffnung ist mit einem Rechteck aus glänzender Bronze umrandet, auf dem an jeder Schmalseite ein rechteckiger, nach oben ragender Handgriff befestigt ist. Einschließlich der Handgriffe ist der Tiegel etwas höher, als er breit ist. Über ihm erscheinen nun zwei himmlische Wesen mit langen Gewändern: ein männlicher Unsterblicher, der auf einem weißen Tiger (dem Symbol des *Yang*, männlicher Kraft, der Sonne, des spirituellen Bereichs) reitet, und eine weibliche Unsterbliche auf einem grünen Drachen (dem Symbol des *Yin*, der weiblichen Kraft, des Mondes, des irdischen Bereichs). Aus den Mäulern ihrer Reittiere ergießen sich blendend helle Lichtströme in den Tiegel, vermischen sich dort und bilden ein weißes Elixier. Nach einiger Zeit ziehen sich die weißen Strahlen zurück, und die Unsterblichen fliegen davon und verschwinden in der Unendlichkeit. Währenddessen zieht sich das Elixier schnell zu einem kleinen, strahlenden, perlenähnlichen Objekt zusammen. Daraufhin nimmt der Bronzetiegel wieder seine menschliche Form an, die glänzende Perle jedoch verweilt in dem feinstofflichen Zentrum in der Mitte des Körpers in Nabelhöhe. Der Übende bringt durch geistige Sammlung, mehrmaliges Augenrollen und tiefes Atmen die Perle dazu, im mittleren Kanal feinstofflicher Energie (der an der Wirbelsäule entlang verläuft und bis zum Scheitel reicht) hochzusteigen, bis sie in der *Nihuan*-Höhle, die dem obersten Gehirnbereich entspricht, zur Ruhe kommt. Diese Perle ist in Wirklichkeit der kostbare Tropfen makellos reinen Geistes, der den Adepten mit dem Grund des Seins vereinigt.

Jetzt richtet sich die Aufmerksamkeit auf die Hauptübung, die aus einer Meditation des folgenden Inhalts besteht, wobei dieser in geistige Bilder, nicht in Gedanken gekleidet wird:

»Hier bin ich, ein Wesen, eins mit meiner Umgebung und dennoch scheinbar durch die Begrenzungen eines Körpers eingeschränkt, der nicht weiter reicht als vom Scheitel bis zu den Spitzen meiner Finger und Zehen. In meinem Kopf befindet sich eine heilige Höhlung, die meinen wertvollsten Schatz enthält – einen strahlenden Tropfen des Geistes, der nicht getrübt werden kann, wie sehr auch schwarze Wolken der Verblendung ihn verdunkeln mögen. Dieser Tropfen *Yang-shên* ist ein Bestandteil von mir, entspringt jedoch dem Urgrund des Seins. Makellos, strahlend, winzig klein, ist er dennoch unendlich groß, denn er birgt Himmel und Erde in sich. Darin wohnt die Essenz meines Selbst, das keineswegs mein eigen ist, sondern das Selbst des unermeßlichen *Tao*. Darin ist der Sinn meines Lebens, meine sicherste Hoffnung auf hohe spirituelle Entwicklung enthalten. Ich werde mich Tag und Nacht an diesen Schatz erinnern, denn er ist es, der mich mit unbegrenzter Lebenskraft erfüllt und mich unsterblich macht. Wenn ich zulasse, daß er so sehr verdunkelt wird, daß mir sein Vorhandensein nur selten zu Bewußtsein kommt, werden meine Lebenskräfte mit dem Alter schwinden, und nach dem Tod wird sich meine Essenz verflüchtigen und mein Geist zu allmählicher Auflösung verdammt sein. Solcher Art sind die Gefahren, wenn man es zuläßt, daß aus der Eigenliebe, aus zügellosen Wünschen, aus Leidenschaften und aus Täuschung dunkle Wolken aufsteigen und das Leuchten des Schatzes für lange Zeit verbergen. Je besser es mir gelingt, diese dunklen Wolken zu durchdringen, desto größer wird die Leuchtkraft meines *Yang-shên* werden, bis mein gesamter Körper-und-Geist von seiner Substanz durchdrungen ist. Im Wachen und Schlafen werde ich mich mit allen meinen verfügbaren Kräften dieses kostbaren Juwels erinnern und niemals zulassen, daß es weit unter die Oberfläche meines Bewußtseins absinkt, und nichts tun, was seiner unwert ist.«

Wenn der Übende in dieser Weise nachgedacht hat, sollte er sich diesen Schatz als einen Edelstein vorstellen, der in seinem Gehirn strahlt und nach und nach immer mehr an Leuchtkraft und Größe gewinnt, bis er jeden Winkel seines Körpers ausfüllt. Dann dehnt er sich noch weiter aus und nimmt die gesamte sichtbare Umgebung des Übenden und alles darüber hinaus in sich auf, bis er die äußersten Randbereiche des Universums erreicht hat und ausfüllt. An diesem Punkt tritt der geübte Adept in einen beseligten Zustand ein (den die Buddhisten *Samadhi* nennen), in dem er die vollkommene Identität von Schauendem, Schauen und Geschautem erfährt.

Die Rückkehr zu seinem gewöhnlichen Geisteszustand sollte allmählich vor sich gehen. Er sollte, bevor er aufsteht, noch eine Weile in Frieden sitzen bleiben, während die Dinge um ihn herum wieder ihre vertraute Gestalt annehmen. Erst dann sollte er sich von der Meditation erheben.

Im Idealfall sollte er sich seines »*Yang-shên*-Tropfens« jederzeit bewußt sein und sich in einer Weise verhalten, die jemandem angemessen ist, der das lebende Tabernakel eines so heiligen Schatzes darstellt. Das ist am Anfang schwierig, wird jedoch zunehmend leichter, bis dieser Inhalt sogar dann in seinem Bewußtsein lebendig bleibt, wenn er sich mit ganzer Aufmerksamkeit den Angelegenheiten des täglichen Lebens zuwendet. Lange bevor die Praxis dieses Yoga ein fortgeschrittenes Stadium erreicht hat, fördert sie bereits spürbar die Gesundheit, die Lebenskraft, ein Gefühl des Wohlbefindens und die Ruhe des Geistes, vorausgesetzt, daß man sich bemüht, die Erinnerung an den Schatz jederzeit nahe an der Bewußtseinsschwelle zu halten und ihn so oft wie möglich zum Hauptobjekt der Bewußtheit zu machen.

Einige Autoritäten behaupten, die kontinuierliche Praxis des *Pao-I*-Yoga könne Geist und Körper so erfolgreich verändern, daß die jugendliche Spannkraft verlängert, Langlebigkeit gesichert und *körperliche* Todlosigkeit (gemeint ist ein Leben als taoistischer Unsterblicher) erreicht wird. Ich persönlich möchte zwar die Möglichkeit nicht absolut leugnen, daß solche Unsterbliche in einem gewissen Sinn existieren, neige aber zu der Annahme, daß die Vorstellung von körperlicher Unsterblichkeit hauptsächlich darauf beruht, daß es dem vollkommen verwirklichten Mystiker nicht möglich ist, anderen Menschen das Wesen seiner intuitiven Erkenntnis oder des hohen Zieles, zu dem sie führt, unmißverständlich zu vermitteln. Man kann die folgende Geschichte wörtlich nehmen, wenn man will, oder den letzten Abschnitt als eine Allegorie betrachten, die auf einen geheimnisvolleren und erhabeneren Sinn hindeutet, als Worte ihn auszudrücken vermögen.

Eine Geschichte

Ein Gelehrter namens Hsieh in der Provinz Szech'uan pflegte morgens und abends mehrere Stunden mit der Kontemplation seines verborgenen Schatzes zu verbringen, und außerdem rief er ihn sich in Erinnerung, wann immer er die Muße dazu hatte. Als seine Söhne, die diese Übungen als Zeitverschwendung belächelten, das Mannesalter erreicht hatten, empfanden sie es als demütigend zu erleben, daß immer mehr Freunde ihren Vater für ihren Bruder hielten, so wenig beeinflußte der Ablauf der Zeit seine äußere Erscheinung. Als dann mit der Zeit seine Enkelkinder ins mittlere Alter kamen, kannte die öffentliche Verwunderung über seine noch immer jugendlichen Züge und kraftvolle Erscheinung keine Grenzen mehr. Die Geschichte kam dem Herrscher zu Ohren, der Hsieh, welcher bereits nahezu neunzig Jahre alt war, zu einer Audienz berief. Als er daraufhin einen kräftigen Mann von bester Gesundheit, mit schwarzem Haar, frischen Wangen und strahlenden Augen vor sich sah, der sich mit jugendlicher Anmut bewegte, hielt ihn der Herrscher der Zehntausend Jahre für einen Betrüger und ließ ihn ins Gefängnis werfen.

Ein oder zwei Jahre lang schmachtete Hsieh vergessen hinter Gefängnismauern, bis der Herrscher, der gerade ein Buch über taoistische Unsterbliche gelesen hatte, ihn wieder zu sich rufen ließ. Er dachte dabei: »Nachdem er so lange bei minderwertiger und knapp bemessener Nahrung eingesperrt war, wird dieser unverschämte Kerl schneller gealtert sein als ich, dessen Haar erst in den letzten Monaten vom Herbstfrost berührt wurde.« Als Hsieh, der so jung aussah wie eh und je, eintrat und sich die üblichen neun Male ohne ein Anzeichen von Anstrengung oder Ermüdung vor dem Drachenthron niederwarf, wurde der Herrscher nachdenklich. Er gab seinem Bedauern über ein »unglückliches Mißverständnis bei früherer Gelegenheit« Ausdruck und bot dem Gelehrten eine erhebliche Belohnung für das an, was Seine Majestät »das Geheimnis immerwährender Jugend« zu nennen geruhte.

»Majestät«, antwortete Hsieh, »es gibt da kein Geheimnis. Ich habe seit frühen Jahren die Besinnung auf mein *Yang-shên* geübt. Das ist alles, was es damit auf sich hat.«

»Kann diese Übung auch verlorene Jugend wiederbringen?« fragte der Herrscher hoffnungsvoll.

»Leider, Herr, kann sie zwar die Jugend bewahren, aber nichts wiederbringen, was bereits verloren ist; aber sie kann ein weiteres Altern hinauszögern.« Diese Antwort mißfiel Seiner Erlauchten Gegenwart so sehr, daß Hsieh sich alsbald wieder im Gefängnis sah, aus dem er nach dem Tod des Herrschers, der einige Monate später erfolgte, vom jüngsten kaiserlichen Prinzen, dem Bruder des neuen Herrschers, befreit wurde.

»Ich befinde mich noch auf der Höhe meiner jugendlichen Kräfte«, sagte der Prinz. »Seid so freundlich und enthüllt mir die Mittel, wie ich sie bewahren kann.«

»Um sie zu bewahren«, antwortete der Gelehrte, »muß Eure Hoheit den Wunsch, jung zu bleiben, vergessen und sich ganz auf die Pflege des Einen konzentrieren, eine Methode, die Euch zu zeigen mir eine Ehre sein wird. Alles andere ist wertloses Zeug.«

Freudig unterzog sich der junge Mann den Übungen, und es heißt, daß von dieser Zeit an bis etliche Jahrhunderte später die Bewohner der Hauptstadt gelegentlich zwei strahlenden Personen begegneten, die miteinander Wein tranken – der eine augenscheinlich ein robuster Herr um die Fünfzig, und der andere ein junger Bursche von wenig mehr als zwanzig Jahren. Leider brachen sie stets in schallendes Gelächter aus, wenn sie angesprochen wurden, und verschwanden augenblicklich.

8. Das Bewahren der Drei Schätze

Für den Yoga der inneren Alchemie des Sammelns, Nährens und Umwandelns der Drei Schätze (*Ching, Ch'i, Shên* und ihre feinstofflichen Entsprechungen), durch den ein neuer Geist-Körper geschaffen oder das letzte Ziel erreicht wird, braucht man einen fähigen Lehrer. Dies geht natürlich über das, was dieses Buch vermitteln kann, hinaus. Dennoch stimmen alle taoistischen Autoritäten darin überein, daß yogische Bemühungen auf jeder Ebene des Bewahrens dieser Drei Schätze bedürfen; niemals sollten sie gedankenlos vergeudet werden.

Methoden des Bewahrens

Im männlichen Körper ist die Samenflüssigkeit der Träger der feinstofflichen unsichtbaren Energie des *Ching*. Diese Energie ist, wenn sie leichtfertig verausgabt wird, nicht leicht zu erneuern (wohingegen für Frauen das Gegenteil gilt). Da sie ein unterstützender Faktor der geistigen und körperlichen Spannkraft und zugleich ein Produkt derselben ist, muß man sie für kostbarer schätzen als Perlen und Jade. Ernährung, körperliche Ertüchtigung und gut geregelter Schlaf spielen eine wichtige Rolle; aber von noch viel größerer Tragweite ist die sexuelle Zurückhaltung. Von dem Übenden wird nicht verlangt, daß er sich des Geschlechtsverkehrs enthält oder sich ihm nur selten hingibt. Er sollte vielmehr den Samenerguß sorgfältig regulieren, indem er ihn bei den meisten Gelegenheiten zurückhält. Junge Adepten des Yoga können sich vielleicht einen einmaligen Erguß pro Woche gestatten; wenn sie älter werden, sollte die Häufigkeit der Ejakulation allmählich verringert werden. Mit vierzig Jahren sollten Geist und Körper ein Stadium heiterer Gelassenheit erreicht haben, welche ermöglicht, den Erguß gänzlich zu vermeiden. Diese Einschränkung mag hart erscheinen, aber sie bringt ihre Belohnung in Form strahlender Lebenskraft mit sich, sowohl in sexueller wie auch in anderer Hinsicht.

Das *Ch'i* wird durch yogisches Atmen (fünftes Kapitel), körperliche Übungen und Meditation angereichert. Sein Träger im Menschen ist der Atem, sein wahres Wesen ist die kosmische Lebenskraft. Es zirkuliert frei durch Himmel und Erde, doch sein Fluß innerhalb des Körpers kann durch falsches Atmen und/oder geistige Unruhe behindert werden. Vom Himmel tritt es durch unsichtbare Kanäle, Drachen-Adern genannt, in die Erde ein, wie es durch die Nasenlöcher und Poren in den Menschen eindringt und in den Kanälen feinstofflicher Energie durch den Körper zirkuliert. Diese Kanäle sind den Yogin zwar von alters her bekannt, können aber selbst mit dem stärksten Mikroskop nicht sichtbar gemacht werden, wenn ihre Existenz auch heute sogar im Westen durch die Wissenschaft der Akupunktur und ähnliche Methoden als erwiesen gilt. Anders als das *Ching* kann das *Ch'i* nicht vergeudet werden, weil es selbst in seiner groben Form nicht eigener Besitz ist, sondern eine Gabe, die großzügig jedem zur Verfügung steht; doch kann sein Zufluß gefährlich verringert und sein Kreislauf durch Fahrlässigkeit geschwächt werden. Für ausreichende Aufnahme, richtigen Kreislauf und Reinerhaltung des *Ch'i* muß gesorgt werden, indem man die Gewohnheit richtigen Atmens entwickelt, früh am Morgen aufsteht, um *T'ai Chi* oder andere körperliche yogische Übungen im Freien zu praktizieren, das Rauchen sein läßt und eine verschmutzte Atmosphäre meidet, soweit das heute eben möglich ist.

Shên ist Geist, der sich auf der gewöhnlichen Ebene in der Form geistiger Beweglichkeit und Nervenkraft manifestiert.

Shên wird durch Meditation gefördert und dadurch, daß man die innere Stille bewahrt, sich von Aufregungen frei hält und, was am wichtigsten ist, zerstörerische Leidenschaften wie Wut, Neid, Eifersucht, Gier, sadistisches Vergnügen und Lust vermeidet. Mit »Lust« ist hier nicht gesunde, kreative, inspirierende sexuelle Anziehung gemeint, sondern schwülstige Leidenschaft, Besessenheit, besitzergreifendes Festhalten und alles, was eher zu Bitterkeit als zu Freude bei einem oder beiden Partnern führt. Die Meditation sollte häufig praktiziert werden, auf jeden Fall nicht weniger als zweimal am Tag, und sehr regelmäßig, was Zeitpunkt und Zahl der Sitzungen betrifft. Wenn irgend möglich sollte man es Tag und Nacht vermeiden, den Geist den wilden Stürmen der Leidenschaften auszusetzen. Das verlangt normalerweise, daß man bei der Wahl seiner Gesellschaft, seiner Lektüre, der Fernsehprogramme und selbst seiner Gedanken die Kontrolle behält. Wenn Gedanken auftauchen, die geeignet sind, die heitere Gelassenheit zu stören, sollten sie nicht gewaltsam unterdrückt oder niedergehalten werden, damit sie dann bloß unter der Bewußtseinsschwelle ihre Aktivität fortsetzen. Man sollte sie vielmehr beobachten, untersuchen, als das erkennen, was sie sind, und sie ruhig, aber nachdrücklich fortschicken, so wie man die möglicherweise niedlichen, aber allzu zerstörungswütigen Kinder eines Nachbarn aus dem eigenen Garten wegschickt. Andererseits sollten gesunde, kreative Gedanken mit allen Mitteln herangezogen werden (wie es in der folgenden Geschichte dargestellt ist). Da Alkohol schnell zum Verlust der Kontrolle über die Gedanken und das Verhalten führt, sollte er gemieden werden, es sei denn, man ist in der Lage, ihn mit strikter Mäßigkeit zu genießen. Der Grund, weshalb die Taoisten sich keinen starren Verhaltensregeln unterwerfen, liegt darin, daß sie – abgesehen von ihrer Abneigung gegen jede Art von Rigidität – keine Verhaltensregeln brauchen, da ihnen die Mäßigkeit durch ihre Schulung zu einer selbstverständlichen und angenehmen zweiten Natur wird.

Shên läßt sich vor allem durch solche Maßnahmen fördern wie Freude an der Schönheit der Natur, Kontemplation ihrer Abläufe, Ausrichtung des Geistes auf das erhabene *Tao* und seine unendlich vielfältigen Manifestationen, und die Schulung in tiefer, leidenschaftsloser Sammlung. Die Sammlung kann durch eine Vielzahl von Mitteln angeregt werden; dazu gehören das Schreiben von Gedichten, Kalligraphie, Malen, Musizieren, die gekonnte Ausübung jeder Art von handwerklichen Fähigkeiten und Hobbies wie Schachspielen, Bogenschießen, Blumenstecken, Gärtnern und so weiter. Schach und ähnliche Spiele sind geeignet, weil sie intensive Konzentration verlangen, aber normalerweise keinen Geist der Rivalität beschwören. Spiele um Geld und solche, die ein Übermaß an Aufregung, den starken Wunsch nach Sieg oder Feindseligkeit gegen den Mitspieler (und ähnliches) erzeugen, sollten gemieden werden. Anhänger des Weges trachten nach Harmonie in allem, so daß ihr *Shên* ruhig und ihr Herz gelassen und heiter bleibt; deshalb achten sie auf ihre Gedanken und Emotionen, damit ihre geistige und emotionale Energie nicht töricht vergeudet wird.

Keine der Anweisungen in diesem Abschnitt ist besonders schwierig zu befolgen; viele davon sind einfach eine Sache des gesunden Menschenverstandes. Dennoch sind sie von großer Bedeutung, denn wenn die Drei Schätze nicht angemessen gefördert und bewahrt werden, ist jegliche yogische Anstrengung vergeblich. Selbst wenn man so spektakuläre Kräfte wie zum Beispiel Levitation oder die Fähigkeit, Metallgegenstände auf große Entfernung zu verbiegen, entwickeln würde, wären sie im yogischen Sinn ganz nutzlos ohne eine unerschütterliche innere Gelassenheit.

In den Tagen, als die mächtigen Festungswälle Pekings noch standen und die Innenhöfe der Häuser voller Bäume waren, so daß die Stadt zur Sommerszeit eher wie ein von Mauern umgebener Park aussah als wie die Hauptstadt des Reiches, lernte ich einen Witwer kennen, der, nachdem er mit vierzig Jahren seinen bescheidenen Laden verkauft hatte, sich selbst gerne als Müßiggänger bezeichnete. Tagtäglich stand er im Winter wie im Sommer mit der Dämmerung auf, um in seinem Hof *T'ai Chi* zu üben; danach erstreckte sich der Tag endlos vor ihm, da sich eine Tochter und eine alte Bedienstete um sein leibliches Wohl kümmerten, aber ich hörte ihn niemals klagen, daß ihm die Zeit lang würde. Wie viele Bürger Pekings lebte er in inniger Verbundenheit mit dem Ablauf der Jahreszeiten und liebte Bäume, Blumen, Vögel, singende Insekten und Goldfische.

Zur Zeit des chinesischen Neujahrs, das im allgemeinen auf den Februar fällt, schmückte er sein kleines Haus mit reizvollen Arrangements von Narzissen und Kieseln in flachen Tonschalen und mit Blütenzweigen vom Winterpflaumenbaum in antiken Porzellanvasen. Blumen, die nicht der Jahreszeit gemäß waren und in Holzkohle-beheizten Räumen wuchsen, verachtete er als eine Beleidigung der Natur. Wenn die Kälte zur Zeit des Festes der Klaren Helligkeit nachließ, zog er ein gut wattiertes Gewand an und ging auf den Seen im nördlichen Teil der Stadt zum Bootfahren, um in der Gesellschaft alter Freunde das frische Grün der Weidenzweige zu genießen, das sie dazu inspirierte, feinsinnige Kurzgedichte zu schreiben. Diesen Ausflügen folgten Besuche der berühmten schönen Plätze in den westlichen Hügeln, wo er im Knospen und Sprießen des Frühlings schwelgte. Er kehrte meist erst nach einem oder zwei Tagen mit Armen voller Magnolien zurück oder mit Zweigen von frischem Frühlingsgrün, aus denen er Gestecke machte. Im Mai verbrachte er viel Zeit damit, im einen oder anderen Park mit seinen alten Kameraden Tee zu trinken und sich an der Pracht der Päonien zu erfreuen. Im Juni stand sein Hof voller eingetopfter Oleander in Rosa und Weiß und dazwischen junge, schlanke Granatapfelbäumchen; Freunde trafen ein, um sie zu bewundern oder die neuesten der mannigfaltigen Goldfische zu betrachten, die er in großen Tonbassins hielt. Inspiriert von einigen Schlucken Wein reimten sie dann Gedichte über alle diese schönen Dinge.

Während der Sommermonate war der Hof mit Matten überdacht, und es war zu heiß, um sich in der Tagesmitte hinauszuwagen. Am späten Nachmittag jedoch liebte er es, an den Ufern der vielen Wasserstraßen Pekings entlangzuschlendern, um die Fülle der Lotusblumen zu betrachten, die sich aus den das Wasser fast völlig bedeckenden Blättern erhoben. Er fertigte gern phantasievoll geformte Lampions aus diesen großen, flachen, köstlich duftenden Blättern, und am Fest der Seelen war er immer unter den vielen Menschen zu finden, die bei Nacht zusammenkamen, um auf dem *Pei-hai*-See kleine Schiffe aus Lotusblättern mit einer brennenden Kerze darauf schwimmen zu lassen. Der frühe Herbst war die Zeit für erneute Ausflüge in die westlichen Hügel, wo er sich zu dieser Jahreszeit an der purpurnen, feuerroten, gelben, bronzenen und goldenen Schönheit der Ahornbäume freute, die vor dem dunklen Grün der alten Kiefern und Zedern aufleuchteten. In den Nächten der Herbstmitte und des Festes der Zweifachen Neun (neunter Tag des neunten Monats) brach er mit einer fröhlichen Gruppe zum Gipfel eines Hügels auf. Dort ergötzte man sich am strahlenden Mondlicht und an der Musik der Flöten oder der mit Seide besaiteten *Ku Ch'in* (einer Wölbbrettzither ähnlich der japanischen Koto), auf denen die wehmütigen Weisen längst vergangener Zeiten erklangen. Während der Zeit der Chrysanthemen war der Wohnraum meines Freundes mit leichten Holzgestellen vollgestellt, die viele Dutzende von Töpfen mit diesen herrlichen Blumen trugen. Er suchte sie immer persönlich aus hundert oder mehr Arten aus, die man auf den Jahrmärkten der Tempelfeste kaufen konnte. Manche waren gelb, andere bronzefarben, dunkelrot, golden oder strahlend weiß; manche hatten breite, andere schmale und gerade oder phantastisch gerollte Blütenblätter; jede hatte ihren eigenen poetischen Namen, wie etwa Drachenbart oder goldener Phönix. Im frühen Winter kaufte er Grillen in sorgfältig gefertigten Käfigen aus Bambus, und ihr Zirpen belebte die melancholischen Abende. Später, in der Zeit der großen Kälte, ging er gern auf dem *Pei-hai*-See Schlittschuhlaufen, oder er saß mit Freunden in einer Galerie mit Lackarbeiten beim Tee und schmauste heiße Klöße mit gewürzter Fleischfüllung, während er auf die belebte Szenerie auf der weiten Eisfläche hinabschaute.

Man konnte ihn oft auf Tempeljahrmärkten sehen, wo er Blumen oder Goldfische kaufte, was er ohne großen Kostenaufwand besorgte. Die teueren Sachen waren nichts für ihn, denn er wußte wohl zu wählen unter dem, was reiche Leute kaum eines Blickes würdigten, und er war dennoch in der Lage, ein hübsches Arrangement zu seinem und seiner Freunde Vergnügen zu schaffen. Einen großen Teil seiner Zeit verbrachte er daheim mit dem Lesen alter Werke, oder er spielte auf seiner *Ku Ch'in*, schrieb Kalligraphien, malte zarte Abbilder seiner bevorzugten Bäume und Blumen, gestaltete geschickt alle möglichen kleinen Gegenstände aus Holz oder Bambus oder spielte *Wei Ch'i* (ein Brettspiel mit hundertsechzig Steinen auf jeder Seite) mit seiner Tochter, die eine hervorragende Spielerin war. Das klingt nach einem idyllischen Leben, aber er brachte es fertig, mit einem sehr bescheidenen Budget auszukommen. Alles, was er besaß, war von erlesenem Geschmack, aber sehr selten teuer. Während der ersten Monate unserer Bekanntschaft dachte ich, er sei einfach ein heiterer, hochbegabter Dilettant, bis er eines Tages nebenbei sein unermüdliches Kultivieren des Weges und seine Sorgfalt im Nähren und Sammeln seines *Shên* erwähnte.

»Nun ja«, sagte ich lachend zu ihm, »wenn Ihre Lebensweise

das ist, was man unter dem Kultivieren des Weges versteht, frage ich mich, warum nicht eine ganze Menge Leute begeisterte Taoisten sind. Das soll doch wohl ein Spaß sein?«

»Keineswegs«, antwortete er, »ich meine es so ernst, wie ein Mensch, der über das Leben lächelt, es nur meinen kann. Ich praktiziere regelmäßig Atem-Yoga und Meditation, und abgesehen davon höre ich niemals auf, mein *Shên* zu nähren. Viele Leute halten mich für leichtfertig, aber meine Vergnügungen bringen mich der Natur näher und schaffen innere Ruhe. Mein Leben ist erfüllt und glücklich, wenn auch gewiß müßiggängerisch nach weltlichen Normen; aber ich vergeude mein *Shên* nicht, indem ich mich törichten Leidenschaften und Ängsten hingebe. Wenn ich noch weitere hundert Jahre lebe, schön und gut. Wenn ich morgen sterbe, schön und gut. Denn mein Geist ist schon lange mit dem makellosen *Tao* im Einklang. Ich nenne mich selbst einen Müßiggänger, weil ich *Wu-wei* praktiziere, indem ich alle Aktivitäten vermeide, die nicht mit dem Fluß des *Tao* in Übereinstimmung sind. Ich bin in Wirklichkeit recht aktiv, aber nichts, was ich tue, bedarf des Systematisierens, des Planens oder schafft Konflikte. Sie werden mich nie mit zusammengebissenen Zähnen oder finster gefurchter Stirn sehen, denn ich treibe in heiterer Gelassenheit dahin, der Strömung der Natur folgend, in welche Richtung sie auch fließen mag. Das ist es, was man Wandern durchs Leben nennt.«

9. Yogische Aspekte des I-Ging-Orakels

Die Methode des Orakelnehmens mit dem I Ging *(I Ching)* ist in meiner eigenen und den meisten anderen Übersetzungen dieses Werkes beschrieben; deshalb ist es nicht nötig, diese Grundanweisungen hier zu wiederholen. Viele westliche Menschen sind heutzutage schon mit diesem außerordentlichen Werk vertraut, das, wenn es richtig gebraucht wird, Orakelsprüche liefert, die sich auf die wunderbarste Weise erfüllen. Die Art und Weise jedoch, wie damit umgegangen wird, ist oftmals zu mechanisch oder die Auslegung zu wörtlich, und in den USA wurde der Höhepunkt der Absurdität erreicht, als man einen Computer an die Stelle der überlieferten Methoden des Orakelnehmens mit Schafgarbenstengeln oder den (weniger zuverlässigen) Münzen setzte. Die Weisen, die dieses Werk vor mehr als dreitausend Jahren zusammenstellten, haben sich mit Sicherheit an die intuitive Weisheit gewandt, als sie die Texte zu den Hexagrammen und Wandlungslinien schrieben. Diese Texte wurden durch die Jahrhunderte hindurch immer wieder bewundert, und vor nicht allzu langer Zeit beeindruckten sie auch den gelehrten Tiefenpsychologen C. G. Jung zutiefst, ganz zu schweigen von den vielen anderen westlichen Intellektuellen, die das I-Ging-Orakel als unbedingt zuverlässig betrachten. Bei der Interpretation der Orakelsprüche sollten also die Eingebungen intuitiver Weisheit den Vorrang vor lediglich wörtlichen oder mechanischen Formulierungen haben. Nicht-intuitive Interpretationen können zu schlimmen Irrtümern führen, denn das I Ging ist zu tiefgründig, als daß es auf der gewöhnlichen Bewußtseinsebene »verstanden« werden könnte.

Wirft man die Schafgarbenstengel (oder, als weniger empfehlenswerte zweitrangige Methode, die Münzen), sollten dabei folgende Grundsätze peinlich genau beachtet werden:

1. Man sollte an das Unternehmen mit einem Geist der Hochachtung herangehen, der einer Erfahrung angemessen ist, die als nicht minder ehrfurchterregend aufgefaßt werden sollte als die Kommunikation mit einem »Höchsten Wesen«. Die Äußerungen des I Ging sind nämlich, wenn man es richtig versteht, genau das, was uns ein solches göttliches Wesen mitteilen würde, wenn man das *Tao* mit der theistischen Vorstellung von Gott gleichsetzen könnte. Die Weisen König Wên und Herzog Chou erlangten auf intuitivem Wege eine solch tiefe Weisheit, daß ihre Schriften in einem ganz realen Sinn die Wandlungen des *Tao* ausdrücken. Sie tun dies so präzise, daß sie, so gut das eben möglich ist, der »Stimme Gottes« entsprechen.

2. Formuliert man eine Frage, muß man den bewußten, logischen Teil des Geistes benützen. Der Fragende muß überlegen, wie er sie am besten in Worte fassen kann, um alle Aspekte der Situation miteinzubeziehen, und wie er Formulierungen (zum Beispiel »Entweder-oder«-Fragen) vermeiden kann, die für diese Methode des Orakelnehmens ungeeignet sind. Er muß sich hier also vor allem um sprachliche Genauigkeit bemühen. Doch selbst schon auf dieser Stufe spielt die Intuition eine Rolle. Wenn der Fragende auf der Ebene begrifflichen Denkens jedes Detail der Situation bedacht hat, die ihn zum Befragen des Orakels veranlaßte, und zu diversen unterschiedlichen Formulierungen gekommen ist, sollte er sich um geistige Stille bemühen, seine Aufmerksamkeit vom Inhalt seiner Überlegungen abwenden und sich in einen kontemplativen Zustand versetzen, der es ihm ermöglicht, die beste Formulierung als Ergebnis überbegrifflicher Intuition aus der Stille hervortreten zu lassen. Darauf folgt die Befragung durch das Werfen der Schafgarbenstengel.

3. Während der Fragende entsprechend der überlieferten Form die Schafgarbenstengel wirft und teilt, sollte er seinen Geist in reiner Empfänglichkeit verharren lassen, damit die Finger und Hände so frei von bewußter Kontrolle sind, wie es unter diesen Umständen möglich ist. So können sie ohne Behinderung auf eine Kraft reagieren, die sie mit unbeirrbarer Sicherheit führen wird. Da dies für Anfänger nicht ganz einfach ist, sollten sie die manuelle Seite des Vorgangs immer wieder üben, bis er in Fleisch und Blut übergegangen ist und mit wenig bewußter Kontrolle korrekt vollzogen werden kann. So macht ja auch ein geübter Autofahrer in einer gefährlichen Situation den besten Gebrauch von Lenkung, Bremse und Kupplung, ohne daß er die Zeit hätte, darüber nachzudenken. Je weniger der bewußte Geist bei der Handhabung der Stengel beteiligt ist, desto besser. Sollten die Finger und Hände wie bei einem Medium in Trance zu zucken beginnen, ist das kein Grund zur Besorgnis, sondern eher ein Zeichen des Erfolgs.

4. Die Antwort des I Ging auf die Frage findet in Form der Texte statt, die zu einem der Hexagramme und zu der oder den Wandlungslinien und zum zweiten Hexagramm gehören, das aus ihrer Wandlung resultiert. Diese Texte werden verdeutlicht durch das Wesen der zwei einander zugeordneten Trigramme, die damit verknüpfte Symbolik und so weiter. Sollten sich Wandlungslinien und ein zweites Hexagramm ergeben, kann der entsprechende Text anschließend an den des ersten Hexagramms aufgeschrieben werden. Dann sollte man die einzelnen Sätze des Textes in ihrer Beziehung zueinander und zu jedem Aspekt der Situation, die zu der Frage geführt hat, betrachten. Nachdem dies geschehen ist, sollte der Fragende seinen Geist so inhaltsleer wie ein unbeschriebenes Blatt Papier werden lassen und sich wie in der Meditation in einen Zustand der Stille versetzen, um das Aufsteigen der Intuition zu erwarten. In dieser Stille wird die richtige Interpretation der Antwort Gestalt annehmen wie Wellengekräusel auf der stillen Oberfläche eines

Teiches. Wenn einige Texte ziemlich lang sind oder auch die Kommentare des Konfuzius mit in Betracht gezogen werden, wird es besser sein, nacheinander über jeden Teil der Antwort auf diese Weise zu meditieren, anstatt sich die gesamte Antwort auf einmal vorzunehmen. Je nach Umständen und Person mag man etwas unterschiedlich vorgehen; der Hauptpunkt ist jedoch, die Situation unbedingt so zu gestalten, daß mehr die Intuition als das übliche begriffliche Denken zum eigentlichen Instrument der Interpretation gemacht wird.

Alle großen Meister des I-Ging-Orakels haben diese oder eine analoge Methode benützt, um zu ihren Interpretationen seiner Antworten zu finden, das heißt, um ihren Bewußtseinszustand auf ungefähr jene Ebene zu heben wie diejenige, auf der König Wên und Herzog Chou zu den Texten inspiriert wurden. Es ist jedenfalls von entscheidender Wichtigkeit, daß man sich an die intuitive Weisheit wendet, ob man das I Ging nun als Quelle göttlicher Offenbarung betrachtet, oder die Einstellung vorzieht, mit der offenbar C. G. Jung daran heranging; für ihn spiegelte die jeweilige Antwort die Weisheit wider, die unter der Schwelle des gewöhnlichen Bewußtseins im Geist des Fragenden selbst liegt.

Eine Geschichte

Zur Zeit der Hsien-Fêng-Regierung (1851–61) geschah es, daß ein jüngerer Sohn des Finanzkommissars Pai der Provinz Kueichou die Schwester eines früheren Schulkameraden sah und sich so von ihr angezogen fühlte, daß er beschloß, sie zur Frau zu gewinnen. Da seine Eltern nicht mehr lebten, wollte er selbst den Heiratsvermittler zu ihr schicken, befragte jedoch vorsichtshalber vorher das I Ging. Die Antwort bestand aus dem Hexagramm *Kou* mit einer Wandlungslinie auf dem fünften

Platz und dem Hexagramm *Ting*, womit sich die drei folgenden Texte ergaben: »Die Frau übt die Macht aus. Heirate nicht. Die Weidenblätter, die die Melone bedecken, verbergen ihre Schönheit. Etwas fällt vom Himmel. Opfer – höchstes Gelingen.«

Da er ein Neuling in der Kunst des Orakelnehmens war, sah er nur die wörtliche Bedeutung. Als junger Mann, der es seit langem gewohnt war, sich in den Weidenalleen zu vergnügen (sich mit Kurtisanen einzulassen), war ihm der Begriff »Melone« als leichtfertiges Synonym für einen gewissen Teil der weiblichen Anatomie vertraut. Da die Worte »Etwas fällt vom Himmel« zum übrigen Orakel nicht zu passen schienen, ignorierte er sie. So interpretierte er es folgendermaßen: »Fräulein Li ist die Art Frau, die im Bett beherrschen will, also heirate sie nicht. Es ist nicht deine Sache, ihre Melone zu enthüllen (den Hochzeitsritus mit ihr zu vollziehen). Opfere deine Hoffnung, sie zu heiraten, und höchstes Gelingen wird daraus folgen« – zweifellos in der Form einer Gattin, die gleichermaßen schön, aber weniger herrschsüchtig sein würde. Doch war die Anziehung so stark, daß er sie trotz des Orakels heiratete. Sie erwies sich als zauberhafte Gattin voller anmutiger Ehrerbietung ihrem Mann gegenüber. So entschied der junge Pai nach einem oder zwei Jahren ehelichen Glücks, daß das I Ging ein dummes Buch sei, das ihn fast sein Lebensglück gekostet habe. Eines Tages äußerte er diese Meinung laut in einem Kreis von Freunden, mit denen er in einem Weinhaus zechte. Daraufhin kam ein älterer Mann in taoistischer Tracht an seinen Tisch und sagte: »Verzeihen Sie, junger Herr, wenn ich es wage, nach dem Grund für Ihre ernste Verunglimpfung eines Buches zu fragen, das allenthalben hoch verehrt wird.«

Pai lud den alten Mann ein, sich dem Kreis zuzugesellen, und erklärte lachend die Geschichte.

»Hm«, antwortete der Taoist, »es trifft sich, daß ich das I Ging auswendig kenne und mich an die Passagen, die Sie erwähnten, genau erinnere. Erlauben Sie mir, einen Augenblick darüber nachzudenken.« Dann wurde er so still wie ein Weiser, der sich mit dem *Tao* vereinigt, und eine Stimmung ernster Ruhe senkte sich über die Zechbrüder und durchbrach ihr müßiges Geschwätz wie ein Donnerschlag. Als er aus dieser Stille wieder emportauchte, fuhr der Alte fort: »Sie sind wirklich übereilt vorgegangen! Erstens, weil Sie es wagten, ein Buch der Weisheit zu deuten, das über Ihr Verständnis weit hinausgeht, und zweitens, indem Sie das, was Sie für seine Antwort hielten, verachteten. Glücklicherweise ist das erhabene *Tao* gleichgültig gegenüber Ihrer Ehrfurchtslosigkeit. Wie kann allerdings ein so wirrköpfiger junger Mann hoffen, dem Unglück zu entgehen? Die richtige Deutung des Orakels, das Sie erhielten, ist eine ganz andere als Ihre eigene. Der Befehl, nicht zu heiraten, wird von der überaus glückverheißenden Wandlungslinie negiert – ein durchaus nicht ungewöhnlicher Fall, da etliche Wandlungslinien, wenn auch keineswegs alle, eine überragende Bedeutung haben. Beachten Sie, daß der Mädchenname Ihrer Gemahlin, Li (Pflaume), darauf hinweist, daß die Frucht, die im Text erwähnt wird, mit ihr gleichgestellt werden kann. Die tatsächliche Bedeutung des Ganzen in Anbetracht Ihrer damaligen Situation wäre also gewesen: ›Solltest du dich zu dieser Zeit entschließen, zu heiraten, könnte sich deine Frau leicht als Zankteufel erweisen. Glücklicherweise besitzt diese vorgesehene Braut verborgene Gaben und wird sich für dich als ein seltenes Geschenk des Himmels erweisen. Deshalb bringe ein Opfer zum Zeichen deiner Dankbarkeit und heirate sie, und du wirst dir höchstes Glück sichern.‹ Ist es nicht ein beschämender Lohn für das Geschenk des Himmels, daß Sie geringschätzig über den heiligen Text sprechen?«

Zutiefst gedemütigt entschuldigte sich Pai, woraufhin der alte Mann bemerkte: »Mein Herr, ich nehme an, daß Sie eher ein Opfer der Gedankenlosigkeit als ein Mensch von schlechten Anlagen sind. Ich bitte Sie, den Text zum Hexagramm *Shun* zu studieren, und ihn sich zu Herzen zu nehmen, dann mag noch alles gutgehen.« Zur großen Verblüffung der Runde verschwand der Taoist daraufhin – ein sicheres Zeichen, daß er ein Unsterblicher gewesen war.

Pai stürzte nach Hause, nahm sich das Hexagramm *Shun* vor und überdachte sein Symbol »Holz auf Holz«, das auf unbegrenzte Sanftheit hinweist. Wenn nach diesem Ereignis irgendwann einmal etwas Unerfreuliches geschah, nahm er das Übel gleichmütig an – eine Veränderung, die ihm eines Tages das Leben rettete. Als er im Alter von dreiundfünfzig Jahren zum Gouverneur einer nördlichen Provinz ernannt worden war, sah er sich auf seinem Weg durch die Berge einem menschenfressenden Tiger gegenüber. Er hätte sein Schwert gezogen und sich auf den Tod in diesem ungleichen Kampf gefaßt gemacht, wäre ihm nicht plötzlich das Hexagramm *Shun* eingefallen. Tief ergriffen kniete er nieder, als wolle er den Tiger einladen, mit ihm zu machen, was er wolle. Aber die große Bestie tat nicht mehr, als ihn mit ihrer Zunge abzulecken, bevor sie in die Dämmerung davontrottete. Für den Rest seiner Tage lebte Pai in Übereinstimmung mit dem Weg, in dem Wissen, daß nichts in der Natur demjenigen Schaden zufügt, der mit Gelassenheit alles annimmt, wie es kommt.

10. Der Yoga des Heilens

Der Zweck dieses Yoga ist es, sich selbst oder andere von psychischer oder physischer Krankheit zu heilen. Die anderen Übungen, die in diesem Buch beschrieben sind, werden weitgehend in ihrer traditionellen Form präsentiert, wenn auch den heutigen Bedingungen in westlichen Ländern angepaßt. Im Zusammenhang mit dem Heilen geht die Anpassung jedoch weiter. Taoistische Adepten hatten schon immer ein lebhaftes Interesse am Heilen, sei es mit Hilfe von Heilkräutern, über die viele von ihnen ein umfangreiches Wissen besaßen, oder auch mit Talismanen und Zauberformeln sowie durch den Umgang mit Geistern, die dazu bewegt werden können, in den Körper eines Mediums einzutreten und es zu veranlassen, die nötigen Rezepturen im Trancezustand aufzuschreiben. Wie auch immer man darüber denken mag – diese Heilmittel waren oft erfolgreich. Das Heilen mit yogischen Mitteln jedoch wurde hauptsächlich dazu eingesetzt, mit dem eigenen Leiden umzugehen und weniger mit dem anderer Menschen. Abgesehen von dem, was man einigen Geschichten entnehmen kann, weiß ich wenig über die Art und Weise, wie yogisches Heilen bei Patienten angewandt wurde, obwohl kein Zweifel an seiner Wirksamkeit bestehen kann. In allen Bereichen des Yoga ist der Geist der König; seine Macht hat keine Grenzen, wenn er richtig eingesetzt wird. Hier habe ich den Versuch unternommen, eine verbreitete taoistische Methode (der Selbstheilung) mit einer anderen, die vom Buddhismus herkommt, zu kombinieren. Die beiden Systeme haben sich in China nie gegenseitig ausgeschlossen, so daß solche Kombinationen der Tradition entsprechen.

Die taoistische Einstellung dem Heilen gegenüber ist eine ganz andere als etwa die mancher christlicher Sekten, die den unterstützenden Gebrauch von Medikamenten ablehnen. Für taoistische Yogins geht es nicht darum, die Hilfe eines göttlichen Wesens zu erflehen, dessen Mißfallen erregt werden könnte, wenn der Glaube an sein Eingreifen nicht absolut ist, sondern darum, sich die grenzenlose Kraft des *Tao* zunutze zu machen, die im Heilenden und im Patienten gleicherweise vorhanden ist, wie auch in den Pflanzen und Mineralien, die als Heilmittel verwendet werden. Es ist kein Widerspruch, wenn man von spirituellem Heilen und medikamentöser Behandlung gleichzeitig Gebrauch macht. Die Anhänger des Weges sind nicht auf Lob aus; wenn der Erfolg allein dem medikamentös behandelnden Arzt zugesprochen wird, ist keiner der Verlierer.

Selbstheilung

Am besten geeignet ist der frühe Morgen, und nachdem der Übende sich körperlich und rituell gereinigt hat, nimmt er seine übliche Meditationshaltung ein und vollzieht eine einfache yogische Atemübung, um seinen Geist zu beruhigen und jede mögliche Störung in seinem Körper auszuschalten. Wenn er sich von störenden Gedanken befreit hat, sammelt er seine Bewußtheit auf den Fluß des *Ch'i* in seinem Körper und durch Erde und Himmel und denkt im stillen:

»Mein Körper, der zwar scheinbar aus fester Materie zusammengesetzt ist, ist in Wirklichkeit eine flüchtige Manifestation des *Tao*, nicht fest, sondern unendlich durchlässig. Er bietet dem Einströmen des *Ch'i* keinen Widerstand, so daß es jeden seiner Teile durchdringen kann; es tritt durch die acht Höhlungen und durch die Poren in ihn ein und aus und fließt durch Sehnen, Knochen und jedes Organ. Hindernisse werden nur durch geistige Unruhe und durch falsches Atmen aufgebaut, jetzt aber ist mein Geist still und mein Atem verläuft unhörbar, regelmäßig und tief, aber dennoch sanft. Ich bin mir des *Ch'i* bewußt, das durch jeden Winkel meines Wesens strömt.« Diese einleitende Meditation sollte so lange fortgesetzt werden, bis sich ein Gefühl der Leichtigkeit, der Vitalität und des Wohlergehens einstellt.

Wenn die Krankheit, die geheilt werden soll, eine psychische Störung, angstvolle Bedrückung, Furcht oder ähnliches ist, soll man sich diese als kleine schwarze Wolke möglichst bildhaft vorstellen (visualisieren), die in Höhe des »Dunklen Tores«, also hinter und zu beiden Seiten des Mittelpunkts zwischen den Augen schwebt. Ist die Krankheit körperlicher Art, wird die Wolke in dem betroffenen Teil des Körpers visualisiert und dann durch die Kraft des Geistes in das nächstliegende der »Fünf Zentren« gezogen. Diese sind das »Dunkle Tor« hinter den Augen, die *Ni-Huan*-Höhle genau unter dem Scheitelpunkt, das Herz-Zentrum in der Körpermitte auf der Höhe des physischen Herzens, das Feuer-Zentrum hinter dem Nabel und das Tor des Lebens-und-des-Todes im Bereich des Damms beziehungsweise an der Basis des Penis. Krankheiten in den oberen Gliedmaßen sollten ins Herz-Zentrum gezogen werden, Krankheiten der unteren Glieder ins Feuer-Zentrum.

Hat die schwarze Wolke ihren entsprechenden Bestimmungsort erreicht, so richtet der Adept seine gesamte Aufmerksamkeit darauf und vermeidet währenddessen jede Störung der Stille seines Geistes und Körpers oder in seinem Atemrhythmus. Dann wird er sich des *Ch'i* bewußt, das von außen und aus seinem Körper auf einem reinigenden Luftstrom herangetragen wird. Nach und nach wird sich die Wolke verkleinern und ihre Dunkelheit wird nachlassen, bis sie ganz verschwunden ist. (Sieht man irgendwann Blitze von weißem oder farbigem Feuer im Dunklen Tor, sollte man dem, obwohl es ein gutes Zeichen ist, keine Beachtung schenken, damit die Stille nicht durch Gefühle der Verwunderung oder Erregung beeinträchtigt wird.)

Ist die Wolke verschwunden, so verharrt der Übende lange genug in einem Zustand der Versenkung, um die belebenden Empfindungen der Leichtigkeit und Freiheit auskosten zu können, die sich jetzt einstellen. Erst allmählich kehrt er zu seinem gewöhnlichen Bewußtseinszustand zurück und bleibt noch eine oder zwei Minuten lang ruhig sitzen, bevor er aufsteht.

Häufige Wiederholung verhilft diesem Yoga zu zunehmender Wirksamkeit. Selten werden durch eine einmalige Sitzung bemerkenswerte Ergebnisse erzielt, es sei denn durch einen erfahrenen oder von Natur aus begabten Heiler. Psychische Störungen können oft schnell beseitigt werden, manchmal schon mit einer einzigen Sitzung – etwa bei Beklemmung, Angst oder Hysterie. Körperliche Krankheiten benötigen meistens mehr Zeit, also eine ganze Reihe von Sitzungen. Handelt es sich jedoch um eine schwerwiegende organische Störung, so kann man bestenfalls eine Linderung der Schmerzen und gewisser Symptome erwarten sowie eine relativ rasche Besserung im Rahmen des Möglichen. Eine vollständige Heilung geht wahrscheinlich über die Kraft eines Adepten mit nur mäßiger Erfahrung, wenn er nicht außergewöhnlich begabt ist. Aus diesem Grund sollte man versuchen, sich zu Beginn der ersten Sitzung darüber klarzuwerden, ob die Beschwerden solcher Art sind, daß eine völlige Heilung möglich ist, oder ob man seine Erwartung entsprechend herunterschrauben muß. Alles, was in diesem Abschnitt dargelegt wurde, gilt ebenso oder noch mehr für das Heilen anderer Menschen.

Das Heilen anderer

Der Abschnitt über die Selbstheilung sollte von denjenigen, die eine andere Person heilen wollen, sorgfältig gelesen werden, denn vieles von dem Gesagten wird bei der folgenden Beschreibung vorausgesetzt.

Man beginnt genauso, wie es in den ersten beiden Absätzen über die Selbstheilung beschrieben ist, außer daß sich die Betrachtung über die Durchlässigkeit des Körpers und den unbehinderten Fluß des *Ch'i* auf den Körper des Patienten anstatt auf den eigenen bezieht. Der Patient sollte, falls er anwesend ist, direkt vor dem Heilenden sitzen oder liegen. Ist er abwesend, sollte man sich ihn deutlich als anwesend vorstellen. Dann konzentriert sich der Heilende auf die Krankheit, auf die er Einfluß nehmen will, und sieht vor seinem inneren Auge (visualisiert) eine kleine schwarze Wolke im Kopf des Patienten, wenn sie psychischer Art ist, oder im betroffenen Teil des Körpers, wenn sie physischer Art ist. Mit der Kraft seines Geistes veranlaßt er die Wolke, aus dem Patienten auszutreten und in den entsprechenden Teil seines eigenen Körpers zu wandern. Wenn in diesem Stadium die Schmerzen oder Krankheitssymptome des Patienten vom Heilenden mitempfunden werden, ist dies ein gutes Zeichen, aber seine Aufmerksamkeit darf dadurch nicht beeinträchtigt werden. Im Wissen, daß sie sich durch das, was folgt, bald auflösen werden, sind sie relativ leicht zu ertragen.

Die schwarze Wolke wird jetzt in das Dunkle Tor hinter den Augen des Heilenden heraufgezogen – nicht in irgendeines der anderen Zentren, ungeachtet, aus welchem Teil des Körpers des Kranken sie kam. Mit dem machtvollen, wortlosen Wunsch, daß Soundso schnell geheilt sein möge, kontempliert der Heilende das *Ch'i*, das aus seinem Inneren und von außen wie Ströme heilender Luft auf die schwarze Wolke einwirkt, bis sie nach und nach durchsichtiger und dünner wird und schließlich verschwindet. Währenddessen sollte der Patient, falls es ihm möglich ist, den Yoga der Selbstheilung ausführen, wie er oben beschrieben ist, um die Kräfte des Heilenden zu verstärken. In diesem Fall kann sich für beide die köstliche Empfindung der Leichtigkeit und der Befreiung ergeben. Die Rückkehr zum gewöhnlichen Bewußtseinszustand sollte wie bei der Selbstheilung langsam vor sich gehen.

Manchmal kann eine augenblickliche Heilung erreicht werden; im andern Fall erfolgt gewiß bei jeder Sitzung eine Linderung der Schmerzen oder sonstigen Symptome, vorausgesetzt, daß der Yoga gewissenhaft vollzogen wird und der Patient mitarbeitet, indem er sich dem heilenden Einfluß öffnet, falls er imstande ist, das zu tun.

Gruppen-Heilen

Es erweist sich selten als schwierig, die eigenen psychischen Beeinträchtigungen zu heilen oder zu verringern; das Heilen eigener körperlicher Krankheiten oder irgendeines Übels, dem ein anderer Mensch ausgesetzt ist – abgesehen von zeitweiser Hysterie oder ähnlichem –, kann jedoch über die Kräfte eines Adepten gehen, der in dieser Praxis noch ein Neuling ist. Hingegen pflegt das Heilen in Gruppen – selbst bei Neulingen – von Anfang an beeindruckende Resultate zu bringen. Deshalb ist diese Methode den anderen bei weitem vorzuziehen. Der Patient wird in die Mitte einer Gruppe von zehn bis zwanzig Leuten gesetzt – oder als dort sitzend visualisiert –, die mit verschränkten Beinen dem Patienten zugewandt im Kreis sitzen. Auch hierfür ist wieder der frühe Morgen die beste Zeit. Die Gruppenmitglieder sollten die übliche Reinigung vollzogen haben: Entleerung des Darms, Bad, Ausspülen des Mundes und Beruhigung des Geistes. Wenn zwischen der Reinigung und dem Beginn der Heil-Sitzung einige Zeit liegt, sollte ihr Geist währenddessen ruhig geblieben sein, frei von Unruhe oder Besorgnis und mit angenehmen, erhebenden Gedanken beschäftigt. Wenn alle im Kreis sitzen, sollte ihnen jede Stufe des Yoga zuerst einmal sorgfältig erklärt werden. Danach vollzieht die Gruppe den Yoga, wie er im Abschnitt über das Heilen anderer erläutert ist, wobei natürlich mit der Kontrolle des Atems und der Beruhigung des Geistes begonnen wird. Der Patient sollte, wenn das möglich ist, zur Mitarbeit aufgefordert werden. Er sollte entweder ganz ruhig verharren und sich den heilenden Einflüssen öffnen oder den Yoga der Selbstheilung vollziehen, während sich die anderen darum bemühen, ihn zu heilen.

Außer dem Gruppenleiter, der am besten ein erfahrener Yoga-Adept oder Heiler ist und dessen Aufgabe es ist, sicherzustellen, daß jeder genau weiß, was er zu tun hat, kann es nützlich sein, jemanden zu haben, der den zeitlichen Ablauf überwacht, da die verschiedenen Gruppenmitglieder vermutlich unterschiedlich lang mit jeder einzelnen Stufe des Yoga beschäftigt sind. Seine Funktion besteht darin, darauf hinzuweisen, daß gemeinsam zu einer neuen Stufe überzugehen ist, indem er leise zwei Klanghölzer jeweils an den Punkten aneinanderschlägt, die in der folgenden Zusammenfassung durch ein Sternchen markiert sind. Der Ton sollte nicht so laut sein, daß er aufschreckt oder ablenkt. Wenn der Betreffende selbst am Yoga teilnimmt, sollte er immer ein wenig warten, nachdem er in seinem eigenen Geist die jeweilige Stufe abgeschlossen hat, um den anderen genügend Zeit zum Aufholen zu geben. Die anderen Gruppenmitglieder sollten jeweils auf der entsprechenden Stufe fortfahren, bis die Klanghölzer ertönen, auch wenn sie sich bereit fühlen, schon zur nächsten Stufe weiterzugehen. Außer beim Heilen in Gruppen müssen jedoch keine zeitlichen Begrenzungen beachtet werden, denn ein Adept, der allein arbeitet, muß selbst entscheiden, wann eine Stufe erfolgreich abgeschlossen ist.

Zusammenfassung der Übungen

Reinigung
Atemkontrolle und Beruhigung des Geistes (5-10 Minuten)
* Betrachten der Durchlässigkeit des Körpers und des *Ch'i*-Flusses (5–10 Minuten)

* Visualisation der schwarzen Wolke und Hineinziehen in den eigenen Körper (2 Minuten)
* Auflösen der Wolke und freudiges Verharren in der Empfindung von Leichtigkeit und Freiheit (10–20 Minuten)
* Allmähliche Rückkehr zum normalen Bewußtseinszustand (3 Minuten)
* Stillsitzen vor dem Aufstehen (2 Minuten)

Eine Geschichte

Der Präfekt Chin konnte auf eine berühmte Linie von Gelehrten zurückblicken, die generationenlang wichtige Posten im Reich innegehabt hatten. Seine Frau hatte darin versagt, ihm den Sohn zu gebären, der seine Linie weiterführen sollte. Deshalb nahm er sich drei Konkubinen, aber auch diese gebaren ihm nur Töchter, bis die Jüngste schließlich einen Sohn empfing, dessen Geburt sie das Leben kostete. Dieser Junge, Chin Hung, neigte zwar zur Schwächlichkeit, war jedoch hübsch und lernte sehr gut. Er genoß eine hervorragende Erziehung und versprach eine befriedigende akademische Laufbahn, aber er war häufig ein Opfer der Melancholie, hatte eine unvernünftige Angst vor den Dämonen der Nacht und zitterte und plapperte manchmal wie ein Schwachsinniger vor sich hin, so besessen war er von dem Gedanken, den Tod seiner Mutter verursacht zu haben. Viele Ärzte und Erzieher wurden ins Haus geholt, die ihn heilen sollten, da sein Vater befürchtete, sein Geisteszustand könnte ihn bei den staatlichen Examina beeinträchtigen, an denen die ganze Hoffnung auf eine ehrenvolle Karriere hing. Da alle Mühe erfolglos war, schrieben die einen seinen Zustand dem bösen Einfluß von Dämonen zu, während andere erklärten, daß wohl die Dienerschaft seinen Kopf mit ihrem unwissenden Geschwätz über Dämonen, Geister und ähnliches verwirrt hätten.

Im Alter von sechzehn Jahren, als er an der nahe gelegenen Akademie der Strengen Tugend studierte, erfaßte ihn eine heftige Zuneigung zu Hsiao Mao (Kätzchen), der fünfzehnjährigen Tochter des Aufsehers über das Herrschaftshaus der Familie, die soeben in ihre Pflichten als Dienerin einer seiner Schwestern eingeführt worden war. Die Affäre blühte insgeheim mehrere Monate lang, während derer sich die Liebenden zum nächtlichen Stelldichein in einem nach Einbruch der Nacht selten besuchten Gartenpavillon trafen – die Dämonenangst des Jungen erwies sich als schwächer als seine jugendliche Leidenschaft. Aber wie das Sprichwort sagt: »Der Himmel sieht alles«, und im Lauf der Zeit kam ihre Verbindung ans Licht. Der Aufseher, Sohn und Enkel von Gefolgsleuten der Familie, konnte nicht aus dem Hause gewiesen werden, aber es wurde seine Zustimmung erzwungen, die Tochter fortzuschicken, damit sie einer Kusine der Familie Chin im entfernten Yangchou diene. Und er gab ihr erst einmal eine Tracht Prügel, weil sie den armen jungen Herrn vom rechten Wege abgebracht habe. In der Nacht, bevor sie das Haus verlassen mußte, entkamen die Liebenden zu einer letzten Begegnung in ein Bambuswäldchen, das den reizvoll angelegten Garten umgab und wo sich ein paar Felsblöcke befanden, auf denen man zwischen dem anmutigen Gewirr von Bambusblättern sitzen konnte. Kätzchen weinte reichlich und erklärte:.

»Dreimal kam die Göttin Niang Niang im Traum zu mir. Sie sagte lächelnd, alles würde gut. Wie kann das sein? Es sei denn, wir liefen zusammen davon.«

»Unmöglich«, weinte Chin Hung, und seine Tränen mischten sich mit den ihren. »Könnte ich das entsetzliche Wissen überleben, *beide* Eltern getötet zu haben? Zorn und Kummer, daß ich seine Hoffnungen durch mein vorsätzliches Handeln zunichte machte, würden meinen ehrenwerten Vater gewiß töten. Wer weiß, wie furchtbar wir vom Schicksal bestraft würden!«

»Dann müssen wir scheiden, junger Herr«, flüsterte Kätzchen traurig. »Doch bevor ich gehe, kann ich noch etwas für dich tun. Die Göttin zeigte mir, wie. Stell keine Fragen. Setz dich nur auf diesen flachen Stein dort drüben. Mach deinen Geist ganz leer. Bleibe still. Tu nichts.«

Um ihr den Gefallen zu tun, fügte sich Chin Hung ihrem Wunsch. Sie setzte sich mit verschränkten Beinen auf einen anderen Stein und schien in Trance zu fallen. Sie waren beide so still, daß die Nachtfalter sich auf ihren Gewändern niederließen und gar eine Fledermaus sich auf Chin Hungs Schulter ausruhte. Auf einmal schien aus dem Punkt zwischen Hsiao Maos Augen ein Lichtstrahl hervorzubrechen und in Chin Hung einzudringen, und er wurde heller und heller, während er durch das Dunkle Tor hinter seiner Stirn einströmte. Zu jeder anderen Zeit hätte ihn dies vor Furcht erzittern lassen, aber jetzt war er entschlossen, der Geliebten einen Gefallen zu tun, und bald darauf empfand er ein seltsam friedliches Gefühl. Das Licht schien im Dunklen Tor zu gerinnen, dann wieder zu schmelzen, und es floß als weißer Strom durch die Mitte seines Kopfes und Körpers hinab zur Kehle, dann zum Herzen, zum Nabel und bis zum Tor von Leben und Tod. Kleinere Ströme, die sich nach beiden Seiten hin ausbreiteten, drangen in jeden Teil seines Wesens ein. Als er an sich heruntersah, stellte er fest, daß er einer mit weißem Feuer erfüllten Kristallstatue glich. Das weiße Licht erhellte den Bambus und die Steine rundum und ließ Hsiao Mao strahlend wie die Göttin Niang Niang selbst erscheinen. Als der Strahl, der aus ihrer Stirn kam, sich zurückzog, verblaßte langsam das Licht in ihm, bis sie beide wieder zu dunklen Schatten wurden, die kaum füreinander sichtbar waren. Die Liebenden lächelten, als sie Wange an Wange standen, um einander Lebewohl zu sagen, aber sie vergossen doch noch weitere Tränen, als das Krähen eines Hahns sie mahnte, wieder in ihre getrennten Gemächer des Hauses zurückzukehren, bevor die verschlafenen Dienerinnen aufstanden, um die Öfen zu schüren. Später am Morgen brachte ein Wagen, der von Kätzchens Bruder gelenkt wurde, sie und ihre Habseligkeiten zum Fluß, von wo sie mit einem Schiff nach Yangchou fuhr.

Die Befürchtungen des alten Präfekten, daß sein Sohn durch die Trennung ganz von Sinnen sein würde, erfüllten sich nicht. Gewiß war der Junge ein paar Tage lang niedergeschlagen, aber er erholte sich bald und zeigte danach niemals wieder die Symptome eines unausgeglichenen Geistes, die ihn jahrelang heimgesucht hatten. Er wurde im Gegenteil auf ruhige Weise selbstbeherrscht und eher noch lerneifriger als zuvor, bestand in den folgenden Jahren alle Examina zur Zufriedenheit und erhielt mit fünfundzwanzig Jahren die höchste akademische Auszeichnung der Han-Lin-Akademie. Als er siegreich aus der Hauptstadt zurückgekehrt war, eilte er, sich seinem erlauchten Vater zu Füßen zu werfen, und nach einer angemessenen Pause berichtete er dem alten Mann alles, was sich bei jenem letzten Stelldichein mit Hsiao Mao zugetragen hatte.

Der frühere Präfekt, der darüber nicht unbedingt erfreut war, murmelte nachdenklich: »Die Entscheidungen des Hohen Himmels sind so oft unerforschlich, daß man nicht so töricht sein sollte, nach rechts oder links zu schauen, wenn eine davon einmal deutlich ist. Doch können wir nicht ungestraft die Verbindung lösen, die ich für dich mit der zweiten Tochter des Magistrats vereinbart habe. Es wird das beste sein, wenn du diese kleine Range Hsiao Mao zu deiner Nebenfrau machst. Um allen Einwänden zuvorzukommen, werde ich die Familie Tu von den Umständen unterrichten. Sie werden nicht von dir erwarten, daß du einen Befehl des Himmels mißachtest.«

Hsiao Mao diente der Hauptfrau ehrerbietig, bis diese etwa sechs Jahre später einer Pockenepidemie zum Opfer fiel. Danach, als auch der alte Präfekt zu seinen Ahnen gegangen war, brachte die überlebende Gattin Chin Hung dazu, sich mit ihr in die Berge zurückzuziehen, wo sie sich beide dem Kultivieren des Weges widmeten.

11. Unterstützende Übungen

Die im folgenden beschriebenen unterstützenden Übungen haben den Zweck, durch Schönheit in all ihren Formen zu einer tieferen Einsicht in die Wirklichkeit zu führen und die intuitive Erfahrung der innigen Verbundenheit des Menschen mit dem erhabenen *Tao* vorzubereiten und anzuregen.

Das *Tao* wird oft als leuchtende, ungreifbare Nicht-Substanz von unendlicher Ausdehnung aufgefaßt, die aus sich selbst die unzähligen wellengleichen Formen schafft, die Lao-tzû die »Myriaden Dinge« nannte. Sie sind alle vergänglich und immerfort in Wachstum oder Verfall begriffen; sie alle können sich in alle anderen verwandeln, da sie letztlich niemals vom Ganzen getrennt oder ihrem Wesen nach von ihm verschieden sind. Deshalb sind der Mensch und seine Umgebung nicht voneinander zu trennen. Taoistische Maler weisen oft mit großem Können auf dieses Mysterium hin, indem sie zum Beispiel Berge, Wolken und Wasserflächen mit verwaschener Tusche abbilden, so daß sie aussehen, als seien sie in ständiger gegenseitiger Durchdringung und Verwandlung begriffen. Oder sie malen winzige menschliche Gestalten als integrale, aber alles andere als beherrschende Teile in eine Landschaft; oder sie geben andererseits Dingen eine hervorragende Bedeutung, die üblicherweise nicht der Beachtung wert gefunden werden, wie etwa einem Stück hartem, kümmerlichem Gras im Vordergrund einer im übrigen undifferenzierten und grenzenlosen Schneelandschaft. Sie holen lebensähnliche Formen aus etwas heraus, das wir unbelebte Materie nennen – Felsen, die aussehen, als würden sie gerade Vögel, wilde Tiere oder Ungeheuer gebären. Die eigentliche Bedeutung ist immer die, daß jedes Ding, sei es organisch oder anders geartet, von Lebenskraft erfüllt und eine Verkörperung des *Tao* ist, von dem nichts und niemand jemals wahrhaft getrennt oder auf Dauer unterschieden war. Mit den Worten von Lü Yen: »Grüne Berge sind weiße Wolken in einer vorübergehenden Verwandlung.« Pai Yü Ch'ans Zeilen: »Rasch eilt der Fluß dahin, von duftenden Gräsern gefärbt; die uralten Pinien haben die Tönung des Blaus der entfernten Berge«, spielen auf dieselbe geheimnisvolle gegenseitige Durchdringung scheinbar verschiedener Dinge an.

Schöpferische Poesie

Für die Taoisten ist die Poesie ein bewunderungswürdiges Medium, um die dem Menschen innewohnende Verwandtschaft mit der Natur zum Ausdruck zu bringen. Ihre Verse sind voll von Bildern, die dieses Gefühl verstärken. Ziehende Wolken sprechen von der Freiheit eines Weisen, der die machtvolle Täuschung von Materialität und Getrenntheit abgestreift und sich damit von dem Zwang befreit hat, irgendwo hingehen oder irgend etwas tun zu müssen, anstatt sein Boot heiter mit den Gezeiten der Umstände treiben zu lassen. Formulierungen wie »die Musik des fallenden Regens« weisen darauf hin, daß Freude und Schönheit auch in jenen natürlichen Erscheinungen zu finden sind, die ein unempfänglicher Mensch als seinen Neigungen wenig zuträglich betrachten mag – und wieviel mehr noch die Formulierung »das *gesellige* Brüllen eines Tigers, der zwischen den Felsen lebt«! Die elementaren Klänge der Schlaginstrumente, die von den Einsiedlern benützt werden, um ihre Rezitationen und Gesänge zu interpunktieren – wie etwa Klingsteine oder ein ausgehöhlter tönender Holzblock –, sind nicht nur deshalb so geschätzt, weil sie an alte Rituale erinnern, sondern auch Klänge erzeugen, die den ohne Zutun des Menschen in der Natur auftretenden Geräuschen ähnlich sind. Wie die romantische Dichtung aller Sprachen ist auch die taoistische Poesie reich an Formulierungen, die man heutzutage als abgedroschen belächelt, wie »strahlendes Mondlicht«, »korallene Wolken«, »Frühlingsblüte«, »herbstliche Pracht«, »verschneite Äste«, »das Knarren des gefiederten Bambus«, »das Seufzen des Windes in den Kiefern« und so weiter. Ich selbst werde ihrer niemals müde, weil sie mich auf wundervolle Weise an Dinge erinnern, die ich liebe und die mir oft das Geheimnis ins Gedächtnis zurückrufen, von dem die ganze Natur durchdrungen ist.

Ich weiß aus Erfahrung, daß es natürliche Bilder und Klänge gibt, die unter Umständen auf den Geist, der sich für sie geöffnet hat, wie eine machtvolle Beschwörung wirken. Ein plötzliches Gewahrwerden taunasser, bemooster Steine, von Sonnenflecken erhellt, oder das Rauschen des Windes im Schilfgürtel eines Teiches können einen Schleier aufreißen, uns eine atemberaubende Ahnung von der überirdischen Schönheit geben, die das eigentliche Wesen der für unsere bedauernswert unempfänglichen Sinne manchmal so langweilig erscheinenden Welt ist. In einem kurzen Aufblitzen der Ekstase offenbart sich die Heiligkeit und wunderbare Bedeutung dessen, was wir oft als triviale Erscheinung betrachten. Wie groß ist die Freude solcher Augenblicke! Diese *Satori*-artige Erfahrung ist gerade deshalb so intensiv, da sie uns unerwartet überrascht. Meditation, Kontemplation der Natur und das Vertiefen in die taoistische Kunst und Dichtung sind allesamt Mittel, um die Wahrnehmungsfähigkeit für die verborgene Herrlichkeit zu erhöhen – für den Sinn jenseits des Sinns jenseits des Sinns. Der Geist muß vorbereitet werden durch Einblicke in die Wahrheit, daß das *Tao* form- und dimensionslos *in seiner ganzen Fülle* in einem Grashalm oder in irgendeinem mikroskopisch kleinen Ding nicht weniger anwesend ist als im ungeheuer großen Firmament überhalb und unterhalb der Erdkugel. Ohne diese Einblicke kann das Wegreißen des Schleiers so flüchtig sein, daß es überhaupt keine Wirkung auf unser Bewußtsein hat, und dies wäre wahrlich ein großer Verlust.

Es ist ein wertvoller Teil der yogischen Schulung, zu der inneren Bedeutung der taoistischen Kunst und Dichtung vorzudringen oder auch selbst solche Malereien oder Gedichte zu schaffen, mögen sie auch nur unvollkommen von dieser Bedeutung durchdrungen sein. Da ich selbst kein Maler bin, will ich mich darauf beschränken, darzustellen, wie das Schreiben einfacher Naturgedichte als eine Form des Yoga verwendet werden kann.

Als erstes ist es nötig, mit der taoistischen Poesie, sei es im Original oder in übersetzter Form, vertraut zu werden*; so lernt man, die Natur mit taoistischen Augen zu sehen. Es ist gut, der Phantasie freien Lauf zu lassen und den Felsen, Flüssen und Bäumen ehrerbietig zuzugestehen, daß sie von Naturgeistern bevölkert sind – von jenen scheuen Wesen, die man nur dadurch sehen lernt, daß man an sie glaubt. Wer wäre nicht beglückt, einer hinter einem Baum hervorlugenden Waldnymphe zu begegnen (wie es unseren Vorfahren oft widerfuhr), oder einem lächelnden alten Männlein mit einem Bart bis zu den Knien, das aus einem regenbogensprühenden Wasserfall hervortritt? Die Mythen öffnen der Wahrnehmung für das Wesen des Seins mehr Türen als die Wissenschaft, die lediglich mit der materiellen Welt zu tun hat und nichts über jene Ebenen der Wahrheit auszusagen weiß, deren man nur dann gewahr wird, wenn man die Illusion grober Materialität durchschaut hat. Wenn man darauf beharrt, daß es keine Naturgeister gibt, so

* Es gibt noch relativ wenige deutsche Übersetzungen taoistischer Gedichte. Ein gutes Beispiel dieser Form der Dichtung sind jedoch die Gedichte des taoistisch-buddhistischen Einsiedlers Han Shan. Siehe dazu: Han Shan, *150 Gedichte vom Kalten Berg*, , aus dem Chinesischen übersetzt, kommentiert und eingeleitet von Stephan Schuhmacher, Diederichs Verlag, Düsseldorf/Köln [3]1980.

mag das in einem gewissen Sinn völlig richtig sein, aber dennoch vielleicht ganz falsch in einem anderen. Solche phantasievollen Vorstellungen bekommen neue Dimensionen, sobald man erkannt hat, daß »der Stoff des Universums geistiger Stoff ist«, das heißt mehr dem reinen Bewußtsein entspricht als irgendeiner anderen bestimmbaren »Substanz«. Gedanken, Träume und Imaginationen bekommen dann eine Realität, die sich grundsätzlich nicht von derjenigen der Felsen und Bäume unterscheidet. Genaugenommen sind Traumgestalten für den Träumenden *wirklicher* als für einen wachen Menschen Gestalten aus Fleisch und Blut, die nicht tatsächlich anwesend sind; denn die ersteren kann er sehen, hören und auch berühren, Erfahrungen, die man mit einer abwesenden Person oder Sache nicht machen kann. Der Wert der dichterischen Phantasie für denjenigen, der über die grobe Materialität hinausgehen möchte, kann gar nicht genug betont werden.

Außer dem Lesen von Gedichten, die über Jahrhunderte hin überliefert wurden, gehört zur Vorbereitung auf das eigene Schreiben taoistischer Gedichte auch häufiges Spazierengehen in der Abgeschiedenheit von Wäldern und Bergen. Dabei sollte man der Phantasie freien Lauf geben, die Einsamkeit mit unsichtbaren Naturgeistern zu bevölkern – manche wohlwollend, andere unstet und manche auch feindselig gegenüber Eindringlingen –, denn diese Wesen manifestieren sich sowieso hin und wieder für denjenigen, der Augen hat zu sehen. Außerdem ist es auch ein Mittel, die Haltung ehrfürchtiger Scheu gegenüber der Heiligkeit der natürlichen Umgebung zu kultivieren, die der moderne Mensch verloren hat. Wer würde leichtfertig einen Baum fällen, von dem er glaubt, daß er die Wohnstätte eines Geistes ist? Die Tatsache, daß ein Wanderer in einer ehrfürchtigen Geisteshaltung gelegentlich Naturgeistern begegnen und von der außerordentlichen Erfahrung ergriffen werden kann, sich an einer Grenze zu befinden, hinter der sich ein unbeschreibliches Geheimnis auftut, muß nicht heißen, daß diese

Geister im vordergründig wissenschaftlichen Sinn real sind. Aber schließlich gibt es im Universum genaugenommen nichts, dem man eine Wirklichkeit »an sich« zuschreiben könnte, da alle Gedanken und Dinge Manifestationen des gestaltlosen *Tao* sind. Sollte er andererseits keinen Geistern begegnen, muß dies nicht bedeuten, daß ihn nicht doch der eine oder andere aus Felsspalten und dem Blattwerk heraus beobachtet!

Auch für die Nuancen der Atmosphäre, für das Spiel von Bewegung und Stille in der Umgebung sollte man offen sein. Selbst die belanglosesten Bilder und Töne sind der Beachtung wert, denn wenn die Wachsamkeit nicht geschärft wird, mögen einige der glücklichsten Erfahrungen des Lebens unbemerkt vorüberziehen. Hörbares sollte nicht weniger ausgekostet werden als Sichtbares – das Glucksen oder Brausen fließenden Wassers, das Trippeln kleiner Geschöpfe, der Gesang der Vögel und der Insekten, das Seufzen eines Windhauchs, die rhythmischen Schläge der Axt eines Waldarbeiters, das Pochen eines Spechts, das Muhen des Viehs in der Ferne, die vom Wind herangetragenen Stimmen von Kindern, die im Tal weit unten spielen. In China hörte man gelegentlich das sonore Dröhnen eines Tempelgongs oder das Bok-Bok-Bok der fischförmigen Holztrommel eines Eremiten. Sie alle sind die Stimme der Natur – die Stimme des *Tao*.

Wachheit ist unerläßlich, aber unser Geist sollte sich nicht damit beschäftigen, nutzlose Unterscheidungen zu treffen. Im Sonnenlicht leuchtende Schlüsselblumen sind im Sonnenlicht leuchtende Schlüsselblumen. Was bedeutet ihre Gattung, Spezies, ihre anatomischen Details und ihre Fortpflanzungsmethode im Vergleich zu der Freude, die sie auslösen? Ihre Anmut, ihre reizvollen Farben, die sich im Spiel des Lichtes auf Blättern und Blüten verändern, ihre grundlegende »Stimmigkeit« in dieser Umgebung machen sie einzigartig – ein Anblick, der sich niemals in genau derselben Form wiederholen wird. Der Naturdichter schätzt die Unmittelbarkeit der Erfahrung, nicht Wissen aus zweiter Hand, das man Büchern entnehmen kann. Überdies wird er, gleich wie verlockend die Schönheit der Blumen sein mag, nicht versucht sein, sie zu pflücken. Wenn ihn nicht gerade der Hunger dazu treibt, sie als Nahrung zu pflücken, weshalb sollte er dann die Freigebigkeit der Natur damit vergelten, daß er ihre wertvollen Geschenke zerstört?

Der Anblick dahinsegelnder Wolken legt es einem nahe, über die Vergänglichkeit und Unbeständigkeit von Gestaltungen nachzusinnen, so geschwind lösen sich Schlösser, Klippen und Inseln am Himmel auf, fließen ineinander und bilden neue Formen – ein Spiegel der Wandlungen, die in verschiedenen Zeiträumen im gesamten Bereich der Natur ständig im Gange sind. Selbst Berge sind vom Standpunkt der Ewigkeit aus gesehen flüchtige Erscheinungen. Ein Ausblick auf Berge und Wolken oder Wolken und Meer gemahnt daran, daß die Erscheinungsformen, die ganz und gar aus der reinen Nicht-Substanz des *Tao* bestehen, fließend ineinander übergehen. Die Folge Wolke-Regen-See-Fluß-Meer-aufsteigende Feuchtigkeit-Wolke ist ein leicht zu beobachtender Ausdruck des Prinzips, welches auch Berge ins Meer versinken läßt oder einen muschelübersäten Meeresboden anhebt, so daß er zu einer majestätischen Bergkette wird.

Solche Betrachtungen und Überlegungen, die im Geist für späteren Gebrauch gespeichert werden, sind der Stoff für taoistische Malerei und Dichtung. Diese zu gestalten ist allein schon eine Art von Yoga. Es ist keineswegs jedermann ein begnadeter Maler oder Dichter; unsere Versuche, die Schönheit der Natur mit Pinselstrichen oder poetischen Worten einzufangen, mag das Gelächter der Welt herausfordern, aber soll uns nicht scheren, denn es ist der Akt des Schaffens selbst, der yogischen Wert hat. Überdies wird das kreative Werk, das der Intuition, der Vereinigung mit der Natur und der Meditation über das erhabene *Tao* entspringt, die Quintessenz der Lehre von der Nicht-Zweiheit in sich bergen, wie ungeschickt es technisch auch sein mag. Im schöpferischen Prozeß erhebt sich der Geist über den Dualismus von Geist und Materie, diesem und jenem, Selbst und anderem, ohne die Gefahr, im Sumpf einer vagen und irreführenden »Alles ist eines, nichts ist von Bedeutung«-Philosophie zu landen. Alles ist nicht eines; alles ist nicht vieles; eines ist eines; vieles ist vieles; eines und vieles sind Nicht-Zwei; alles ist Nicht-Zwei.

Diese Lehre, die so schwer in Worte zu fassen ist, ist die Frucht einer mystischen Intuition. Eine solche mystische Intuition ergibt sich am häufigsten während der Meditation oder wenn der Geist in einer auf das *Tao* ausgerichteten kreativen Handlung gesammelt ist. Ein Yoga-Adept will mit seinen Gedichten, seinen Bildern und Kalligraphien nicht die Welt beeindrucken, sondern er möchte tiefer in seinen eigenen Geist vordringen, während er schöpferisch arbeitet, und auf diese Weise näher an das intuitive Erkennen des Wesens des *Tao* herankommen. Technisches Unvermögen spielt ganz einfach keine Rolle. Schließlich gibt es noch den Papierkorb, wenn die glücklichen Augenblicke der Kreativität vorüber sind.

Hier ist ein Gedicht in chinesischer Manier – jedenfalls was den Inhalt betrifft, wenn auch natürlich in anderer metrischer Form, da chinesische Gedichtformen kaum in westlichen Sprachen wiedergegeben werden können. Ich schrieb es im Garten einer Villa auf dem Mount Tamalpias über der Bucht von San Francisco. Das Landschaftsbild erinnerte mich eindringlich an Chinas Chiang-Nan-Region, wo es so viele taoistische Einsiedeleien gab. Selbst die große Brücke, die nach Berkeley hinüberführt, paßte in das Bild, da sie aus der Entfernung wie eine unscheinbare Bambuskonstruktion wirkte.

Die Pinien singen von Chiang Nan,
So fern, und doch vor meinen Augen.
Eine Bambusbrücke hängt bewegungslos,
Als spotte sie der Launen des Windes.

In der Dämmerung übersäen Myriaden gefallener Sterne
Das ferne Ufer mit Juwelen,
Und heimkehrende Ausflugsboote huschen
Wie Motten heimlich über die Bucht.

Ein seltsamer Vogel fragte mich kichernd
Mit dem unbekümmerten Spott der Vögel:
»Wozu nur flogst du um die halbe Welt,
Zu sehen, was dir so nahe lag?«

Dies ist zweifellos keine große Dichtung, aber es hat einen Schimmer taoistischer Weisheit eingefangen. Chiang Nan mit seinen Pinien, Wasserstraßen und grünen, schwingenden Hügeln, so weit entfernt und dennoch gerade vor meinen Augen, erinnert mich an das *Tao*, das sich Milliarden von Meilen über mich hinaus erstreckt und mir dennoch näher ist als meine Nase meinem Mund. Eine gewaltige Brücke aus Stahl und Beton hat sich durch die Entfernung in eine ländliche Bambusbrücke verwandelt, so, wie sich durch das Wirken des *Tao* große Städte und Parklandschaften in Wildnis oder die Wildnis sich in üppige Wälder verwandelt. Elektrische Lichter *sind* Sterne für das Auge, das sie als solche sieht. Wohin der Mensch auch reisen mag, nie verläßt er sein Zuhause, denn sein wahres Zuhause ist der unermeßliche Ozean des *Tao*, in dem er geboren wird, lebt und stirbt.

Das Verse-Spiel

Eine wohltuende, erholsame Beschäftigung, die ebenfalls zur Einstimmung auf das *Tao* beiträgt, ist das Verse-Spiel. Es ist vor allem für solche Gelegenheiten geeignet, bei denen sich Freunde des Abends auf einer Terrasse zusammenfinden, um den Anblick mondbeschienener Berge oder Ebenen zu genießen und zu essen, zu trinken, zu lachen und zu spielen, eingehüllt in die sanften, den Geist berauschenden Strahlen des Mondes. Ein Garten oder irgendein anderer hübscher Platz genügt jedoch auch. Das Spiel beginnt damit, daß jemand eine Gedichtzeile improvisiert, zu der er sich im allgemeinen von der Umgebung anregen läßt. Er lädt seine Kameraden dann ein, innerhalb eines festgelegten Zeitraums weitere Zeilen zu dichten, die in Inhalt, Metrik und Reim dazupassen. Wer nicht innerhalb der festgelegten Zeit antworten kann, muß zur Strafe ein kleines Glas Wein leeren und eine Runde aussetzen. Das Spiel ist in westlichen Sprachen weniger leicht zu spielen als auf chinesisch, weil es in diesen weniger Reime gibt als im Chinesischen, dafür aber viel zu viele Endungen und Partikel, die den Platz beanspruchen, der andernfalls für sinntragende Silben gebraucht werden könnte. Damit wird der Umfang der Bedeutung verringert, der in einer Zeile zum Ausdruck gebracht werden kann. Es ist deshalb das beste, einen eher lockeren Rhythmus zu verwenden und nicht allzu wählerisch hinsichtlich der Reime zu sein. Es ist der gedankliche Inhalt, der zählt, nicht die Form. Auf diese Weise spiele ich dieses Spiel, wenn es mir einmal gelingt, ein paar Freunde dazu zu bringen, sich daran zu versuchen. Die erste Zeile sollte so beschaffen sein, daß es leicht ist, sie weiterzuentwickeln, sonst bleibt man von vornherein stecken. Es gibt keine Gewinner oder Verlierer, so daß es jedem Teilnehmer nur lieb ist, wenn auch die anderen Erfolg haben, und er keine Gefühle des Triumphes hegt, wenn sie es nicht schaffen. Verse, die auf diese Weise gedichtet werden, sind – vor allem in den europäischen Sprachen mit ihrer komplizierten Grammatik – selten von hoher Qualität. Doch sie spiegeln oftmals ein plötzliches Aufblitzen der Einsicht in die Natur des *Tao* wider. Wenn sie schon nicht inspirierend sind, so mögen sie doch wenigstens inspiriert sein.

Einmal ging ich mit ein paar Freunden zum Picknick in den Garten eines Tempels im burmesischen Stil mit vielleicht hundert klingelnden Windglöckchen an den Dachtraufen; er stand auf dem höchsten Punkt eines kleinen Berges über der von Hügeln umschlossenen Stadt Measarieng im nördlichen Thailand. Die Sonne war in einem Auflodern von Farben hinter den westlichen Bergen untergegangen, und ein halber Mond sah herab auf die weißen, anmutigen Pagoden im Park. Während ich die Weingläser füllte, kam mir einer meiner Freunde mit der Zeile zuvor: »Weißes Mondlicht, das auf den Türmen schimmert«, was ich mit der Zeile: »Verlangt einen Trinkspruch auf strahlende Schönheit« fortsetzte. Der dritte Mitspieler zögerte so lange mit der Fortsetzung, daß der vierte rief: »Wenn du nicht ganz schnell weiterdichtest«, worauf der dritte trocken erwiderte: »Werd ich es sein, der darauf trinken muß.«

In Anbetracht dessen, daß die drei anderen dieses Spiel zuvor erst einmal gespielt hatten, fand ich diesen munteren Beginn sehr gut. Wir lachten von Herzen, und jeder verlor das Gefühl, auf den Mund gefallen zu sein. Daraufhin begann ich mit: »Findet nun Worte, das Tao zu beschreiben!« Zur rechten Zeit erwiderte der Freund zu meiner Linken: »Allzu erhaben – Es läßt sich nicht fassen.« Darauf folgte eine so lange Pause, daß jemand in Gedanken an das vorangegangene Gedicht rief: »Hebe dein Glas. Mach dich bereit zu trinken«, worauf die triumphierende Antwort kam: »Was sonst wohl könnten meine Finger greifen?« Die Dame in unserer Gruppe hatte den Nagel auf den Kopf getroffen, indem sie erkannte, daß das *Tao* ist, was ist, sei es nun Sonne oder Mond oder das Weinglas. Sie erzählte uns, daß ihre plötzliche Erinnerung an ein ähnliches *Zen-Koan* sie zu dieser treffenden Zeile inspiriert hatte.

Wenn das Spiel von Leuten gespielt wird, die mit *Zen* und der taoistischen Denkweise vertraut sind, ist solch ein Aufblitzen der Einsicht nicht selten, weshalb gelegentlich ganze Verse ohne das geringste Zögern entstehen können. Einmal waren ein paar Freunde zum Abendessen in meinem Garten, in dem sich eine fast zwei Meter hohe Pagode mit Porzellanlöwen zu beiden

Seiten befindet. Nach einem oder zwei kraftlosen Versuchen sprudelte der folgende Vers fast ohne Pause zwischen den Zeilen hervor:

Weißer Turm, blaue Löwen, umgeben von Gras.
Ein grüner Bronzetiegel, Weihrauch brennt;
Das Tao kümmert sich um keins von allen –
Und dennoch sind sie nicht von ihm getrennt!

Zauberhaft! Obwohl der Vers technisch kein Meisterwerk ist, drückt er genau das aus, was Lao-tzû meinte, als er sagte, das *Tao* bedürfe »keines Lohnes« für sein wohltätiges Wirken, da es sich nicht um den Menschen kümmere. Trotzdem existieren der Mensch, sein Besitz und seine gesamte Umgebung allein im Sein des *Tao*.

Sollten Verse, die auf diese Weise entstanden sind, sich hinsichtlich Komposition, Rhythmus oder Reim als sehr fehlerhaft erweisen, können sie natürlich hinterher aufpoliert werden, wenn auch nicht ohne das Risiko, an Spontaneität zu verlieren. Hier ist ein Beispiel für allzu reichliches Polieren; beim Versuch, die Qualität des Verses zu verbessern, entfernte ich mich zu weit von der Bedeutung, die das Original gehabt hatte:

Weißes Mondlicht, das auf den Türmen schimmert,
Verlangt einen Trinkspruch auf strahlende Schönheit.
Wenn du nicht ganz schnell weiterdichtest,
Wirst du es sein*, der darauf trinken muß.

(*Hier muß das »ich« natürlich durch »du« ersetzt werden.)

Aus diesem Gedicht wurde nach allzu weitgehender Überarbeitung:

Gebadet in ein Meer perlweißer Strahlen,
Erinnern diese schimmernden Zinnen

An die eisigen Bastionen,
Die den Palast der Mondgöttin schützen.
Laßt uns huldigen diesem reinen und schönen Wesen
Mit Gaben von Dichtung und Wein.

Wenn die Ergänzung des zweiten Gedichts auch ihr Gutes hat, so ziehe ich persönlich doch das Original vor:

Findet nun Worte, das Tao zu beschreiben!
Allzu erhaben – Es läßt sich nicht fassen.
Doch hebe ich mein Glas zum Trinken,
Was sonst wohl könnten meine Finger greifen?

Daraus wurde nach dem Aufpolieren:

Bloße Worte können das Tao nicht beschreiben.
Es ist so fein, daß es unfaßbar ist.
Und doch ist das, was meine Hand jetzt hält,
Gleichzeitig alles, was wir fassen können.

Mondschein und Flöten

Ich erinnere mich gut an den Zauber der Mondschein-Picknicks an bestimmten Festtagen, wie etwa beim Fest der Klaren Helligkeit zu Beginn des Frühlings, am Geburtstag der Mondgöttin im Mittsommer und beim Fest der Zweifachen Neun, zu dem man auf einen Hügel steigt und das einen Monat später stattfindet. Ich sehe nicht ein, weshalb westliche Menschen auch ohne einen Mondkalender, der sie führt, sich nicht ebenso nach taoistischer Art einer mondhellen Nacht erfreuen sollten, wenn das Wetter günstig ist und sich ein geeigneter Platz findet (und sei es ein Dachgarten), um Himmel und Erde zu betrachten. Am Geburtstag von Chang O, der Mondgöttin, war es in China üblich, Opfergaben in Form von großen, flachen, mondförmigen Kuchen zu backen, die aus feinem, weißem Weizenmehl oder gemahlenem Reis gebacken und mit einem weißglänzenden Guß überzogen wurden. Man legte sie auf einen hübsch geschmückten Tisch, der vom Mond beschienen wurde, meistens zusammen mit Darstellungen der Gottheit in Gemeinschaft mit dem Jade-Hasen und der Jade-Kröte, die mit ihr in ihrem funkelnden Eispalast leben und für alle Zeiten die Aufgabe haben, einen Vorrat an Unsterblichkeitselixier zu brauen. Wenn man dieses Drum und Dran für allzu versponnen hält, kann man die Zeremonie weglassen und der Göttin einfach damit huldigen, daß man es sich wohlergehen läßt.

Nach einem abendlichen Picknick mit Wein kann die Geschicklichkeit in den Verteidigungskünsten wie *T'ai Chi*, *Judo*, *Kung fu* oder *Taekwondo* demonstriert werden, die alle angemessen sind, da sie taoistische Prinzipien verkörpern. Oder man kann das Verse-Spiel spielen oder einfach ein paar alte Gedichte deklamieren, aber auf alle Fälle sollte jemand gut Flöte spielen können, am besten auf der langen lackierten Bambusflöte, die man in einem Seidenetui auf dem Rücken trägt; aber jede andere Art von Flöte tut es auch. Der Klang dieses Instrumentes verbindet sich so zauberhaft mit dem Mondschein, daß selbst ein Flötist mit nur mäßigem Talent seine Freunde geradezu in Ekstase versetzen kann. Die hohen süßen Töne und die sanften weißen Strahlen des Mondes können uns so tief berühren, daß der Geist hinweggetragen wird in ein Märchenland voller Weiser und Unsterblicher. Man erwartet fast, den Elf des Langen Lebens auf einem riesigen Kranich vorbeireiten zu sehen, wobei sein schneeweißer Bart und die langen Ärmel seines seidenen Gewands bei seinem Flug über die Erde hinter ihm herwehen. Wer weiß, ob die liebenswürdigen Töne nicht sogar Han Hsiang-tzû, den wunderbaren, ewig jungen Flötisten herbeirufen, dessen Musik selbst die Drachen der Wolken und Flüsse und die Einhörner der Wälder bezaubert, so daß sie kommen und der Szene den Reiz ihrer vielfarbigen Schönheit hinzufügen? Selbst wenn nichts derart Außergewöhnliches geschehen sollte, passen doch Mondschein und Flötenmusik so harmonisch zusammen, daß sie die Anwesenden in einen höheren Bewußtseinszustand versetzen, wie ihn die Weisen in der Meditation erfahren. Als Hintergrund für die Kontemplation des Mysteriums des Seins, die Unfaßbarkeit des *Tao*, sind sie unübertroffen.

Verborgene Schönheit entdecken

Taoisten werden niemals müde, Felsen und Bergkämme zu betrachten, deren Formen den Eindruck erwecken, daß lebende Wesen aus ihrer amorphen Masse hervortreten. So nehmen Titanen, Drachen, Menschen, Tiere und Vögel vor ihren Augen Gestalt an, werden geboren aus der unterschiedslosen Nicht-Substanz des *Tao*. In ganz China sind Namen wie Löwengipfel, Neun-Drachen-Berg oder Anpirschender-Tiger-Grat Zeugen für die besondere Art der Wahrnehmung, zu der die Vertrautheit mit taoistischen Mysterien führt. Durch die Berge zu wandern oder sich in ihre Betrachtung zu versenken und dabei der Imagination freien Lauf zu lassen, ist ein Vergnügen, in das man sich ganz verlieren kann und das sehr wertvoll ist zur Förderung des yogischen Verständnisses für das Wesen des Seins. So erweist sich nämlich bald, daß die Trennung natürlicher Dinge in belebte und unbelebte nur von relativem Wert ist. Gewisse Felsen sind von einer so unheimlichen Stimmung umgeben, daß kein Zweifel an ihrer Gewärtigkeit der Anwesenheit eines Eindringlings bestehen kann. Die Atmosphäre kann so anziehend sein, daß man länger an diesem Ort verweilen möchte, oder aber auch so furchterregend, daß wir schnell weitergehen möchten. Auf der höheren Ebene des Verstehens wird es offenbar, daß jedes Atom des Universums mit Leben durchdrungen ist, untrennbar mit dem lebendigen *Tao* vereint.

Eine nicht weniger fruchtbare Übung ist die, Wolken zu betrachten oder die Muster der Maserung bestimmter Hölzer, oder auch – wie jedes kleine Kind es tat, bevor Kohle- und Holzfeuer verbannt wurden – die glühenden Scheite eines Feuers. Schönheit kann man selbst im Herzen des Häßlichsten entdecken. Die Maserung einer billigen Holztüre, der abblätternde Anstrich an einem Badezimmerfenster, ein feuchter Fleck auf der Betonmauer eines Gefängnisses, Öltropfen in einer schmutzigen Pfütze, Verfärbungen an einer Gipsdecke – überall kann man auf alle möglichen entzückenden Wesen treffen, zauberische Gnomen und Feen, Ritter in Rüstungen, lockende Jungfrauen, lächelnde Göttinnen, lustig verspielte Dämonen, taoistische Unsterbliche, Großwesire aus Tausendundeiner Nacht, christliche Mönche, Nonnen oder byzantinische Würdenträger. Es gibt wirklich keine Grenzen ihrer Vielfalt. Außer an Lebewesen erinnern uns die Maserung von Holz oder Flecken auf einer Betonmauer an Bilder wie Bergketten, dichte Wälder, einsame Zedern – auch hier ist kein Ende zu finden. Man kann in einem schäbigen Loch wohnen und dennoch von Schönheit umgeben sein, wenn man nur Augen hat, zu sehen.

Prophetische Träume

Ich bewege mich hier auf nur mäßig vertrautem Boden und bin mir meiner Position nicht ganz sicher. In bestimmten taoistischen Einsiedeleien findet man eine abseits stehende Hütte, in der man glückverheißende Träume träumen soll. Dies ist jedoch eine Praktik, die zur alten chinesischen Volksreligion gehört, deren Hunderte und Tausende von Gottheiten ich nur oberflächlich kenne. Es gibt auch so etwas wie einen Traum-Yoga, aber ich habe keine Unterweisungen in dieser Kunst erhalten. Ich habe diesen Abschnitt aus zwei Gründen hinzugefügt. Der erste ist, daß der Taoismus auf seiner populären Ebene eng mit der Volksreligion verknüpft war und es deshalb angemessen erscheint, eine der daraus resultierenden Praktiken in dieses Buch aufzunehmen. Zweitens hatte ich selbst einmal in einem extra dazu herbeigeführten Traum eine Begegnung mit einer Gestalt, die, wie man mir sagte, ein Unsterblicher war. Wie ich in meinem Buch *Das Geheimnis und das Erhabene* berichtet habe, arrangierte es ein taoistischer Einsiedler für mich (auf welche Weise, weiß ich nicht), daß ich in einem Traum mit einem Wesen namens Lü Tung-pin zusammentraf, der der bedeutendste der sogenannten »Acht Unsterblichen« ist. In dieser Nacht träumte ich von diesem stattlichen, bärtigen Schwertkämpfer, Meister des *Kung fu* und der magischen Künste, der so freundlich war, mir etwas mitzuteilen, das sicherlich für meine Zukunft als Anhänger des Weges von prophetischer Bedeutung war. Obwohl er unbekümmert erschien und reichlich lachte, sichtlich amüsiert, daß ein fremder Teufel ihn aufgesucht hatte, machte er doch den Eindruck, daß er es mit dem, was er sagte, durchaus ernst meinte. Als ich in alberner Aufregung erwachte, beschäftigte ich mich so tölpelhaft nur mit den visuellen Aspekten des Traums, daß ich beim Frühstück tatsächlich den größten Teil dessen vergessen hatte, was der Unsterbliche mir liebenswürdigerweise mitgeteilt hatte. Meine Gastgeber, die zu höflich waren, um mich ernsthaft zu tadeln, müssen entsetzt gewesen sein über meine nachlässige Art, mit heiligen Dingen umzugehen.

Da ich die Feststellung machte, daß die taoistischen Einsiedler, denen ich begegnete, größtenteils hochintelligente Menschen waren, habe ich niemals über die Dinge, an die sie glaubten, gespottet, auch wenn sie mir weithergeholt oder sonst irgendwie schwer annehmbar vorkamen. Wenn man zu den Wurzeln einer anderen Kultur vordringen will, ist es das beste, ganz offen zu sein und eher zu akzeptieren als abzulehnen, was einem erzählt wird. Es gibt immer wieder vieles, das ein Neuling nicht zu verstehen und noch viel weniger zu beurteilen vermag.

Zudem gewinnt man mit dieser Einstellung das Vertrauen der Menschen, die gewiß viele wunderbare Dinge geheimhalten würden, wenn sie befürchten müßten, daß ihre heiligen Mysterien zum Gegenstand des Spottes gemacht würden. Deshalb ist es oft schwierig für Wissenschaftler, die solche Dinge erforschen, mehr als nur ihre Oberfläche kennenzulernen. Außerdem werden Menschen mit westlicher Bildung (zu denen ganz gewiß auch ich gehöre) oft durch die Art ihrer Bildung daran gehindert, etwas zu akzeptieren, was tatsächlich wahr sein mag, wenn diese Wahrheit außerhalb des Erkenntnisbereiches wissenschaftlicher Forschung liegt.

Eine Methode, glückverheißende oder prophetische Träume auszulösen, ist folgende: Man beschafft sich eine Abbildung von einem der Acht Unsterblichen oder von einem ähnlichen Wesen, wie etwa von dem kahlköpfigen, weißbärtigen Elf des Langen Lebens, dessen Symbole ein Reh, ein Pfirsichbaum oder ein Stab aus dem Holz des Pfirsichbaums und ein Kranich sind. Ein Bild oder eine Statue von Lao-tzû könnte noch geeigneter sein. Alle diese Gestalten sind so berühmt in der chinesischen Kunst, daß es nicht mehr schwierig ist, eine passende Abbildung auch im Westen aufzutreiben. Ob man sie für objektiv existierende übernatürliche Wesen hält oder nicht – es hat jedenfalls etwas Geheimnisvolles auf sich mit den Antworten, die diejenigen erhalten, die auf zeremonielle Weise ihre Hilfe beschwören. Das Bild oder die Figur sollte nahe beim Kopfende des Bettes stehen, in dem man zu träumen beabsichtigt, aber niemals in der Nähe der Füße und niemals niedriger als in Brusthöhe, wenn man aufrecht steht. Wenn man zu Bett geht, zündet man ein Weihrauchstäbchen an, verbeugt sich ehrerbietig und bittet höflich um die Gnade eines prophetischen Traums. Dann legt man sich auf die rechte Seite, die rechte Hand mit der Handfläche nach oben zwischen Gesicht und Kissen. Man sollte so schnell wie möglich einschlafen, ohne daß man noch allzu viele störende Gedanken und Träumereien dazwischentreten läßt. Wenn das trotzdem geschieht, so wiederhole man die Bitte, sobald der Schlaf sich zu nähern scheint, im Liegen. Es empfiehlt sich nicht, aufzustehen und ein neues Räucherstäbchen anzuzünden, denn das könnte den Schlaf wieder vertreiben. Wenn ein Lichtschalter, Papier und ein Stift in Reichweite sind, kann der Traum gleich nach dem Erwachen aufgeschrieben werden, während die Einzelheiten noch lebendig sind und jedes gesprochene Wort noch deutlich präsent ist.

Wenn man in einem Traum das Wesen erblickt, an das man seine Bitte gerichtet hat, ist das nach Ansicht meiner chinesischen Freunde als ein Zeichen außerordentlicher Gnade anzusehen. Dieses Wesen gar sprechen zu hören, ist noch glückverheißender, wenngleich kaum ohne die Hilfe eines Taoisten zu erreichen, der in solchen Dingen Erfahrung hat. Angenommen, daß nichts von alledem geschieht, sollte man sorgfältig den ersten zusammenhängenden Traum, der in dieser Nacht auftritt, aufschreiben. Es heißt, daß dieser Traum, wenn er richtig interpretiert wird, mit Sicherheit eine Botschaft von großer Tragweite für den Träumer enthält. Sollten mehrere Schläfer in einem bestimmten Haus oder Raum beeindruckende Antworten erhalten, so ist das ein Hinweis, daß dieser Ort ganz besonders günstig für die Methode der prophetischen Träume ist.

Wie ich schon sagte, bewege ich mich hier auf dünnem Eis. Ich kenne das Gebiet nicht und habe lediglich weitergegeben, was chinesische Freunde mir erzählten. Ich kann weder Erfolg garantieren noch einen Rat geben, wie solche Träume interpretiert werden sollten. Aber es mag immerhin einen Versuch wert sein. Ein oder zwei Versuche ohne Erfolg sollten nicht zu der Annahme führen, daß es gar nicht möglich sei.

Bald nachdem ich diesen Abschnitt geschrieben hatte, machte ich selbst einen Versuch, und zwar mit einem Ergebnis, das gewiß nicht unbedeutend war, das zu berichten mir jedoch zu peinlich wäre.

Zweiter Teil

THEORIE UND PRAXIS DES MAHAYANA-BUDDHISMUS

I. THEORIE

12. Die philosophische Grundlage

Nicht-Zwei

Der *Mahayana*-Buddhismus ist ein System, das viele verschiedene Hilfsmittel zur Selbstverwirklichung anbietet; einige sind für Menschen mit einfachen Zielsetzungen geeignet, andere dagegen erfordern enorme Anstrengungen und einen unermüdlichen Einsatz.

Es sind keineswegs alle Buddhisten intellektuell und spirituell dafür gerüstet, die tiefgründigen Gedanken, die in den *Mahayana-Sutras* entwickelt werden, zu begreifen. Selbst unter denen, die in der Lage sind, sie zu verstehen, sind der innere Drang und jenes Gefühl des Ungenügens, das manche weise Menschen dazu treibt, sich um ein schnelles Erlangen des höchsten Zieles – die Erleuchtung – zu bemühen, nur auf einen kleinen Teil beschränkt. Die Mehrheit der Buddhisten ist damit zufrieden zu lernen, wie man weise, glücklich und mitleidsvoll das gegenwärtige Leben lebt, in dem Glauben, daß solch eine Lebensweise eine glückliche Wiedergeburt unter Umständen sichern wird, die besser für ein Aufsteigen zu den höheren Ebenen des Weges geeignet sind. Selbst dieses relativ beschränkte Ziel ist es wohl wert, angestrebt zu werden, da es zudem mit Übungen angestrebt wird, welche eine solide Grundlage und Vorbereitung für ein weiteres Fortschreiten sind, sei es in diesem Leben oder in einem anderen. Einige dieser Übungen werden auf den folgenden Seiten beschrieben. Wer sie praktiziert, wird herausfinden, daß sie rasch die Qualität des Lebens im Hier und Jetzt zu steigern vermögen. Zwar liegt das Schwergewicht hier auf der praktischen Anwendbarkeit der Übungen, doch da die meisten von ihnen auch dazu verwendet werden können, wesentlich höhere Ziele anzustreben, ist es das beste, einleitend kurz die nicht ganz leicht erfaßbare philosophische Grundlage zu berühren.

Das Verständnis dieser philosophischen Grundlage ist Voraussetzung für jene großen Adepten des Yoga, die (wie jene Taoisten, die sich dem Erlangen des höchsten Zieles, der Rückkehr zum Ursprung, verschrieben haben) die Erleuchtung noch in diesem Leben suchen. Das ist eine wahrhaft gewaltige Aufgabe, die einen nie erlahmenden Eifer bei Tag und Nacht über Jahrzehnte hin verlangt. Erleuchtung bedeutet, daß man die Grenzen der relativen Wahrheit, wie sie uns von unseren Sinnen vermittelt wird, überschreitet und einen gewaltigen Sprung in das Reich der Leere macht, die nur durch mystische Intuition sehr hohen Grades erfahren werden kann. Von dort kehrt man zurück zum Bereich der Form (der jetzt in neuer Perspektive gesehen wird) und dringt vor zum Mysterium des »Nicht-Zwei«. Dies ist der einzige Weg zum Zustand des *Nirvana*, in dem alle dualistischen Kategorien – Existenz und Nicht-Existenz, ewiges Leben und Vernichtung, Selbst und Andere – transzendiert werden.

Der Erleuchtete (der Buddha) gab keine Erklärungen über das *Nirvana* ab. Auf Fragen wie etwa, ob es ewiges Leben oder Verlöschen bedeute, antwortete er: »Nicht dies, nicht das.« Damit hatte er weder die Absicht, etwas in geheimnisvolles Dunkel zu hüllen, noch etwas zurückzuhalten, sondern einfach darauf hinzuweisen, daß nicht einmal jemand, der ihn erfahren hat, einen Seinszustand beschreiben kann, der keinerlei Eigenschaften oder unterscheidbare Charakteristika hat. Selbst die Feststellung, die Wesen würden im *Nirvana* weiterhin existieren oder aufhören zu existieren, würde hinter der Wahrheit dessen zurückbleiben, was nun einmal vor dem Augenblick der eigenen Erfahrung der Erleuchtung undenkbar ist und nicht erkannt werden kann. Als dem Buddha diese Frage gestellt wurde, war er in der gleichen Lage wie ein Mensch, der aufgefordert wird, vor einer Zuhörerschaft von Blindgeborenen über Farben und Perspektive zu sprechen.

Obwohl sich das buddhistische und das taoistische System in mancher Hinsicht unterscheiden, ist ihre philosophische Grundlage (unter Berücksichtigung der Unterschiede in der Terminologie) genaugenommen dieselbe. Dies scheint schon vor den zwei Jahrtausenden gegenseitiger Durchdringung, während der sie in China Seite an Seite existierten, so gewesen zu sein. Meine eigene Erklärung für diese Tatsache ist die, daß buddhistische und taoistische Weise durch die Pflege innerer Stille, die zur vollkommenen intuitiven Wahrnehmung des wahren Wesens der Wirklichkeit führte, unabhängig voneinander zum gleichen Ergebnis kamen – einem Ergebnis, dem chinesische Autoren manchmal den einfachen Namen »Nicht-Zwei« gaben. Wenn – um eine taoistische Metapher zu benützen – der Mond der Weisheit im Geist aufgeht, so ist es immer derselbe Mond, auch wenn verschiedene Menschen sein Erscheinen auf verschiedene Weise beschreiben.

Will man auf das Wesen der Wirklichkeit hindeuten, wie sie von Yogins wahrgenommen wird, die auf dem Weg zur Erleuchtung weit fortgeschritten sind, ist der Begriff »Nicht-Zwei« dem »Alles ist Eines« vorzuziehen, da in diesem Zusammenhang jede bejahende Behauptung irreführend ist. »Nicht-Zwei« beinhaltet die Abwesenheit einer Dualität von Schöpfer und Geschaffenem, eines wesenhaften Unterschieds zwischen dem relativen (oder wahrnehmbaren) und dem absoluten (oder ungreifbaren) Aspekt der Wirklichkeit. Was immer man mit der Wahrnehmung erfassen kann – eine unvergleichliche Perle, ein alter Schuh, eine duftende Rose, ein Misthaufen, der gewaltige Kosmos, ein einzelnes Sandkorn, eine Fülle von Dingen, ein absolutes Vakuum oder die Leere –, all das sind gleichermaßen Manifestationen des unendlichen, unterschiedslosen *Chên-Ju*, der »Wie-es-ist« oder »Das-was-ist«, welches Buddhisten ebenso wie Taoisten das *Tao* nennen. Dieses Höchste oder Absolute – wenn solche Begriffe überhaupt verwendbar sind – liegt nicht über, hinter oder jenseits seiner Manifestationen, denn beide Aspekte sind »Nicht-Zwei«. Um einige Analogien zu verwenden, die allerdings nur bis zu einem gewissen Grad eine Hilfe sind: Bilder, die auf eine Leinwand projiziert werden, haben keine Existenz ohne das Licht, aus dem sie zusammengesetzt sind; eine Wolke, einmal dicht und dunkel, einmal diffus und weiß, ist immer dieselbe Menge Wasserdampf, von dem Farbe und Dichte oder der Mangel an beiden auf keinen Fall getrennt werden können, obwohl Wasserdampf bloß Wasserdampf ist, wie auch immer Farbe und Dichte beschaffen sein mögen. *Chên-Ju*, das leer ist in dem Sinn, daß es keine eigene Form oder Farbe hat, ist dennoch fähig, zahllose Formen, Farben, Dichtigkeitsgrade und so weiter zu manifestieren, wobei keine dieser Eigenschaften auch nur einen Augenblick getrennt von den anderen existieren kann. *Chên-Ju* entspricht dem *Tao* in seinem »Mutter«-Aspekt (Formlosigkeit); seine Manifestationen entsprechen dem »Kind«-Aspekt (Form). Diese beiden sind »Nicht-Zwei«.

In mancher Hinsicht bieten das Meer und seine Wellen eine gute Analogie. Ein Beobachter kann die Wellen in Größe, Farbe und relativer Entfernung unterscheiden, weiß aber dennoch, daß diese scheinbar heranrollenden blaugrünen und weißen Besonderheiten keine von der farblosen Unendlichkeit des Wassers getrennte Identität haben. Wollte man einen Gott oder ein Absolutes als getrennt und in irgendeinem Sinn verschieden von der Gesamtheit des Universums auffassen, so hieße dies, Seine Majestät herabzuwürdigen. Denn was von etwas anderem getrennt ist oder von etwas unterschieden ist, kann nicht unendlich sein, da Unendlichkeit Verschiedenheit ausschließt. *Chên-Ju* transzendiert das Persönliche und Unpersönliche, Schöpfer und Schöpfung, wie es auch jeden anderen Dualismus transzendiert.

Die Anwendung der Lehre vom Nicht-Zwei

Eine wenigstens allgemeine Vorstellung von dieser Wahrheit, die am besten auf einer gewissen intuitiven Ahnung ihrer Gültigkeit basieren sollte, ist der Ausgangspunkt für jede Art von fortgeschrittenem Yoga. Schließlich bedeutet das Wort Yoga soviel wie »Vereinigung« – das Verschmelzen des Individuums mit dem Ganzen, sei es, indem die Einheit *erlangt* wird (wie manche Mystiker annehmen), oder indem eine Identität *erkannt* wird, die von Anfang an existiert hat, wenn sie auch durch die ego-zentrierte irrige Annahme einer individuellen Existenz wie hinter dichten Schleiern verborgen war. Eine lediglich intellektuelle Vorstellung kann jedoch über diesen Ausgangspunkt nicht hinausführen; sie dient nur dazu, die Richtung aufzuzeigen, die die yogische Praxis nehmen muß. Darüber hinaus geht es dann darum, das Wesen des Seins tatsächlich zu *erfahren*, das Stückchen »Wissen«, das man vielleicht aus Büchern aufgeschnappt hat, in etwas zu verwandeln, das man »in den Knochen spürt« und das nach und nach (oder auch plötzlich) für den Yogin so wirklich wird wie die Hitze des Feuers oder die Kälte des Eises. Bloßes intellektuelles Wissen muß dann durch die Frucht unmittelbarer Erfahrung ersetzt werden; das ist es, was die yogische Praxis anstrebt.

Jeder, der die grundlegende Bedeutung des »Nicht-Zwei« erfaßt hat, erkennt, daß die Erscheinungen überaus irreführend sein können. Was einst tief erschien, kann sich leicht als eine seichte, geschwätzige Verwirrung erweisen. Was zunächst ganz einfach erschien, mag sich als von solcher Bedeutung oder Konsequenz erweisen, daß es durch alle Ebenen des Bewußtseins bis zur eigentlichen Wurzel des Seins reicht. Oder etwas kann auch auf einer bestimmten Ebene der Anwendung tatsächlich ganz simpel, auf einer anderen jedoch über alle Maßen tiefgründig sein. Dies gilt auch für viele Übungen in diesem Buch; diejenigen, die für völlig ungeübte Anfänger geeignet sind, werden manchmal auch von Adepten verwendet, die sich bereits auf den letzten Stufen des Weges befinden. Von dem tibetischen Lama Dudjom Rinpoche, der einer der großen Meister des Yoga unserer Zeit ist, erfuhr ich, daß ein Adept, der in den höchsten Formen der yogischen Praxis unterwiesen wird, den Rat erhält, die Übungen der anderen Ebenen nicht fallenzulassen, sondern hoch und niedrig abzuwechseln. Deshalb kann sogar eine einfache Meditationsübung wie das Zählen der Atemzüge von dem Adepten noch bis zu jenem Punkt kurz vor der Erleuchtung benutzt werden, an dem alle Übungen schließlich aufgegeben und durch die reine Kontemplation abgelöst werden. Obwohl keine der in diesem Buch aufgeführten Übungen über die der »einfachen« Kategorie hinausgeht, heißt das nicht, daß ihre Ergebnisse nicht tiefgreifend sein können. Wo sie für westliche Neulinge auf dem Weg vereinfacht wurden, blieben sie dennoch in ihrem wesentlichen Gehalt ganz unverändert.

Westliche Menschen, die sich vom Buddhismus oft deshalb angezogen fühlen, weil er solches Gewicht auf die eigene Anstrengung legt (im Gegensatz zur theistischen Betonung der übernatürlichen Hilfe), neigen manchmal dazu, jegliche Rituale (wie Niederwerfungen, Rezitationen, Opfergaben usw.) als abergläubischen Hokuspokus abzutun. Dies ist jedoch ein Irrtum. Im Osten gibt es nicht eine einzige buddhistische Sekte, die ganz darauf verzichtet; selbst die *Zen*-Anhänger und *Theravadin*, die sehr wohl die Gefahren der Rituale erkennen, praktizieren sie täglich. Verbeugungen, zeremonieller Gebrauch von Weihrauch und so weiter sind nur dann leerer Unsinn, wenn man meint, irgendwelche himmlischen Wesen würden dadurch gnädig gestimmt. Alle Rituale sind absurd, wenn sie (wie es bei gewissen Brahmanen zu Buddhas Zeiten der Fall war) mit der Erwartung vollzogen werden, daß die exakte Ausführung automatisch den erwünschten Erfolg beschert. An dieses Mißverständnis dachte der Buddha, als er den Ritualismus mit auf die Liste der Gefahren für das rechte Begreifen – und damit für den Fortschritt auf dem Weg – setzte. Andererseits werden Rituale, die wegen ihrer psychologischen Wirkung auf den Ausführenden vollzogen werden, weltweit von allen Buddhisten geachtet – abgesehen von einigen westlichen Konvertiten, die sich durch falsche Auslegungen von *Zen-* oder *Theravada*-Texten oder von ihrer eigenen Abneigung gegen die Rituale der Kirchen, denen ihre Väter angehörten, irreführen ließen. Wenn der buddhistische Adept sich vor einer Buddhastatue verbeugt und Weihrauch und Blumen opfert, hat er nicht die Absicht, dem Buddha zu gefallen, sondern Achtung und Ehrfurcht zum Ausdruck zu bringen (und in sich selbst zu kultivieren) für etwas, das er als höchste und edelste Weisheit anerkennt, die für die Menschheit erreichbar ist. Die *Mahayana*-Schule des Buddhismus hat darüber hinaus Techniken entwickelt, bei denen Aktivitäten von Körper, Rede und Geist in einer Weise eingesetzt werden, die außerordentlich vorteilhafte psychologische Wirkungen haben, wenn man nur in der richtigen Anwendung solcher Übungen unterwiesen worden ist.

Der Buddhismus ist voller Widersprüche. Zum Beispiel wird großer Nachdruck auf die Notwendigkeit von Glauben und Frömmigkeit gelegt, obwohl von einem Schöpfer keine Rede ist. Mit Glaube ist nicht der Glaube an eine gütige Gottheit gemeint, die Liebe, Lobpreisung und Gehorsam fordert, sondern die Überzeugung, daß jenseits der scheinbaren Realität, die uns von unseren Sinnen vorgespiegelt wird und die ihrer Beschaffenheit nach letztlich unbefriedigend ist, ein Mysterium liegt, das unserem Leben eine ungeahnte Bedeutung gibt und die unscheinbarsten Dinge mit Heiligkeit und Schönheit versieht, wenn es intuitiv wahrgenommen wird. (Man sollte verstehen, daß der Begriff »jenseits« in diesem Zusammenhang genaugenommen nicht korrekt ist und nur bildlich für den unfaßbaren Aspekt des »Nicht-Zwei« gebraucht wird.) Unter Frömmigkeit versteht man tiefe Achtung vor den Quellen dieser Weisheit, also vor dem Buddha, der Lehre und der Gemeinschaft (der Buddhas, Bodhisattvas, Mönche, Nonnen und Laien, die zu ihrem Kern vorgedrungen sind oder dabei sind, dies zu tun). Die Frömmigkeit wird nicht nur durch Niederwerfungen und Weihrauch- und Blumenopfer zum Ausdruck gebracht, obwohl diese ihren Wert insofern haben, als sie Achtung und Ehrfurcht im Geist wachsen lassen, sondern hauptsächlich dadurch, daß man alles vermeidet, was nicht dem wahren Wohlergehen und dem Glück aller Wesen dient, daß man mit großem Eifer alles tut, was diesen Zielen förderlich ist, daß man seine »*Dharma*-Freunde« (Lehrer und Weggefährten) achtet und unterstützt und daß man unablässig danach trachtet, das Wohlergehen und Glück von allen und allem zu fördern. Damit sind natürlich nicht nur Lebewesen gemeint, sondern auch die Umwelt, die (wie die Lehre des »Nicht-Zwei« unmißverständlich deutlich macht) mit ihnen verbunden ist, da es so etwas wie Getrenntheit weder innerhalb noch außerhalb des gesamten kosmischen Bereiches gibt.

Die Notwendigkeit der Frömmigkeit in dem Sinn, daß man die höchste Achtung für das empfindet, was »über« und »jenseits« der engen Grenzen des eigenen Selbst (wie es gewöhnlich verstanden wird) liegt, ist einer der Gründe, weshalb ich das Aufrechterhalten wenigstens einiger der traditionellen äußeren Formen für wichtig halte, die im Osten seit ältester Zeit mit der yogischen Praxis Hand in Hand gingen. Solche Traditionen werden deshalb jahrhundertelang beibehalten, weil sie sich als Hilfsmittel zur Förderung einer Einstellung und von geistigen Zuständen erwiesen haben, die den Fortschritt in den wesentlichen Praktiken unterstützen. In diesem Zusammenhang neige ich zu einer konservativen Haltung, aber ich anerkenne das Recht der Adepten im modernen Westen, selbst zu entscheiden, inwieweit sie die »Verzierungen« der traditionellen Praxis beibehalten oder ablegen wollen. Ich möchte ihnen jedoch nahelegen, ihre Entscheidung keinesfalls durch Nachlässigkeit oder Trägheit beeinflussen zu lassen; sie sollte auf Gründen beruhen, die die Notwendigkeit, schnell und sicher auf dem Weg voranzukommen, in Betracht ziehen.

Keine Dogmen

Der Buddhismus ist die am wenigsten dogmatische aller Religionen (wenngleich der Taoismus ihm in dieser Hinsicht weitgehend gleicht). Es gibt keine Doktrin, zu der man sich bekennen muß, um nicht aus der Herde hinausgeworfen zu werden. Der Buddha, der die höchste das Bewußtsein umwandelnde Erfahrung machte, wodurch er zu einem Erleuchteten wurde, entschloß sich zunächst, diese Lehre, die über das Begriffsvermögen der Unerleuchteten hinausging, nicht zu verkünden. Aber vom Leiden der fühlenden Wesen ergriffen, erklärte er sich dann doch bereit, den Weg so weit zu erläutern, wie er sich in Worte fassen ließ. Weit entfernt davon, sich auf göttliche Eingebung zu berufen, ermahnte er seine Schüler, nichts einfach zu glauben, sondern seine Lehren dem Test der eigenen Erfahrung zu unterziehen und sie nur dann zu akzeptieren, wenn sie festgestellt hatten, daß diese Lehren sich als wirksam erwiesen und mit der unmittelbaren intuitiven Wahrnehmung, die ihnen mit zunehmender Praxis zukommen würde, übereinstimmten. Demnach ist der Buddhismus eine mystische Lehre, denn sie ist die Frucht unmittelbarer intuitiver Wahrnehmung und keineswegs auf Schriften göttlicher Offenbarung gegründet. Die mündlichen Lehren des Buddha wurden im Gedächtnis behalten und generationenlang von Lehrer zu Schüler weitergegeben, bevor sie niedergeschrieben wurden, so daß sich durchaus unterschiedliche Meinungen in der Interpretation einschleichen konnten. Heutzutage gibt es manche Leute, die glauben, daß sie am besten durch die Pali-Version repräsentiert würden, die von den *Theravada*-Buddhisten Südostasiens anerkannt wird. Andere halten sich dagegen an die chinesischen und tibetischen Übersetzungen der *Mahayana*-Version, die ursprünglich in Sanskrit aufgeschrieben wurde und nach der man sich in China und Tibet vor der kommunistischen Ära richtete; diese hat auch heute noch in Ländern wie Korea oder Japan viele Anhänger. Meinungsverschiedenheiten zwischen *Theravada* und *Mahayana* bestehen größtenteils in bezug auf äußere Formen und auf Methoden der Übung und kaum auf die grundlegende Lehre und auf die Notwendigkeit von Selbstdisziplin, Kontemplation (Meditation), Weisheit und Mitgefühl als Grundlagen des Weges. Die yogischen Übungen im folgenden praktischen Teil sind hauptsächlich chinesischen Ursprungs. Über tibetische Yogas durfte ich weit weniger sagen, da die meisten der hierzu gehörigen Übungen nur von Adepten ausgeführt werden dürfen, die von einem qualifizierten Lehrer in korrekter Weise initiiert wurden. Doch vieles von dem, was in diesem Abschnitt über die theoretischen Grundlagen gesagt wurde, ist dem entnommen, was ich sowohl von tibetischen wie von chinesischen Lehrern gelernt habe.

Da es im Buddhismus keine Dogmen gibt, kann man sich selbst schwerlich einen Buddhisten nennen, wenn man nicht die Erleuchtung als gültige intuitive Einsicht in das Wesen der Wirklichkeit anerkennt und deshalb davon ausgeht, daß die Darstellung des Weges, wie sie der Erleuchtete gegeben hat, richtig ist, und daß es von großem Nutzen ist, den Weg zur Erleuchtung, wie er ihn verkündet hat, zu gehen. Nach allgemeinem Verständnis ist man dann ein Buddhist, wenn man die »Drei Kostbarkeiten« – Buddha, *Dharma* (die Lehre, die er verkündet hat) und *Sangha* (die Gemeinschaft) – verehrt. Unter letzterem wird oft der Mönchsorden verstanden, aber im weiteren (und, wie ich meine, zutreffenderen) Sinn sind damit alle Buddhas, Bodhisattvas und gewöhnlichen Menschen gemeint, die den Weg bereits erfolgreich beschritten haben oder dabei sind, ihm ernsthaft zu folgen.

Ich glaube nicht, daß man unbedingt ein Buddhist sein muß, um sich mit den Übungen zu befassen, die auf den folgenden Seiten beschrieben sind. Schließlich entspricht es des Buddha eigenem Gebot, daß man die Lehren dem Test der eigenen Erfahrung unterziehen soll, bevor man ihre Gültigkeit anerkennt. Der Buddhismus, der zwar seinem Ursprung und Ziel nach mystisch ist, das heißt, auf einer unmittelbaren Intuition basiert, die gewöhnliche Bewußtseinszustände transzendiert, ist dennoch fest im »gesunden Menschenverstand« verankert – in einer realistischen Wahrnehmung der Tatsache, daß das Leben für diejenigen, die nicht fähig sind, über den Bereich der vordergründigen, durch unsere Sinne vermittelten Fakten hinauszublicken, letztlich unbefriedigend ist. Seine kontemplativen Übungen führen zu einer Erhöhung und Erweiterung des Bewußtseins; da sie gesund und zuträglich sind, können sie nur zum Wohlergehen des Adepten und seiner Umgebung beitragen und sich niemals zu deren Schaden auswirken, wenn sie nicht völlig falsch angewendet werden. Da ich jedoch selbst Buddhist bin, kann ich nicht umhin anzunehmen, daß das Studium buddhistischer Schriften und die Bereitschaft, ihre Lehren zu akzeptieren, dem Adepten auf seinem Weg eine Hilfe sind.

13. Grundgedanken des Mahayana-Buddhismus

Form und Leere

»Form« bedeutet in diesem Zusammenhang alles, was zum faßbaren Aspekt der Wirklichkeit gehört, einschließlich aller Phänomene, die von den Sinnen erfaßt werden können und deshalb als individuelle Einheit erscheinen, wie ein Baum oder ein Vogel, ein Blatt oder eine Feder oder die Spitze eines der »Haare«, aus denen eine Feder besteht. »Leere« darf nicht im Sinne von bloßem Nichts verstanden werden, sondern im Sinne von nicht-*dinghaft.** »Leere« bezeichnet den ungreifbaren Aspekt der Wirklichkeit – ein unermeßlicher Ozean von Sein oder Bewußtsein, formlos, farblos, ohne irgendwelche Eigenschaften; eine unterschiedslose Einheit, die sich von Unendlichkeit zu Unendlichkeit erstreckt und allüberall gegenwärtig ist. Es ist die Nicht-Substanz, aus der das gesamte Universum besteht. Form und Leere sind »Nicht-Zwei«!

Yogische Adepten werden unterwiesen, niemals die wesenhafte Leerheit der Erscheinungsformen aus den Augen zu verlieren. Das könnte einen dazu veranlassen anzunehmen, daß die Erscheinungsformen mit ihren Farben, Formen, Dichtegraden und so weiter allesamt unwirklich seien wie ein Traum, ein

* Das englische Wortspiel des Autors: »nothingness – no-*thing*-ness« ist im Deutschen nicht wiederzugeben.

Trugbild, eine Vision. Sie *sind* tatsächlich unwirklich, wenn man unter unwirklich versteht, daß sie leer davon sind, ein eigenes Sein, ein Ego zu besitzen, daß sie lediglich vergängliche, sich ständig verändernde, voneinander abhängige Manifestationen der Leere sind. Dennoch sind sie durchaus wirklich, aus dem einfachen Grund, weil sie im Wesentlichen mit der Leere eines sind, die allein ewig, nicht abhängig, aus sich selbst seiend ist. Die scheinbar traumartigen Erscheinungsformen und die zutiefst wirkliche Leere sind »Nicht-Zwei«.

Dies ist eine Aussage, die für den yogischen Adepten gewaltige Konsequenzen hat. Er sollte sich von Anfang an intensiv darum bemühen, das nicht-dualistische Wesen der Wirklichkeit zu verstehen. In der Meditation versucht der Geist, über den Bereich der Form hinauszuspringen und eine Erfahrung der aus sich selbst bestehenden Leere zu machen. Das ist nicht nur hinsichtlich der Meditation wichtig, sondern auch, um zu lernen, mit Gleichmut sowohl Verlust als auch Gewinn und alle Höhen und Tiefen des Lebens zu akzeptieren, im sicheren Wissen, daß in einem höchsten Sinn nichts verloren oder gewonnen werden, aufsteigen oder absteigen, vorankommen oder zurückfallen *kann*, da außer im Bereich der bloßen Erscheinungen alles und jedes für immer vollkommen ist. Mit dem Heraufdämmern der Erleuchtung, wenn der Weg bis zum Ende beschritten wurde, ergibt sich das völlige Begreifen des »Nicht-Zwei«, eine vollkommene Versöhnung von Form und Leere, da dann die letzten Reste von dualistischem Denken transzendiert sind. Diese Lehre ist die Grundlage der Doktrin, die im nächsten Abschnitt ausgeführt ist.

Der Eine Geist oder das Reine Bewußtsein

Die verschiedenen buddhistischen Sekten benützen verschiedene Bezeichnungen für das, was alle als universale Wahrheiten akzeptieren. Wenn also *Chan-(Zen-)*Anhänger vom »Einen Geist« und *Wei-Shih*-Anhänger vom »Reinen Bewußtsein« (wörtlich: Nur-Bewußtsein) sprechen, weisen sie beide auf eine Wahrheit hin, die inzwischen auch moderne Physiker zu begreifen beginnen, nämlich daß »der Stoff des Universums geistiger Stoff ist«, um zu zitieren, was der Physiker Sir James Jeans zu Beginn dieses Jahrhunderts feststellte. Anders ausgedrückt erweist sich die Materie, wenn sie auf ihre »Grundsubstanz« zurückgeführt wird, als etwas, das keine mit wissenschaftlichen Mitteln nachweisbare Materie ist. Vielmehr handelt es sich um einen »Stoff« (oder »Nicht-Stoff«), der am ehesten dem Geist oder Bewußtsein (wie immer man es nennen mag) entspricht und wahrscheinlich sogar identisch damit ist. Yogische Adepten, die Bewußtseinsstadien erreicht haben, in denen die dualistische Wahrnehmung transzendiert ist, sind sich seit alters her in der Bestätigung dieser Wahrheit einig, einer Wahrheit, die jegliche Unterscheidung zwischen Geist und Materie, Bewußtsein und Materie, Belebtem und Unbelebtem negiert. Solche Unterscheidungen werden lediglich als zweckdienliche Begriffe anerkannt, die man benützt, wenn man auf der Ebene des Dualismus und der Relativität spricht, das heißt auf der Ebene, die im alltäglichen Bewußtseinszustand wahrgenommen wird. Noch wichtiger ist, daß – da der Geist keine Dimensionen hat – dein Geist, mein Geist und der GEIST selbst im Wesentlichen eine Einheit darstellen. Dies erklärt, was damit gemeint ist, wenn es heißt, daß der Buddha durch die Erleuchtung Allwissenheit erlangte. Wenn die trügerischen Unterscheidungen verschwunden sind, erweist sich jeder einzelne Geist als der GEIST und hat deshalb dieselbe Ausdehnung wie die Ganzheit der Wirklichkeit, ist allumfassend. Das *Hua-Yen-(Avatamsaka-) Sutra* geht noch weiter, indem es ausführt, die fühlenden Wesen selbst seien deshalb die kollektiven Schöpfer all dessen, was im Universum geschieht. Diese letztere Lehre ist, solange eine durchdringende intuitive Weisheit noch nicht erlangt ist, so schwer zu verstehen, daß wir uns an dieser Stelle nicht weiter damit befassen wollen. Es sei lediglich darauf hingewiesen, daß sie demonstriert, daß es keinerlei Grenzen für das gibt, was fühlende Wesen individuell oder kollektiv vermögen, und damit deutlich macht, weshalb fortgeschrittene Yogins manchmal – als Nebenprodukt ihrer Praxis – scheinbar magische Kräfte entwickeln wie Telepathie, Hellsehen, Levitation, die Fähigkeit, ihre physische Form zu verändern, und so weiter. Man ist sich jedoch darüber einig, daß diese Kräfte nur wenig Wert in sich selbst haben und das Fortschreiten auf dem Weg ernsthaft behindern können, wenn jemand absichtlich danach strebt, sie zu entwickeln, oder wenn er bei dem Gedanken, über sie zu verfügen, Stolz und Überlegenheit empfindet. Denn dann führt ihr Besitz zur Stärkung anstatt zur Schwächung des Erzfeindes der yogischen Praxis, des illusorischen Ego.

Das richtige Verstehen der Lehre vom Einen Geist oder Reinen Bewußtsein führt zur Erkenntnis, daß »der Geist der König ist«, daß echter yogischer Fortschritt allein Sache des Geistes ist und Körper und Rede nicht mehr als Anhängsel des Geistes sind. Diese Erkenntnis macht es leichter, die Lehre vom *Karma*, die im folgenden Abschnitt ausgeführt ist, zu verstehen.

Karma und Wiedergeburt

Die Buddhisten teilen nicht die Anschauung, daß das Leben mit der Empfängnis beginnt und mit dem Tod endet, auf den entweder das Ewige Leben oder völliges Erlöschen folgt. Während seiner Lebenszeit bringt nach ihrer Ansicht ein Mensch durch die Aktivitäten von Körper, Rede und Geist eine Anhäufung gewaltiger Kräfte in Bewegung. Zusammen mit dem, was von ähnlichen Anhäufungen aus früheren Leben noch übrig ist, bedingen diese die Entwicklung eines Menschen im Verlauf der gegenwärtigen Lebenszeit, und zusammen mit den Anhäufungen, die in künftigen Leben zustande kommen, bedingen sie eine lange Folge von Wiedergeburten. Diese können erst dann ein Ende finden, wenn die Erleuchtung, durch die das dualistische Denken und alle Ego-Täuschungen, die daraus entspringen, aufgehoben werden, ihn für immer aus dem Kreislauf von Tod und Wiedergeburt befreit, woraufhin ihn nichts hindert, ins *Nirvana* einzugehen. Diese von Aktivitäten erzeugten Kräfte nennt man *Karma*, und mit ihm sind die verschiedenen Lebensumstände verschiedener Menschen zu erklären. Gutes *Karma*, das aus dem Abschneiden ego-zentrierter Gedanken, Worte und Taten erwächst, führt zum Fortschritt auf dem Weg zur Erleuchtung; schlechtes *Karma*, das aus Gedanken, Worten und Taten erwächst, welche die Egozentrik verstärken, führt zum Rückschritt auf dem Weg. Diese beiden Arten von *Karma* bestimmen die Umstände, in die wir hineingeboren werden. Aus dem irrigen Glauben an ein Ego entspringen die drei Feuer des Übels, nämlich übermäßiges Verlangen/Abneigung, Leidenschaft und Verblendung.

In einigen buddhistischen Texten finden sich Hinweise auf Himmel und Höllen. Es sind dies Namen, die den vorübergehenden Zuständen des Glücks und des Unglücks gegeben werden, die jeweils aus gutem oder schlechtem *Karma* resultieren. Himmel und Höllen werden nicht im wörtlichen Sinn interpretiert, außer gelegentlich auf volkstümlicher Ebene. Doch selbst diejenigen Buddhisten, die sie für tatsächlich existierende Lokalitäten in einer spirituellen Region halten, wissen, daß sie nichts zu tun haben mit einem System von Belohnung und Strafe, die willkürlich von einer gnädig gestimmten oder zornigen Gottheit verhängt werden. Denn in Himmel oder Höllen zu geraten wird als die Frucht der eigenen Taten mittels Körper, Rede und Geist betrachtet, und wenn die karmischen Kräfte, die durch diese Taten erzeugt wurden, erschöpft sind, ist der Aufenthalt dort auch beendet, und weitere Wiedergeburten folgen.

Der yogische Adept, der beharrlich sein übermäßiges Verlangen (und dessen Gegenteil, die Ablehnung), seine Leidenschaften und Verblendungen abgebaut hat, befreit seinen Geist von all dem, was schlechtes *Karma* erzeugt, und schafft statt dessen gutes *Karma*, das heißt *Karma*, das frei ist von Auswirkungen, die ihn an das Rad von Leben und Tod fesseln. Vor allem die höheren Yogas sind Abkürzungen auf dem Weg zur Befreiung.

Mit den sogenannten »Vier Edlen Wahrheiten« stellte der Buddha einen grundlegenden Leitfaden zu positivem Tun ohne negative Auswirkungen auf. Diese Vier Edlen Wahrheiten sind: 1. Leben ist untrennbar von Leiden (ein breiter Begriff, der nicht nur geistigen und körperlichen Schmerz umfaßt, sondern auch Langeweile, Frustration, Enttäuschung, Verlust, Krankheit, Alter, Tod und alle unbefriedigenden Zustände, seien sie heftiger oder leichter Art). 2. Leiden hat eine Ursache: übermäßiges Verlangen/Abneigung. 3. Das Leiden kann gelindert werden, indem man übermäßiges Verlangen/Abneigung (durch die auch Leidenschaft und Verblendung bedingt sind) zum Verlöschen bringt. 4. Dieses Verlöschen wird erreicht durch rechte (vollkommene) Anschauung, rechten Entschluß, rechte Rede, rechtes Handeln, rechtes Leben, rechtes Streben, rechte Achtsamkeit und rechte Meditation. Diese führen zur Gesundung von Körper, Rede und Geist und schaffen ein gutes *Karma* und verkürzen den Weg zur Erleuchtung.

Ichlosigkeit

Im Buddhismus wird nicht angenommen, daß fühlende Wesen etwas in der Art einer Seele haben, die unveränderlich von Leben zu Leben weiterexistiert. Da ja alle Erscheinungen leer von einem eigenen Sein sind, kann man nicht sagen, der Mensch besitze irgendeine Art von Ego-Wesenheit. Daß so viele Menschen hauptsächlich von ihrem Verlangen nach Ego-Befriedigung durchs Leben getrieben werden, ist das Resultat ihres irrigen Festhaltens an der Überzeugung, ihr »Ich« sei getrennt von dem »anderen«. In Wirklichkeit ist das, was man im allgemeinen für eine Person hält, nicht mehr als eine wellenähnliche Folge von Veränderungen innerhalb des »Nicht-Zwei«. (Man muß zugeben, daß die Ich-Täuschung in den meisten Menschen ungeheuer stark ist und daß man schon ein Super-Weiser sein muß, um sie ganz und gar zu überwinden. Und doch ist dies mit Sicherheit möglich, und das ist es, worum es in der yogischen Praxis geht.) Was von Leben zu Leben weitergeht, entspricht eher einer Welle als einer bleibenden Seele oder einem unabhängigen Wesen; denn Wellen, die in ihrer Vorwärtsbewegung ihre scheinbare Identität beibehalten, wechseln in Wirklichkeit das Wasser, aus dem sie bestehen, so rasch, daß die Welle, die sich an der Küste bricht, nicht mehr als ihre Form mit der Welle gemein hat, die sie noch in ein paar Meter Entfernung gewesen ist. Die Form bleibt bis zum Ende bestehen; die Zusammensetzung verändert sich ständig. Dasselbe gilt für ein »Individuum«, sowohl in körperlicher wie in geistiger Hinsicht, während einer Lebensdauer, ganz abgesehen von der Spanne vieler Leben. Ein Mensch von achtundzwanzig Jahren kann oft von jemandem wiedererkannt werden, der ihn zuletzt im Alter von sieben oder vierzehn Jahren gesehen hat, obwohl jede Zelle seines Körpers (und ebenso seiner geistigen Komponenten) seitdem mehrmals erneuert worden ist. In dem Maße, wie ein Junge von sieben Jahren und ein alter Mann von siebzig Jahren dieselbe Person sind und nicht sind, ist ein Mensch im jetzigen Leben und dem nächsten derselbe und doch nicht derselbe. Was im allgemeinen als Seele oder Ego-Einheit mißverstanden wird, ist eher ein Kontinuum, das aus einer Unmenge von immer wechselnden und dennoch zusammenhängenden Neigungen, Anlagen, geistigen Gewohnheiten und so weiter besteht. Da die Veränderungen kontinuierlich und selten abrupt vor sich gehen, bewegt sich eine erkennbare »Individualität« von einem Leben zum nächsten und zum nächsten und wieder zum nächsten und wird immer unkenntlicher, je mehr Jahrzehnte und Jahrhunderte vergehen. Die Summe der mental-emotionalen Komponenten einer Person zum Zeitpunkt seines Todes wird vermutlich weitgehend dieselbe sein wie die Summe, mit der er wiedergeboren wird, vorausgesetzt, daß er nicht sehr lange im Zwischenzustand zwischen Tod und Wiedergeburt (tibetisch: *Bardo*) verweilt.

Die Meditation über das Nichtvorhandensein eines dauerhaften Ich ist für einen yogischen Adepten sehr wichtig. Sie hilft ihm, egozentrische Verhaftung und Abneigung zu überwinden, die mehr als alles andere für die Anhäufung von *Karma* verantwortlich sind, so daß es Leben um Leben endlos weitergeht, bis endlich die Befreiung erlangt wird. Sie ist zudem besonders wertvoll als Unterstützung beim Aufbau von Weisheit und Mitgefühl – den beiden notwendigen Voraussetzungen für die Erleuchtung.

Das Bodhisattva-Gelübde

Wenn man erkannt hat, daß das illusorische Ich der größte Feind des Menschen ist, der Anstifter zu seinen Dummheiten, Grausamkeiten, Aggressionen und anderen unangenehmen Eigenschaften, so erwächst daraus ganz natürlich das Mitgefühl, da dies bedeutet, daß man dann das, was eine egozentrische Person nur für sich selbst gerne tut, mit Freude für andere zu tun bereit ist. Mit dem Schwinden der falschen Unterscheidung zwischen »Ich« und »andere« wächst gleichzeitig eine liebevolle Achtung für die Mit-Wesen und für die Umwelt als Ganzes. Auf diese Weise regt die Weisheit das Mitgefühl an. Umgekehrt regt das Mitgefühl die Weisheit an, denn je weniger egozentrisch unser Denken und Verhalten ist, um so mehr erkennen wir die Identität von »Ich« und »andere«, und das ist der Beginn der Weisheit. Das Mitgefühl wird von den Anhängern des

Mahayana-Buddhismus so hoch eingeschätzt, daß jeder neue Anwärter für die Befreiung in dem Augenblick, in dem er sich auf den Weg begibt, den Rat erhält, ein Gelübde abzulegen, das folgendermaßen lautet:

»Ich gelobe, daß ich, wenn ich die Erleuchtung erlange, die Gelegenheit zurückweisen werde, in die Seligkeit des *Nirvana* einzutreten, und mich aus freiem Willen der Wiedergeburt im Kosmos unterziehe, um dort als Quelle des Beistands und der Ermutigung für andere fühlende Wesen zu dienen, bis die Zeit gekommen ist, da nicht ein einziges mehr jammervoll im Kreislauf von Geburt und Tod gefangen ist. Wie viele Äonen es auch dauern mag, bis alle bereit sind, in die letztendliche Seligkeit einzutreten, ich werde nicht vor ihnen eintreten, denn wer weiß, wie viele von ihnen meine Mutter oder andere meiner Lieben in früheren Leben gewesen sind?«

Man glaubt, daß *Bodhisattvas* (wörtlich: Erleuchtungswesen) die Macht haben, in der Form zu erscheinen, die am besten für ihre Aufgabe geeignet ist – menschlich, tierisch, göttlich, dämonisch und so weiter. So heißt es zum Beispiel von dem Bodhisattva Manjushri, daß er den Pilgern auf dem heiligen Berg Wu T'ai je nach Bedarf als Mönch, als Bettler oder als Mit-Pilger erschien.

Die Himmlischen Buddhas und Bodhisattvas

Westliche Menschen, die diese Wesen in ikonographischer Darstellung sehen, neigen dazu, sie als Gottheiten aufzufassen, was sie jedoch nicht sind. Sie sind Erleuchtete (Buddhas) oder Erleuchtungswesen (Bodhisattvas) – der Unterschied ist nie ganz eindeutig –, die entsprechend dem eben erwähnten Gelübde Äon über Äon damit verbringen, unerleuchtete Wesen zu unterweisen, zu ermutigen und zu unterstützen, in dieser Welt und in allen anderen Welten, deren es so viele gibt wie Sandkörner am Ganges. Eine andere Erklärung für die Existenz dieser Wesen ist die, daß sie Verkörperungen oder Personifikationen bestimmter abstrakter Eigenschaften des Einen Geistes und damit auch jedes individuellen Geistes sind, wie Weisheit (Bodhisattva Manjushri), Mitgefühl (Bodhisattva Avalokiteshvara), Rechtes Handeln (Bodhisattva Samantabhadra) und so weiter. Aus dieser Sicht gesehen sind sie oft der Angelpunkt bestimmter Meditationsarten, wie etwa bei den Heil-Yogas, die im folgenden praktischen Teil beschrieben werden. Diese Heil-Yogas sind auf die Figur der Kuan Yin zentriert (auch Kuan Shih Yin im Chinesischen und Kwannon oder Kannon im Japanischen), eine weibliche Verkörperung der Energie des Mitgefühls, oft auch in männlicher Form unter dem Sanskrit-Namen Avalokiteshvara oder Avalokita und dem tibetischen Namen Tschenresi dargestellt. Ein gebräuchlicher englischer Name für sie, übersetzt »die chinesische Göttin des Mitleids«, ist natürlich eine falsche Benennung, die auf einem Mißverständnis ihrer Natur beruht. Ob Kuan Yin hauptsächlich als erleuchtetes Wesen betrachtet wird, das entsprechend seinem Gelübde für andere wirkt, oder ob der westliche Meditierende sie lieber für eine Verkörperung der Energie des Mitgefühls hält, die für yogische Zwecke personifiziert wurde, spielt keine Rolle. Man kann nämlich feststellen, daß Meditation und yogische Heilpraktiken, bei denen man sich auf sie konzentriert, außerordentlich wirkungsvoll sind, ungeachtet, in welchem Licht man sie sieht. Dasselbe gilt für etliche andere Himmlische Buddhas und Bodhisattvas, die man entweder als tatsächliche Wesen oder als Verkörperungen von Eigenschaften und Energien für psychologische Zwecke betrachten kann.

Eigene Kraft und Andere Kraft

Der Buddhismus nimmt unter den Weltreligionen aufgrund seiner Betonung der eigenen Anstrengung (im Gegensatz zum Vertrauen auf göttliche Hilfe) als dem einzigen Mittel zur Befreiung einen besonderen Platz ein. Jedenfalls glaubte der Buddha, anders als viele Führer der anderen Weltreligionen, an den Wert von *Upaya* (geeigneten Mitteln). Die Lehre muß sich an Menschen mit den unterschiedlichsten Begabungen und Eigenschaften auf den verschiedensten Entwicklungsebenen wenden. Deshalb wurden innerhalb der buddhistischen Lehre verschiedene Wege entwickelt, darunter auch solche, die für Menschen mit wenig Vertrauen in ihre eigenen Kräfte und/oder mit einer natürlichen Neigung zu devotionalen Praktiken geeignet sind. Unter diesen Wegen gibt es den der Zuflucht zur »Anderen Kraft«, der in direktem Gegensatz zur üblichen buddhistischen Praxis zu stehen scheint. Daß dies nicht der Fall ist, wird offensichtlich, sobald man die Beziehung der »Eigenen Kraft« zur »Anderen Kraft« richtig verstanden hat – sie sind in Wirklichkeit dasselbe. Wir wollen hier als Beispiel die Andere Kraft, wie sie im Kult des Bodhisattva Kuan Yin verstanden wird, betrachten. Es heißt, daß dieser weibliche Bodhisattva kraft seines mitleidsvollen Gelübdes, nicht in die Seligkeit des letztendlichen *Nirvana* einzugehen, bevor nicht alle Wesen ebenfalls dazu fähig sind, ein »Reines Land«, *Potala* genannt, geschaffen hat. Die im Kreislauf von Tod und Wiedergeburt umherirrenden Wesen können nur dadurch in dieses Reine Land eintreten, daß sie es inbrünstig wünschen. Sie werden dann unter Bedingungen wiedergeboren, die ideal sind, um den Rest des Weges zur Befreiung und zum *Nirvana* schnell zurückzulegen. Von denjenigen, die daran glauben und dieses Mittel wählen, um auf dem Weg voranzukommen, kann man sagen, daß sie ihre Zuflucht zur Anderen Kraft nehmen, nämlich zur mitleidsvollen Kraft des Bodhisattva Kuan Yin.

Wo liegt also in Wirklichkeit der Unterschied zwischen der Methode der Eigenen Kraft und derjenigen der Anderen Kraft? Man wird feststellen, daß es lediglich eine Sache der begrifflichen Einkleidung ist. Ich kann mich auf die Eigene Kraft verlassen, um die Drei Feuer zu überwinden, indem ich das grenzenlose Mitleid entwickle, mich selbst aus dem Griff der Ego-Verblendung befreie und nach dem Aufgehen in der unterschiedslosen Nicht-Substanz des Kosmos trachte – im Reinen Bewußtsein. Ein anderer Mensch mag, um die Drei Feuer zu überwinden, auf die Kraft der Kuan Yin vertrauen und so die Energie des grenzenlosen Mitleids zu sich heranziehen, die latent im Geist existiert, die aber jetzt für yogische Zwecke in der liebenswürdigen Form der Kuan Yin verkörpert ist, damit sie ihn von der Ego-Verblendung befreie und ihm das Tor zum Reinen Land öffne. Nun, Mitgefühl ist Mitgefühl, eine Energie, die latent in meinem Geist, in deinem Geist und im allumfassenden GEIST existiert. Ob ich selbst sie als innerlich oder äußerlich auffasse, macht keinen Unterschied, vorausgesetzt, daß ich sie in ihrer ganzen Fülle entwickle. Ich kann sie mir vorstellen, als entströme sie meinem eigenen Herzen, oder als ströme sie mir von Kuan Yin zu. In jedem Fall wird sie sich als wunderbares Gegengift gegen Egozentrik erweisen und mich aus dem Griff der Ego-Verblendung befreien. Ich kann also ebensogut danach trachten, in der Nicht-Substanz des Kosmos aufzugehen, wie danach, in das Reine Land der Kuan Yin einzugehen.

Der wesentliche Punkt ist der, daß das Reine Land der Kuan Yin nichts anderes ist als der unterschiedslose Ozean des Reinen Bewußtseins, der für den Adepten erfahrbar wird, wenn er jegliches egozentrische Verlangen und Ablehnen überwunden hat. Diese beiden Begriffe sind nur verschiedene Namen für das gleiche Nicht-Ding. Zwei Menschen, die zum erstenmal in ihrem Leben nach Tibet reisen, werden sich wahrscheinlich sehr unterschiedliche Vorstellungen davon machen, bis sie schließlich hinkommen und es selbst sehen. Erst dann ist es für beide derselbe Ort. Der Geist und seine latenten Energien, einschließlich der des Mitgefühls, sind keine räumlichen Einheiten mit Eingang und Ausgang, einem Anfang und einem Ende. In diesem Zusammenhang von innen und außen, von innerlich und äußerlich, Eigener Kraft und Anderer Kraft zu sprechen heißt, bedeutungslose Unterscheidungen zu treffen. Der Geist ist überall, innen und außen, und es gibt dabei keinen Unterschied.

Ob die Sache so gesehen Logiker befriedigen wird, weiß ich nicht; aber es ist interessant zu bemerken, daß Dr. Daisetzu T. Suzuki, der einen großen Teil seines Lebens damit verbracht hat, *Zen* dem Westen nahezubringen (einen Weg der Eigenen Kraft *par excellence*), vor seinem Tod ein letztes Buch mit dem Titel *Shin Buddhism** schrieb. *Shin* ist der Name für den japanischen Weg des Reinen Landes. In östlichen Ländern hat es nie einen Zweifel gegeben, daß die verschiedenen Methoden der Eigenen Kraft und der Anderen Kraft in ihrem Ergebnis identisch sind, obwohl sie in recht unterschiedlichen Formulierungen dargestellt sind.

Übernatürliche Wesen

Was in diesem Abschnitt steht, sei nur beiläufig gesagt – um Mißverständnissen vorzubeugen. Die Existenz von übernatürlichen Wesen wie von Göttern und Dämonen hat keine unmittelbare Bedeutung für den yogischen Prozeß, außer daß Dämonen (mit anderen Worten: negative psychologische Faktoren) den meisten Meditierenden Schwierigkeiten machen.

Man sollte Götter und Göttinnen nicht mit der besonderen Kategorie Himmlischer Buddhas und Bodhisattvas verwechseln, die oben beschrieben sind.

* Deutsch: *Die Kraft des inneren Glaubens*, O. W. Barth Verlag, Neuausgabe 1979.

Wie der Buddha selbst akzeptieren die Buddhisten die Existenz übernatürlicher Wesen, aber sie verlassen sich bei der Kultivierung des Weges nicht auf sie. Wohin sich der Buddhismus in Asien auch ausgebreitet hat, unternahm er nie den Versuch, die einheimischen Religionen zu unterdrücken. Er verleibte sich vielmehr die lokalen Glaubensvorstellungen zusammen mit der bestehenden Ikonographie ein und verwandelte in vielen Fällen diese Vorstellungen in psychologische Hilfsmittel, die für das Kultivieren des Weges dienlich waren. Götter und Dämonen, die man in das eigene System aufnahm (und die nicht selten *bekehrt*[!] wurden, um dann als Schützer der Lehre zu fungieren), werden wie Tiere und Pflanzen als Teil der natürlichen Ordnung gesehen. Sie sind wie diese den unveränderlichen Gesetzen der Natur unterworfen – dem Kreislauf von Geburt, Wachstum, Verfall und Tod –, und zwar innerhalb von Zeiträumen, die der jeweiligen Art entsprechen. Bis zu welchem Grade sie als tatsächliche Wesen betrachtet werden, wie sie auf Bildern und in Plastiken dargestellt sind, oder eher als förderliche oder schädliche psychologische Einflüsse aufgefaßt werden, ist von Mensch zu Mensch verschieden. Kaum jemals wird ein Anhänger des Weges einem von ihnen jedoch große Wichtigkeit zusprechen, es sei denn hinsichtlich ihrer Funktion als Schützer der Lehre (Götter) oder als Urheber von Behinderungen der Meditation (Dämonen).

Besonders in Tibet, wo die ikonographische Vielfalt von Göttern und Dämonen gewaltig war, wurden diese Wesen – oder ihre Entsprechungen – psychologisch nutzbar gemacht. Man lehrte die Meditierenden, den ganzen Pantheon von Göttern und Dämonen und sogar von Himmlischen Buddhas und Bodhisattvas als Emanationen ihres eigenen Geistes oder als Verkörperungen positiver und negativer psychischer Faktoren zu erkennen. In China herrschte von jeher die Einstellung, übernatürliche Wesen – anders als die Buddhas und Bodhisattvas – mit Vorsicht zu behandeln, ihnen mit größter Höflichkeit zu begegnen, wenn man gezwungen war, mit ihnen umzugehen, aber wenn irgend möglich sich in respektvoller Entfernung von ihnen zu halten. Eine Ausnahme sind die wandernden Geister, die Geister toter Menschen, die aus irgendeinem Grund für eine gewisse Zeit an die Erde gebunden bleiben. In chinesischen buddhistischen Klöstern begannen die Mönche niemals mit einer Mahlzeit, bevor sie nicht Reis für diese unglücklichen Wesen geopfert hatten. Bei Ritualen für die Verstorbenen war es zudem üblich, daß die wandernden Geister auf Kosten der Hinterbliebenen zeremoniell bewirtet wurden, da man dies als Möglichkeit ansah, Verdienste zugunsten des Verstorbenen zu erwerben. Ich bewunderte diese mitleidsvolle Haltung immer von Herzen; wenn die wandernden Geister wirklich da waren, mußten sie zutiefst dankbar sein für solch freundliche Beachtung, wenn sie nicht da waren, wurde kein Schaden angerichtet, sondern vielmehr sehr viel Gutes erreicht, indem menschliche Wesen an die Notwendigkeit erinnert wurden, das Mitgefühl auf alle Kreaturen auszudehnen, sichtbare und unsichtbare. Nach der Tradition des *Mahayana*-Buddhismus ist das Universum mit sechs Hauptordnungen von Wesen bevölkert, mit Göttern, Titanen (eifersüchtigen Göttern), Menschen, Tieren, *Pretas* (hungrigen Geistern) und Bewohnern der Hölle (Dämonen und ihren Opfern, wobei letztere sich nur vorübergehend in diesem Zustand befinden, der von einer glücklicheren Wiedergeburt abgelöst wird, sobald ihr negatives *Karma* getilgt ist).

Innere Haltung

Ein sehr wichtiger unterstützender Faktor in der yogischen Praxis ist das Aufrechterhalten einer angemessenen geistigen Haltung in jedem Augenblick. Buddhistische Adepten, die im allgemeinen selbst ganz glücklich sind, da sie mit einfachen Dingen zufrieden sein können und bei dem Gedanken an den

Pfad der Befreiung, der vor ihnen liegt, fröhlich sind, müssen lernen, sehr besorgt um das Heer der fühlenden Wesen zu sein, die blindlings von Geburt zu Geburt wandern und Dinge tun, die zu gewaltigen Anhäufungen von *Karma* führen. Das Streben nach befreiender Weisheit muß immer vom Kultivieren unbegrenzten Mitgefühls für alle, die es brauchen, seien es Menschen, Tiere oder Geister, begleitet sein. Ein wichtiges Ziel für alle Adepten ist das Erzeugen von *Bodhicitta* (erleuchteter Geist oder erleuchtetes Herz). Dies verlangt, daß man es unterläßt, andere auf irgendeine Weise absichtlich zu verletzen. Das schließt selbstverständlich Mord und Diebstahl ein, aber auch Gefühle und Worte der Wut, des Hasses, der Mißgunst, der Gehässigkeit und so weiter. Unfreundliches Getratsche und verletzende Worte muß man ebenso vermeiden wie Lügen und jede Art von Unaufrichtigkeit. Ganz zu schweigen davon, daß ein hingebungsvoller Adept nicht daran denken würde, irgendeiner fühlenden Kreatur bis hinab zum kleinsten Insekt (einschließlich Moskitos) oder dem abstoßendsten Reptil das Leben zu nehmen. Ich kenne eine kleine Einsiedelei in Indien, die von tibetischen Nonnen, die dort gelebt hatten, verlassen wurde, weil ihnen im Winter, wenn sie eingeschneit waren, die Ratten den größten Teil ihrer spärlichen Kornvorräte aufzufressen pflegten. Sie wären nie auf den Gedanken gekommen, daß es eine bequemere Lösung gewesen wäre, die Ratten umzubringen. Vielmehr wären sie entsetzt gewesen, wenn ihnen das jemand vorgeschlagen hätte.

Das Vermeiden absichtlichen Verletzens anderer ist nur der negative Aspekt des ethischen Verhaltens, das für Anhänger des Weges unerläßlich ist. Der positive Aspekt verlangt, daß man anderen so viel Freundlichkeit, Annehmlichkeit, Hilfe und Unterstützung zukommen läßt, wie man nur kann. Die Befreiung ist das Ergebnis des Abbaues von Egozentrik, bis nicht eine Spur mehr davon übrig ist; das wichtigste Gegengift gegen die Egozentrik ist das Mitgefühl.

Die gesamte buddhistische Moral kann in zwei Sprüchen zusammengefaßt werden. Der erste ist: »Behandle jedes Wesen ohne Ausnahme so, als wäre es in einem früheren Leben deine Mutter gewesen!« Dieses Gebot ist in Anbetracht der Äonen von Leben, die wir bereits gelebt haben, keineswegs übertrieben oder phantastisch. Der zweite ist scheinbar gleicher Art, geht aber noch tiefer, da er auf vielen Ebenen auf das Wesen der Wirklichkeit hinweist. Er lautet: »Sieh alle Wesen als Buddhas! Höre alle Klänge als *Mantras!* Betrachte alle Orte als *Nirvana!*« Dies war wörtlich die erste Belehrung, die ich erhielt, als ich mich einst auf den Weg begab.

»Sieh alle Lebewesen als Buddhas!« Potentiell *sind* alle Lebewesen Buddhas, da gelehrt wird, daß jedes einzelne von ihnen irgendwann die Erleuchtung erlangen wird. In einem anderen Sinn sind alle Lebewesen bereits Buddhas, da alle gleicherweise am Buddha-Wesen teilhaben – ein anderer Begriff für das grundlegende »Nicht-Zwei« der Wirklichkeit, das unser aller Wahres-Wesen ist. Während es dem Menschen unmöglich ist, das Gebot »Liebe deinen Nächsten wie dich selbst« zu erfüllen, da uns manche Menschen und Tiere vom ersten Augenblick an anziehen, wohingegen andere uns zutiefst abstoßen (bis wir weit auf dem Weg fortgeschritten sind), ist es durchaus möglich, selbst die abstoßendsten Wesen mit Mitgefühl zu behandeln – wenn man fähig und bereit dazu ist, ihnen Sympathie entgegenzubringen. Es ist offensichtlich, daß alle wie immer gearteten Eigenschaften, die eine Person vollkommen unliebenswürdig machen, ein Leiden sind, das nicht weniger Mitleid verdient als Blindheit oder eine unheilbare Krankheit. Für niemanden ist es erfreulich, rundum abgelehnt zu werden; wenn man dies erkennt, wird es leicht, mit solch einer Person auszukommen, freundlich zu sein und keine Abneigung gegen sie zu empfinden. Es ist noch leichter, wenn wir in aller Aufrichtigkeit bedenken, daß wir in Wirklichkeit vor jemandem stehen, der dazu bestimmt ist, ein Erleuchteter zu werden, ein Buddha. Achtung und Freundlichkeit selbst dort zu zeigen, wo wir wenigstens vorerst noch nicht die leiseste Neigung zu Liebe empfinden, ist zudem eine sehr lohnende Haltung, denn sie ist dazu geeignet, Freunde zu gewinnen, und sie befähigt uns dazu, es zu vermeiden, uns Feinde zu machen. Dieser erste Teil des dreifachen Gebots ist also am leichtesten unmittelbar in die Praxis umzusetzen.

»Höre alle Klänge als *Mantras*!« Das ist hingegen außerordentlich schwer zu praktizieren in diesem Zeitalter der plärrenden Transistorradios, der Preßlufthämmer, Riesenlastwagen, Kräne, Gabelstapler und anderer Quellen ohrenbetäubenden Lärms überall. »Das gesellige Gebrüll des zwischen den Felsen lebenden Tigers«, um ein taoistisches Gedicht zu zitieren, das im ersten Teil dieses Buches erwähnt wird, würde geradezu süß klingen, verglichen mit der scheußlichen Kakophonie einer modernen Großstadt. Dennoch gibt es Möglichkeiten, mit diesem Problem fertigzuwerden, obwohl es von denen, die dieses Gebot vor vielen Jahrhunderten aufstellten, schwerlich vorauszusehen war; selbst die von Menschen erzeugten Geräusche waren damals denen der Natur noch sehr nahe – wie das Quietschen hölzerner Räder oder das Klirren des Pferdegeschirrs. Meine chinesischen und tibetischen Lehrer, die kaum den Lärm von Maschinen kannten, außer dem gelegentlichen Dröhnen und Rumpeln eines Überlandbusses oder geländegängigen Lastwagens, hatten keine Schwierigkeiten, den alten Glauben aufrechtzuerhalten, daß sämtliche Klänge im Universum ein mantrischer Laut seien – ein Begriff, der vielleicht der »Sphärenmusik« entspricht. Zweifellos hatten sie recht, und zweifellos beruht dieser Glaube auch heute noch auf Wahrheit, denn die meisten hörbaren unnatürlichen Klänge sind von Menschen gemacht – und was ist der Mensch oder was sind die Geräte, die er benützt, anderes als Produkte der Natur?

Wollen wir uns diese Haltung zu eigen machen, müssen wir zuerst einmal die Feststellung akzeptieren, daß Verlangen und

Ablehnung unserem eigenen Bewußtsein entspringen, da Schönheit und Mißklang nicht realen Dingen angehören, sondern sich aus unserer eigenen verblendeten Wahrnehmung von »Dem-was-ist« ergeben. Wir selbst sind es, die solche irrigen Behauptungen aufstellen, wie »dieser Klang ist schön und jener ist häßlich«. Weder Häßlichkeit noch Schönheit haben mit dem Wesen von »Dem-was-ist« (*Chên-Ju*) etwas zu tun. Wenn wir dies wissen, können wir lernen, einen mißtönend erscheinenden Lärm in melodiöse Klänge zu verwandeln. Durch einen Willensakt, der uns in den Bereich der Selbsttäuschung zu führen scheint, der in Wirklichkeit jedoch der Wahrnehmung des eigentlichen Wesens der Wirklichkeit entspringt, können wir das Rattern von Maschinen als die rhythmischen Schläge einer Zeremonial-Trommel hören oder das Dröhnen des Verkehrs als das Brausen des Windes in Höhlen hoch in den Bergen oder auch als das Tosen von Meereswellen, die sich an einer Felsküste brechen. Das ist keine Selbsttäuschung, sondern ein Zeichen für unsere Erfolge im Kampf gegen das Treffen falscher Unterscheidungen. Nichts liegt außerhalb des Weges, und was ist das gräßliche Getöse einer Großstadt wie London, Tokyo oder Los Angeles im Vergleich zur Musik und Stille der Sphären? Jeder Adept muß auf seine eigene Weise durch seine eigene Vorstellungskraft Mißklang in Schönheit verwandeln. Daß das möglich ist, weiß ich aus eigener Erfahrung; vor vielen Jahren lernte ich das Knattern und Kreischen von Traktoren, die unablässig im kleinsten Gang um ein Stück Rasen vor dem Fenster meines Meditationsraums herumgefahren wurden, in das Rattern der Lama-Trommeln und das Donnern zweier Flüsse, die am Fuße des Berges Tashiding in Sikkim zusammenfließen, zu verwandeln. Natürlich bedarf es dazu einer gewissen Anstrengung, aber es ist wahrhaft der Mühe wert.

»Betrachte alle Orte als *Nirvana*!« Das ist ganz und gar logisch, da es absolut keinen Ort gibt, der nicht eine Manifestation jener erhabenen Wirklichkeit ist, die mit dem Heraufdämmern der Erleuchtung in ihrer ganzen Fülle wahrgenommen wird. Was wir für erstrebenswerte Schönheit oder für abstoßende Häßlichkeit halten, kommt aus uns selbst; es sind die Früchte falscher Wahrnehmung, die dualistischem Denken entspringen. Nicht der kleinste Winkel im Universum unterscheidet sich seinem Wesen nach von der erhabenen Wirklichkeit des *Chên-Ju*, des *Tao*! Mit der Häßlichkeit visueller Eindrücke umzugehen, ist einfach im Vergleich damit, sich über den Mißklang zu erheben, der unser Ohr beleidigt, denn die illusorische Natur der visuellen Häßlichkeit ist offensichtlicher. Wie ich in mehr als einem meiner früheren Bücher berichtete, war ich einmal ganz überwältigt von der Schönheit dessen, was ich für ein Meer von roten Blüten hielt, bis ich nahe genug herangekommen war, um zu erkennen, daß ich die Illusion ein paar Bäumen hinter einem Wellblechzaun, der mit roter Mennige gestrichen war, verdankte. So lange ich den Anblick für schön hielt, war er überwältigend schön. Was sich veränderte, war nicht der Anblick selbst, sondern meine Vorstellung von ihm. In der Tat sind alle Orte *Nirvana*; daß es sich nirgendwo anders als im Hier und Jetzt befindet, wird für die erleuchtete Wahrnehmung offensichtlich. Nicht eine Veränderung der Umstände, sondern eine Veränderung des Geistes ist notwendig.

Die Einstellung des yogischen Adepten zu seiner Umgebung muß von höchster Achtung für »Das-was-ist« getragen sein. Verlangen und Ablehnung können nicht an einem Tag vernichtet werden – vielleicht nicht einmal in einem Leben –, aber sie müssen unerbittlich gebändigt werden, bis sie aufhören, ein ernsthaftes Hindernis auf dem Weg zu sein. Wenn jemand schon von Beginn des Pfades an seinen Geist darauf richtet, Weisheit und Mitleid zu entwickeln – das erstere durch Lesen, Hören, Beobachten und Meditieren, das zweite durch die Betrachtung, daß seine eigene Sehnsucht nach Glück und Wohlergehen von allen fühlenden Wesen geteilt wird –, wird er wahrscheinlich rasche Fortschritte machen. Aber auch dann muß er sich hüten, mehr als nur einer bescheidenen Befriedigung über die erreichten Resultate Raum zu geben. Spiritueller Stolz und die Erregung, die von spürbarem Fortschritt verursacht wird, blähen das Ego auf und lassen den Adepten in die niederen Bereiche des Lebens zurückfallen. Wer sich selbst als erleuchtet bezeichnet, ist mit Sicherheit entweder ein Scharlatan oder unterliegt einer furchtbaren Täuschung; denn je näher ein Weiser der Befreiung rückt, desto bescheidener wird er. Echte Weise würden kommen und gehen, ohne von der Welt bemerkt zu werden, wenn sie nicht, vom Mitgefühl für die fühlenden Wesen gedrängt, jenen entgegenkämen, die nach ihrer Führung verlangen und ihrer wirklich bedürfen.

II. PRAXIS

14. Lebensweise und Vorbereitung

Rechte Lebensführung

Yogische Adepten waren traditionellerweise entweder Mönche oder Nonnen oder in Höhlen lebende Einsiedler, abgeschnitten von weltlichen Banden und deshalb in der Lage, sich Tag und Nacht auf ihre spirituelle Entwicklung zu konzentrieren. Dennoch gab es immer auch eine ganze Reihe von Laien, die mit Erfolg das Leben eines normalen Hausvaters, einschließlich familiärer Verpflichtungen, mit den Erfordernissen der yogischen Praxis und ernsthafter Hingabe an diese Aufgabe verbanden. Diese letztere Form ist die für den Westen wahrscheinlich angemessenste. Von der Bürde befreit zu sein, den Lebensunterhalt verdienen und für Eltern, Gattin oder Kinder sorgen zu müssen, ist zweifellos ein großer Segen, aber heutzutage machen die Umstände dies für die meisten Menschen zu einem unerreichbaren Ideal. Außerdem kann das Gefühl der Einsamkeit, das den in striktem Zölibat lebenden Einsiedler bedroht, zu Frustration und Verirrungen führen, die weit schädlicher für den Fortschritt auf dem Weg sind als die Sorgen und Verpflichtungen, die man als Liebes- oder Ehepartner und als Vater oder Mutter vielleicht mehrerer Kinder hat. Der einzige Umstand dieser Art, der mit yogischem Fortschritt unvereinbar ist, ist eine falsche Lebensweise. Jeder Beruf, jede Aktivität, die bewußtes Verletzen anderer fühlender Wesen beinhalten, müssen völlig ausgeschlossen werden. Daß ein Metzger, ein Fischer, ein Jäger oder ein Räuber nicht qualifiziert sind, sich auf den yogischen Pfad zu begeben, muß nicht betont werden; außerdem ist die rechte Lebensweise nicht leicht mit dem Beruf des Soldaten (der auf Befehl töten muß) oder mit irgendeiner Form von Geschäften zu vereinbaren, die mit brutalen Geschäftspraktiken oder dem Erwerb unlauteren Profits auf Kosten anderer Menschen verbunden sind. Es ist wirklich nicht schwierig, die Grenzlinie zu ziehen, da jedermann sich mit Sicherheit dessen bewußt ist, ob seine Art, Geld zu verdienen, anderen fühlenden Wesen schadet oder nicht. Lehrberufe sowie ärztliche und krankenpflegerische Berufe sind allem Anschein nach hervorragend geeignet. Sie sind jedoch nicht verdienstvoll, wenn die Arbeit in nachlässiger Weise oder hauptsächlich mit einem Schielen nach Verdienstmöglichkeiten und Annehmlichkeiten und weniger mit dem Interesse für das Wohlergehen und Glück derjenigen, denen man dient, getan wird. Ein Lehrer sollte seine Schüler nicht dadurch betrügen, daß er weniger als sein Bestes gibt und so weiter. Dies sind keine dogmatischen Regeln, sondern Forderungen, die sich ganz selbstverständlich aus dem Wesen der yogischen Bestrebungen ergeben.

Ernährung

Viele Buddhisten, besonders Mönche und Nonnen, befolgen strikt bestimmte Ernährungsregeln, doch variieren diese je nach Klima und kultureller Umgebung. Chinesische Mönche sind strenge Vegetarier. Tibetische und mongolische Lamas, die in Gegenden leben, in denen wenig wächst, sind es nicht, obwohl sie niemals absichtlich töten oder veranlassen, daß Tiere nur für sie getötet werden. In Südost-Asien machen sich die Mönche zur Zeit der Morgendämmerung auf den Weg, um von den Gläubigen Gaben an Lebensmitteln entgegenzunehmen, von denen keine zurückgewiesen wird, sei sie vegetarisch oder nicht. Andere buddhistische Länder haben andere Bräuche. Es gibt keine festgelegten Regeln, die von allen befolgt werden, und so können sich westliche Buddhisten an einer ganzen Reihe von Beispielen orientieren. Es geht in erster Linie darum, daß man nicht an der absichtlichen Zerstörung von Leben beteiligt ist; als nächstes kommt die Notwendigkeit der Genügsamkeit, da Übermaß und Gier den meditativen Fortschritt beeinträchtigen. Jegliche Selbstverwöhnung ist schädlich, aber ebenso schädlich ist andererseits übertriebene Askese. Das Beste ist, dem mittleren Weg zwischen Selbstverwöhnung und unnötiger Selbstkasteiung zu folgen.

Sexualität

Wenn man nicht monastische Gelübde abgelegt oder mit jenen hohen Yogas begonnen hat, die jedes Atom der eigenen Energie erfordern, gibt es keine Notwendigkeit für ein Leben im Zölibat, vor allem, da strenge Abstinenz zu unterdrückten Wünschen und qualvollen Phantasien führen kann, welche die geistige Gesundheit ernstlich untergraben können. Allerdings verlangt die yogische Praxis, daß Exzesse aller Art vermieden werden. Da geistige und körperliche Energien eng miteinander verbunden sind, sollten die letzteren nicht zum Schaden der ersteren verausgabt werden. Buddhistische Laien haben die Freiheit zum sexuellen Verkehr, vorausgesetzt, daß er nicht exzessiv praktiziert wird und daß nicht die »falsche Person« davon betroffen ist. Die »falsche Person« ist jemand, dem dadurch Leiden entstehen würde, oder jemand, dessen Teilnahme einem Dritten Schmerz zufügen würde – wie etwa einem betrogenen Ehepartner oder, im Falle eines sehr jungen Mädchens, den Eltern, die dadurch Kummer hätten.

Rauschmittel

Alle Buddhisten teilen die Meinung, daß die Einnahme von Rauschmitteln, einschließlich Alkohol, eine Übertretung der Fünf Gebote darstellt (nicht töten, nicht stehlen, Sex nicht in unpassender Weise praktizieren, nicht lügen und nicht »trägemachende oder berauschende« Substanzen zu sich nehmen), die ernsthafte Anhänger des Weges zu ihrem eigenen Nutzen einhalten sollten, obwohl ihnen das niemand befiehlt. In der Praxis interpretieren jedoch viele Laien das fünfte Gebot ziemlich großzügig, indem sie es so auffassen, daß eine begrenzte Menge Alkohol akzeptabel ist, wenn der Trinkende rechtzeitig vor der Trunkenheit aufhört, da auf diese Weise das Gebot seinem Geist nach, wenn auch nicht buchstäblich erfüllt wird. Auf jeden Fall sollte jemand, der die yogische Praxis ernst nimmt, sehr mäßig trinken, wenn überhaupt. Was andere Drogen betrifft, wie etwa Haschisch, Opium, Heroin, Kokain oder LSD, so betrachten chinesische und tibetische Meister ohne Ausnahme ihren Gebrauch als schädlich für die yogische Praxis und befürworten nachdrücklich, sie zu meiden.

Wohnen

Moderne Menschen haben, wenn sie nicht ziemlich reich sind, selten die Freiheit, die Umgebung zu wählen, in der sie leben und arbeiten. Eine schöne natürliche Umwelt, entfernt vom Getriebe der Städte, wäre natürlich ideal für die Pflege des Weges. Doch Menschen, die durch Armut, familiäre Verpflichtungen und die Art ihres Berufs gehindert werden, sich solch eine Umgebung zu wählen, müssen lernen, ihre Praxis den Umständen anzupassen, wobei sie jedoch darauf achten sollten, nichts zu opfern, was für ihr yogisches Ziel grundlegend wichtig ist. Stadtbewohner können bis zu einem gewissen Grade einen

Kompromiß machen, indem sie ihre Wochenenden und Urlaube an Orten verbringen, die für friedliche Einswerdung mit der Natur und das Entwickeln innerer Stille geeignet sind.

Manche Leute, vor allem junge Menschen, fühlen sich vielleicht gedrängt, sich einer jener Gemeinschaften mit Angehörigen beider Geschlechter samt Kindern anzuschließen, die heutzutage in vielen Teilen Nord-Amerikas und Europas im Entstehen sind, wie etwa das Tassajara-Zen-Zentrum in Kalifornien. Hervorragende, selbst-angebaute Nahrung, angemessene Wohnung und gute Unterweisung werden dort als Gegenleistung für die eingebrachte Arbeit geboten – Arbeit auf den Feldern und an den Gemeinschaftsgebäuden oder irgendwelche Dienstleistungen –, und das Tagesprogramm ist so gestaltet, daß Zeit für Meditation und Studium bleibt. Unter Umständen wie diesen bekommt die Arbeit selbst yogische Qualität. Dennoch sollte man vorsichtig sein. Es ist ratsam, sich über eine Gemeinschaft erst einmal sehr gut zu informieren, bevor man sich entschließt, mitzumachen. Wenn das möglich ist, sollte man erst eine Weile probeweise dort bleiben, um sich zu vergewissern, daß sie den eigenen Notwendigkeiten entspricht. Es sollte grundsätzlich nicht nötig sein, eine unwiderrufliche Verpflichtung einzugehen. Eine Gemeinschaft, die die Auslieferung von persönlichem Hab und Gut fordert oder die eine Verpflichtung für einen weit in die Zukunft reichenden Zeitraum verlangt, sollte man meiden. Wer weiß, was für Unvereinbarkeiten sich herausstellen mögen. Und es sollte keinerlei moralische, physische oder finanzielle Einschränkung geben, wenn man gehen möchte.

Ich besuchte etliche Gemeinschaften in den USA und Kanada, zu denen ich, wäre ich jünger, gerne gehören würde. Die Mitglieder sind allesamt sichtbar von einem Geist des Dienens und von Begeisterung für Arbeit, Studium und Meditation beseelt und sehen außerdem gesund und zufrieden aus. An solchen Orten gibt es keine Atmosphäre falscher Jenseitigkeit, kein Heiligkeitsgetue, keine bedrückende Gefühlsduselei – sondern einfach ruhiges und heiteres Arbeiten und Meditieren, das mich an die Einsiedeleien erinnerte, die ich einst in den heiligen Bergen Chinas besuchte.

Man kann natürlich auch sehr gut allein praktizieren. Wenn man es richtig anfaßt, kann man zumindest die anfänglichen Stufen des Pfades allein beschreiten, selbst wenn die Lebensumstände beklagenswert sind, wie etwa im Gefängnis oder in einem Elendsquartier, wenn auch solche Umstände die Praxis schwieriger machen. Es hängt so viel von der inneren Einstellung ab, daß die Umgebung nur von zweitrangiger Bedeutung ist. Das heißt jedoch nicht, daß sie unwichtig sei. Der Eine Geist, die Große Leere, das Buddha-Wesen, das *Tao* – wie immer man es nennen mag – ist der Grund und die Essenz unseres Seins. Kein Mensch und kein Ort sind je davon getrennt.

Eine Zusammenfassung der yogischen Ziele

Es ist wohl kaum anzunehmen, daß jeder, der von diesem Buch Gebrauch macht, darauf aus ist, den Weg in seinem ganzen Ausmaß zu erforschen. Doch für diejenigen, die hoffen, recht weit zu kommen, mag eine kurze Zusammenfassung der Ziele dieses Weges nützlich sein. Ein hingebungsvoller Adept trachtet danach: 1. zu lernen, wie er übermäßiges Verlangen und Abneigung beseitigen kann; 2. alle negativen Eigenschaften wie Leidenschaften und Verblendung umzuwandeln (nicht zu *unterdrücken*); 3. den Fluß der intuitiven Weisheit anzuregen; 4. die Heiligkeit der gesamten kosmischen Umwelt bis hinab zum kleinsten Grashalm zu erkennen; 5. den Dämon des Ego zu bannen und Mitgefühl zu entwickeln; und 6. einige Schritte auf jene volle Selbstverwirklichung zuzugehen, die zur Befreiung und Erleuchtung führt.

Diese Aufgabe schließt von Anfang an mit ein: 1. Bewußtheit und Achtsamkeit gegenüber den Aktivitäten von Körper, Rede und Geist; 2. die Pflege innerer Stille und eines Gefühls der Einheit mit der Umwelt; und 3. den fortlaufenden Abbau egozentrischer Handlungen und Wünsche, verbunden mit häufiger Meditation, um das Mitgefühl wachsen zu lassen – all dies begleitet von der beharrlichen Praxis der Mäßigkeit, Einfachheit sowie Freundlichkeit und Achtung gegenüber allem, was ist. Diese Maßnahmen werden in wachsendem Maße dazu führen, daß man die innere Stille erlangt. Diese innere Stille führt wiederum zu gelassener Freude, Freiheit von Beklemmungen, Furchtlosigkeit und gelegentlichen Momenten echter Glückseligkeit. Gleichzeitig wird sich der Adept immer fröhlicher in ein Leben im Hier und Jetzt fügen können und auf diese Weise wenigstens ein kleines Stück zu der Erkenntnis vorrücken, daß das *Nirvana* nicht ein weit entfernter Zustand ist, sondern ihn ständig umgibt – etwas, das jederzeit für den Menschen sichtbar ist, der die Augen hat zu sehen, was hinter der Welt der bloßen Erscheinungen liegt. Dies sind die Anfangsstufen des Pfades, der zum Geben und Empfangen von Glück in diesem Leben führt.

15. Das Bodhi-Mandala und grundlegende Techniken

In diesem Kapitel sind die Erfordernisse für einige der einfachen Formen der buddhistischen yogischen Praxis dargestellt. Sie sind in ihrer traditionellen Form belassen und umfassen auch Übungen, die manchem nicht zusagen mögen, der mit Yoga experimentieren will, ohne die Lehre des Erleuchteten wirklich anzunehmen. Vielleicht will es zum Beispiel ein Nicht-Buddhist mit dem Heilen im buddhistischen Stil im Rahmen seiner eigenen Religion (oder ohne jeden Glauben) versuchen. Dann mag ihm das, was in den folgenden beiden Abschnitten gesagt wird, als irrelevant erscheinen. Nun kann die Heilmethode, die ich hier vorstelle, meines Wissens uneingeschränkt anderen Voraussetzungen angepaßt werden; da ich jedoch seit meiner Kindheit Buddhist bin, habe ich nicht die Gelegenheit gehabt, sie in diesem Sinne zu erproben, und kann deshalb nicht sagen, wie wirkungsvoll die Ergebnisse dann sein mögen. Meine eigene Erfahrung hat mich zu der Überzeugung gebracht, daß der Erfolg um so größer ist, je mehr man sich an die alten und bewährten Praktiken hält; doch ich akzeptiere auch die Möglichkeit einer fruchtbaren Adaptation.

Das Bodhi-Mandala (Hausaltar)

Reinheit

Entsprechend der chinesischen Tradition sollte sich der yogische Adept bemühen, sowohl die rituelle Reinheit wie auch die Reinheit von Körper, Rede und Geist aufrechtzuerhalten und dies auch auf den Hausaltar auszudehnen. Die Reinheit von Körper, Rede und Geist beinhaltet innere und äußere Sauberkeit, vor allem in der Zeit zwischen dem Aufstehen vor der Morgendämmerung und der Meditation vor dem Altar, die normalerweise die wichtigste meditative Übung des Tages sein sollte, da Buddhisten wie Taoisten die frühen Morgenstunden vorziehen, wenn das kosmische *Ch'i* am freiesten zirkuliert. Beim Erwachen sollte der erste klare Gedanke die Form einer starken Verpflichtung für das Wohlergehen und Glück aller fühlenden Wesen annehmen; dem folgt die Erneuerung des Bodhisattva-Gelübdes, sich äonenlang um ihr Wohl zu bemühen, was es auch immer kosten möge. Man steht schnell auf, entleert den Darm, nimmt ein Bad und reinigt den Mund. Während dieser Aktivitäten sollte der Geist von störenden Gefühlen freigehalten und jede Art von geistiger Häßlichkeit vermieden werden, um statt dessen einem Gemütszustand innerer Stille und gelassener Freude Raum zu geben – ein Gemütszustand, der möglichst auch zu jeder anderen Tages- und Nachtzeit aufrechterhalten werden sollte. Die Reinheit des *Bodhi-Mandala* verlangt, daß es fleckenlos sauber gehalten wird und daß man nie davor tritt, ohne zuvor alle störenden Gedanken, Leidenschaften, Aggressionen und alle anderen negativen Gefühle vertrieben zu haben. Auf diese Weise wird die Atmosphäre um den Altar herum nach und nach mit einer strahlenden und fast greifbaren Stille aufgeladen, die frei ist von unreinen Gedanken.

Zeit

Solange die Regel der Reinheit eingehalten wird, kann man sich zu jeder Tages- oder Nachtzeit vor den Altar setzen – je mehr Zeit man dort verbringt, desto besser ist es; man sollte dies jedoch nur dann tun, wenn man ihn reinigen oder dort meditieren will.

Ort

Im Idealfall sollte das *Bodhi-Mandala* ein kleiner Raum im obersten Stockwerk eines Hauses oder einer Wohnung sein. Wenn das nicht möglich ist, genügt auch eine stille Ecke in irgendeinem Zimmer, aber alle, die zu nicht-yogischen Zwekken von diesem Raum Gebrauch machen, sollten davon abgehalten werden, diese bestimmte Ecke zu betreten, die jederzeit sauber, aufgeräumt und frei von allen Störungen gehalten werden sollte. Wenn kein Platz für einen kleinen Tisch da ist, um eine Buddhafigur und andere Dinge daraufzustellen, genügt auch ein Regalbrett etwa anderthalb Meter über dem Boden. Ist ein kleiner Tisch oder ein Schränkchen als Stellplatz für eine Buddhastatue vorhanden, sollte man diese auf ein stufenartiges Podest stellen, so daß sich die Figur mindestens in Brusthöhe eines aufrecht stehenden Menschen befindet. Dies gilt auch für Bilder oder Rollbilder an der Wand hinter – oder statt – der Figur. Sakrale Dinge niedriger oder, noch schlechter, auf dem Boden zu plazieren, ist für traditionell gesinnte Buddhisten eine zuhöchst ungehörige Form der Mißachtung. Im buddhistischen Thailand ist solch eine Mißachtung sogar gesetzlich verboten und kann bestraft werden. Auf den ersten Blick mag dies ein extremer Standpunkt sein, aber Kultobjekte sind Symbole hohen spirituellen Strebens; ihr Zweck besteht darin, im Herzen des Adepten die Ehrfurcht und Achtung zu wecken, ohne die yogische Praxis schwerlich erfolgreich sein kann.

Anordnung

Einfachheit sollte den Grundton bilden. Die Details des *Bodhi-Mandala* sollten sparsam und schön sein, was nicht heißt, daß sie teuer sein müssen. Kostbare Dinge zu einem Preis zu erwerben, der im Verhältnis zu den eigenen Mitteln extravagant ist, wäre ein Hohn gegenüber der Forderung nach Mäßigkeit. In der Mitte des Tisches, der Truhe oder des Bordes sollte eine Abbildung des Buddha und/oder des Himmlischen Bodhisattva stehen, auf den die regelmäßige Yoga-Praxis ausgerichtet ist, wie etwa Kuan Yin. Davor sollte genügend Platz für Blumen, ein Gefäß für Räucherstäbchen, Kerzen und so weiter sein (siehe unten: *Symbolische Opfergaben*). Das Meditationskissen sollte so auf dem Boden plaziert sein, daß der Meditierende in einigem Abstand von der Figur (oder dem Bild) sitzt, die sich für ihn über Augenhöhe befindet. Wenn das *Bodhi-Mandala* von zwei oder mehr Personen zugleich benützt wird, sollten die Sitzkissen so liegen, daß den Bedürfnissen jedes Teilnehmenden entsprochen ist.

Symbolische Opfergaben

Die symbolischen Opfergaben sind in Anbetracht des geistigen Zustands, den sie bewirken, ebenfalls sehr wichtig. Sie können aus einem einzigen Glas mit frischem Wasser oder aus zwei kleinen Vasen mit Blumen bestehen oder noch umfangreicher sein; die Gesamtwirkung sollte die sein, daß sie Gefühle der Ehrfurcht, der Verehrung und des Glücks erzeugt. Räucherstäbchen und Kerzen (zwei Kerzen oder zwei tibetische Butterlampen, die man der Einfachheit halber mit flüssigem Pflanzenöl füllen kann) unterstützen im allgemeinen diese Wirkung. Ein Set von fünf Opfergaben, *Wu Kung* genannt, das fast überall in China üblich war, besteht aus einem Weihrauchgefäß, das fest mit Asche gestopft ist, um Räucherstäbchen hineinzustecken, daneben ein Paar Kerzen, die ihrerseits wiederum von zwei Vasen mit frischen Blumen flankiert sind; und je nach Gelegenheit werden eine oder mehrere Schalen mit frischen, ungeschnittenen Früchten hinzugefügt. Die Gegenstände sollten so schön wie möglich sein und fleckenlos sauber gehalten werden. Bei den Opfergaben sollten sich keine welken Blumen oder beschädigte Früchte befinden. Leere Vasen, Schalen usw. sollten nicht auf dem Altar stehengelassen werden, doch das mit Asche gefüllte Weihrauchgefäß bleibt immer an seinem Platz. Räucherstäbchen werden in ungerader Zahl verwendet, üblicherweise eines, drei, fünf, sieben oder neun. Wenn der Raum klein ist, nimmt man am besten eines. Wenn man die Räucherstäbchen mit einem Streichholz angezündet hat, flammen sie oft an der Spitze auf; die Flamme sollte man nicht ausblasen, sondern mit einem Wedeln der Hand löschen. Sie werden aufrecht in das Gefäß gestellt, das so fest mit Asche gefüllt ist, daß sie aufrecht stehen bleiben; dann fällt die Asche beim Niederbrennen ins Gefäß und beschmutzt nicht den Altar oder die sakralen Gegenstände. Von den vielen Arten von Räucherstäbchen, die heutzutage im Westen erhältlich sind, ziehe ich die besseren tibetischen oder japanischen vor, da ihr Duft weder allzu süß noch beißend ist. Die Kerzen können jede Farbe haben; die Tradition bevorzugt jedoch rote oder gelbe. Normalerweise sollten sie so klein sein, daß sie während jeder Sitzung ganz herunterbrennen, so daß man für jede Sitzung neue verwenden kann. Werden aus Gründen der Sparsamkeit größere Kerzen verwendet, die man am Ende der Sitzung löscht, so sollte das in derselben Weise geschehen wie bei den Räucherstäbchen. Den Atem sollte man für diesen Zweck nicht verwenden.

Schlaginstrumente

Diese werden von den Adepten gerne benützt, weil ihr Schlag oft eine außergewöhnliche Hilfe ist, um recht schnell eine Disposition für die innere Stille zu schaffen oder ein »Einrasten« in einen erweiterten Bewußtseinszustand zu bewirken, was mit anderen Mitteln möglicherweise länger dauern würde. Ein einziges Instrument, von dem man sparsam Gebrauch macht, genügt. Es kann eine metallene Topfglocke sein, die mit einem hölzernen, stoffumwickelten Stock angeschlagen wird, oder eine zart tönende Handglocke, ein kleiner Gong, eine hölzerne »Fisch-Trommel« (ein ausgehöhlter Holzblock aus Hartholz, der mit einem hölzernen Schlegel angeschlagen wird, dessen Ende nicht umwickelt ist und das traditionellerweise einer stilisierten Lotusknospe gleicht), tibetische Zimbeln, die mit einem

Band verbunden sind und die man so hält, daß die Ränder aneinanderstoßen, oder eine kleine Handtrommel mit Metallkügelchen an Schnüren, die donnernd gegen die beiden bespannten Seiten schlagen, wenn sie durch die Bewegung des Handgelenks schnell hin und her gedreht wird. Als Auftakt zur yogischen Kontemplation wird auf einem dieser Instrumente ein einmaliger Ton angeschlagen oder die Handtrommel kurz in Bewegung versetzt. Ein einzelner Ton bezeichnet auch das Ende der Sitzung – oder das Ende einer Übung und den Beginn einer neuen während derselben Sitzung. Geeignete Materialien, um selbst einen Ersatz herzustellen, sind Holz, Bronze, Metall-Legierungen, Silber, flache Jadescheiben oder Splitter aus tönendem Stein. Schlaginstrumente sind nicht unbedingt nötig für die Praxis, doch bei einem leisen, nachklingenden Ton kann den Adepten gelegentlich eine plötzliche Ahnung von jenem Geist, der den Bereich der Form durchdringt, durchzucken. Das ist ein Geheimnis, das ich akzeptiere, ohne es im geringsten erklären zu können. Der komplizierte Gebrauch der Schlaginstrumente bei yogischen Ritualen, wie etwa der Gebrauch von Glocke und Trommel bei den Meditationen tibetischer Lamas, erfordert besondere Unterweisung durch einen Lehrer. Aus meiner Erfahrung mit taoistischen Einsiedlern lernte ich, daß eine kurze Melodie auf einer Bambusflöte eine weitere Hilfe ist, um den Geist vor einer Sitzung zu beruhigen.

Was noch zu beachten ist

Einige der Dinge, die in diesem Kapitel erwähnt werden, mögen kurios und dem modernen Denken nicht angemessen erscheinen – aber ich habe festgestellt, daß sie alle dazu beitragen, die speziellen Bewußtseinszustände entstehen zu lassen, nach denen man in der Meditation strebt. Der Geist ist, wie immer, der König. So kann zum Beispiel eine kleine Schale mit Wasser vom Adepten geistig in reiche Opfergaben bis zur Größenordnung des Universums selbst verwandelt werden, allein durch den einfachen Akt der bildlichen Vorstellung in Verbindung mit ernsthaftem inneren Streben, oder in brennende Lampen, duftenden Weihrauch und in alles, was physisch gerade nicht vorhanden ist. Wirkungsvoller Yoga ist davon abhängig, daß man die unendliche Macht des Geistes versteht und – manchmal mit ritualistischen Mitteln – Zustände erweiterten Bewußtseins erreicht. Auch wenn die beschriebenen Arten von Opferhandlungen und die Niederwerfungen wie sie im folgenden Abschnitt beschrieben sind, anachronistisch erscheinen mögen, sind sie doch in Anbetracht ihrer psychologischen Wirkung äußerst wertvoll. Man sollte sie nicht in derselben Weise betrachten wie einen Gottesdienst für anthropomorphe Gottheiten, sondern als alte Rituale, die dazu dienen, eine Haltung der Offenheit für das Geheimnis und der Ehrfurcht zu verstärken, die notwendig sind, um den Adepten auf dem Weg weit voranzubringen. Angenommen, das Universum wäre tatsächlich das Werk eines Schöpfergottes: Würde der Urheber all der Schönheiten im Universum sich wirklich am Duft des Weihrauchs und verbrannter Opfergaben ergötzen? Natürlich nicht. Wollte man Ihm solche trivialen Geschenke machen, so wäre das nicht anders, als würde man einem Billionär ein paar Pfennige schenken. Noch viel weniger fordert der Erleuchtete, der das *Nirvana* erlangt hat, solche Dinge von seinen Anhängern. Es kann nicht nachdrücklich genug betont werden, daß »die Haltung des Untertanen vor dem König«, die von den Yogins eingenommen wird – besonders von jenen, die sich noch auf einer der ersten Stufen des Weges befinden –, ein notwendiger Teil der yogischen Übung ist und nicht ein Mittel, um das Wohlwollen göttlicher Wesen zu erringen.

Niederwerfungen

Asiatische Buddhisten berühren nach altem Brauch dreimal mit der Stirn den Boden, wenn sie das *Bodhi-Mandala* oder einen Tempel betreten oder verlassen. Auch im Zusammenhang mit dem Yoga ist dies von großer Bedeutung, weil in der Meditation immer die Gefahr besteht, daß man allzuviel Gefallen am Erfolg findet, wenn er spürbar wird. Ein einziger Gedanke jedoch wie: »Gut! Ich mache es schon viel besser!« läßt den Adepten zum Ausgangspunkt zurückfallen. Da die yogische Meditation darauf abzielt, falsche Unterscheidungen zwischen »Ich« und »andere« zu transzendieren, macht eine Haltung des Selbstlobes alles, was man bereits erreicht hat, zunichte. Genaugenommen wird das Festhalten an der Ego-Täuschung dadurch noch verstärkt. Um dieser Gefahr entgegenzuwirken, ist es gut, die Meditationspraxis mit der Niederwerfung vor dem Buddha zu verbinden. Im Sinne des *Mahayana* bezeichnet »Buddha« nicht nur den historischen Gründer des Buddhismus, sondern auch das Buddha-Prinzip – das Buddha-Wesen, das die Essenz aller Geschöpfe ist. Indem der Adept einer Statue, die das Buddha-Wesen (gleichzusetzen mit der Leere, dem Einen Geist) repräsentiert, seine Verehrung erweist, ruft er sich in Erinnerung, daß all sein scheinbarer persönlicher Erfolg in Wirklichkeit ein Wirken des ewigen Seins ist, dessen vergängliche Verkörperung der Mensch ist, ohne Wirklichkeit außerhalb seiner belebenden Kraft. In einem absoluten Sinn ist es nicht Herr Wang oder Herr Meier, der die Erleuchtung erlangt, diesen scheinbaren Sieg, der in Wirklichkeit bloß eine Manifestation seines inneren Buddha-Wesens ist. Da es letztlich keine Trennung zwischen dem, der verehrt, und dem Gegenstand der Verehrung gibt, ist das Bezeugen der Ehrfurcht gegenüber dem, »was größer ist als das Ich«, eine wirkungsvolle Methode, um so unerfreuliche Rückfälle wie den Gedanken »*Ich* bin weiter gekommen als der arme Herr Müller« zu vermeiden.

Die Niederwerfungen, die man im *Bodhi-Mandala* oder sonst irgendwo zu Beginn und am Ende jeder Sitzung macht, kann eine von mehreren verschiedenen Formen haben. Die einfachste ist die, daß man hinter dem Meditationskissen auf den Boden niederkniet und, nachdem man zuerst mit der Geste der Verehrung die Handflächen in der Höhe der Stirn gegeneinandergelegt hat, sich dreimal hintereinander nach vorn beugt, so daß die Hände in der beschriebenen Haltung dreimal den Boden berühren, während die Stirn dabei auf den übereinandergelegten Daumen ruht.

Die chinesischen Buddhisten halten es jedoch für angemessen, sich dreimal aus stehender Haltung niederzuwerfen. Jede Niederwerfung beginnt mit aufrecht stehendem Körper, die Zehen berühren fast den Rand des Meditationskissens, die Handflächen sind in Brusthöhe aneinandergelegt. Dann sinkt der Adept auf die Knie nieder und beugt den Körper, streckt den rechten Arm aus und legt die Handfläche auf das Sitzpolster. Kniend streckt er den anderen Arm aus, bis die Hand mit der Handfläche nach oben etwas vor die andere Hand zu liegen kommt. Daraufhin wird die rechte Hand ebenfalls mit der Handfläche nach oben neben die Linke plaziert, so daß die kleinen Finger aneinanderliegen, und dann wird die Stirn bis in die Handflächen hinab gebeugt. Die stehende Haltung wird wieder eingenommen, indem diese Bewegungen rückwärts ablaufen, und dann folgen noch zwei weitere Niederwerfungen dieser Art. Die Füße bleiben bei alledem nebeneinander. Um ein Bild der Plumpheit zu vermeiden, muß das Gesäß gut unten gehalten werden, wenn die Stirn in die Handflächen gelegt wird. Anfänger neigen gerne dazu, die Schönheit der ganzen Bewegung zu verpatzen, indem sie sorglos ihr Gesäß hoch in die Luft recken. Ich erinnere mich, deswegen gerügt worden zu sein, als ich Mönch im Kloster Hua T'ing bei Kunming war, wo ich erstmals in das monastische Zeremoniell eingeführt wurde. »Der englische Schüler«, rief der Mönch, der das Training beaufsichtigte, »ist sehr fromm. Selbst sein Hinterteil ist zu einer Pagode geworden!« Mit ein wenig Übung erhält die ganze Folge von Bewegungen bald eine weiche Anmut, und dann sieht sie sehr schön aus, vor allem, wenn sie von mehreren Leuten zugleich vollzogen wird. Sie sollte korrekt ausgeführt werden, aber mühelos wirken, nicht gedrillt.

Auch die Tibeter machen ihre drei Niederwerfungen aus stehender Haltung. Bei aufrecht stehendem Körper werden die Hände mit aneinandergelegten Handflächen über den Scheitel erhoben und dann nacheinander zum Hals und zur Brust geführt, während der Übende sich zugleich auf den sehnlichen Wunsch nach Reinheit von Körper, Rede und Geist, die damit symbolisiert wird, konzentriert. Nachdem er dies in einer Zeitspanne von etwa einer Sekunde ausgeführt hat, fällt er auf die Knie, wobei die Füße wie zuvor beieinander bleiben, und streckt beide Arme gleichzeitig aus, so daß die Hände mit den Flächen nach oben auf das Sitzkissen zu liegen kommen und eine flache Schale bilden, in die die Stirn geneigt wird. Wie im Falle des chinesischen Gegenstücks werden die tibetischen Niederwerfungen mit solcher Weichheit, Schnelligkeit und Anmut vollzogen, daß sie fast mühelos wirken.

Tibetische Lamas verlangen von ihren Schülern im allgemeinen die Ausführung von hunderttausend »Großen Niederwerfungen« als Teil der Qualifikation, um die Unterweisung in den tantrischen Yogas erhalten zu können. Eine Große Niederwerfung beginnt mit den drei Gesten des Strebens, wie sie oben beschrieben wurden. Hat der Adept die kniende Haltung eingenommen, läßt er Arme und Körper nach vorne gleiten, bis er in voller Länge auf dem Boden liegt. Dann beendet er diese Niederwerfung, indem er die Hände mit den Fingern nach oben zeigend über seinem Kopf zusammenlegt. Dies ist eine wunderbare yogische Übung, bei der Körper, Rede und Geist beteiligt sind, da der Geist ganz auf die Notwendigkeit konzentriert ist, diese drei Gaben zu reinigen, während die Zunge das *Mantra*

OM AH HUM rezitiert, dessen Silben mit den drei vorausgehenden Gesten verbunden werden. Diese Bewegungen haben, außer daß sie die tiefe Verehrung für das Buddha-Wesen zum Ausdruck bringen und ein Gegengift gegen die egoistische Befriedigung am eigenen yogischen Fortschritt bilden, den Vorteil, daß sie alle Muskeln des Körpers trainieren und damit ein Heilmittel gegen die schädlichen körperlichen Auswirkungen des stundenlangen täglichen Sitzens in der Meditation sind. Deshalb machen viele Adepten zu Beginn oder am Ende jeder Meditation zwanzig bis hundert oder mehr Große Niederwerfungen.

Selbst was die gewöhnlichen Niederwerfungen angeht, neigen Anfänger, die nicht an zeremonielle Gesten gewöhnt sind, dazu, sich linkisch und plump zu fühlen und auch so auszusehen – bis die Übung sie zum Meister gemacht hat. Um die Ungeschicklichkeit etwas zu verbergen und später den Bewegungen, die zur zweiten Natur geworden sind, eine besondere Anmut und Würde zu verleihen, ist es sinnvoll, ein langes Gewand zu tragen. Es sollte aber nicht länger als knöchellang sein, sonst tritt man darauf, wenn man sich aus der Verbeugung aufrichtet. Es ist auf jeden Fall für den Adepten sehr nützlich, ein langes Gewand aus dünnem Material, entweder weiß oder einfarbig blau, schwarz oder braun, irgendwo in der Nähe des *Bodhi-Mandala* aufzubewahren, das man über die gewöhnlichen Kleider zieht, bevor man sich vor den Altar setzt, und das man wieder auszieht, bevor man geht. Man sollte das nicht mit dem frivolen Vergnügen an Kleidern verwechseln, mit denen man die eigene Erscheinung mehr zur Geltung bringen möchte. Das Tragen eines besonderen Gewandes während der Meditation dient vielmehr yogischen Zwecken. Psychologisch gesehen symbolisiert es die Besonderheit dessen, was im *Bodhi-Mandala* geschieht, und die Abwesenheit der manchmal unpassenden und negativen Emotionen, die unlösbar mit den täglichen Angelegenheiten verbunden sind, mit denen man sich außerhalb der friedvollen Grenzen des *Bodhi-Mandala* befassen muß. Auf diese Weise trägt es zu der Anmut und Würde bei, die jeden Aspekt der yogischen Übung kennzeichnen sollte.

In China und Tibet machen die Buddhisten gerne Pilgerreisen in der Form von Fußwanderungen, die mehrere Tage oder sogar etliche Monate oder Jahre dauern können. Manchmal sieht das so aus, daß ein Pilger sich nach jeweils drei Schritten auf den Boden niederwirft. Hsü Yün, einer der bekanntesten *Chan*-Meister dieses Jahrhunderts, legte einst auf diese Weise den ganzen Weg von einem Punkt an der südlichen Küste Chinas gegenüber der Insel P'u-t'o (die dem Bodhisattva Kuan Yin geweiht ist) bis zum Berg Wu T'ai in Nord-China (dem Bodhisattva Manjushri, der Verkörperung der Weisheit, geweiht) zurück – eine Entfernung von tausend Meilen Luftlinie und noch viel länger auf dem kürzesten Landweg. Dieser Meister war so durchtrainiert und so sehr an die Niederwerfung gewöhnt, daß er – mit einer Niederwerfung nach je drei Schritten – die Reise innerhalb von zwei Jahren vollendete. Kürzlich machten zwei amerikanische Schüler des Meisters Hsüan Hua eine Pilgerreise gleicher Art von Los Angeles zur Stadt der Zehntausend Buddhas, die vor ein paar Jahren etwa hundert Meilen nördlich von San Francisco gegründet wurde. Sie wollten damit einen Beitrag zur Erlangung des Weltfriedens leisten. Obwohl ich persönlich zögere, eine derart extreme Form der Frömmigkeit zu empfehlen, konnte ich beobachten, daß manche westliche Adepten solche Herausforderungen an sich selbst als inspirierend empfinden, und deshalb mag man die folgende abgewandelte Art der Übung akzeptabel finden.

Es gibt bereits einige westliche buddhistische Gemeinschaften, bei denen an bestimmten Tagen im Jahr zum Beispiel der Gipfel eines Hügels umwandelt wird, wobei die Teilnehmer beim Gehen ununterbrochen *Mantras* rezitieren oder eine bestimmte Anrufung singen. Bei einer Gelegenheit wie dieser kann es ganz passend sein, daß eine Prozession von eifrigen

Adepten einen Nachmittag oder den größten Teil eines Tages damit verbringt, den erwählten Ort zu umwandeln, dabei die Anrufung der Kuan Yin zu singen und jeweils nach drei Schritten eine Große Niederwerfung zu machen. Die Worte *Namo Mahakaruna Avalokiteshvara Bodhisattva* (Verehrung dem Kuan-Yin-Bodhisattva des Großen Mitleids) können so gesungen werden, daß sie den Rhythmus von drei Schritten, der Großen Niederwerfung, dem Aufstehen, weiteren drei Schritten und so weiter bestimmen. Die Adepten sollten sich während des ganzen Verlaufs dieser Übung auf das Erzeugen von *Bodhicitta* konzentrieren, das heißt auf einen makellosen Geist, der von der Weisheit jenseits des Denkens und mit unendlichem Mitgefühl erfüllt ist. Kuan Yin, die Verkörperung der Energie von Weisheit-und-Mitleid, die latent im allumfassenden GEIST vorhanden ist, wird als Antwort auf eine solch machtvolle Beschwörung mit Sicherheit im Geist der Teilnehmer aufsteigen und in allen jenen die Weisheit und das Mitgefühl dauerhaft verstärken, die die Übung mit unbeirrbarer Sammlung und Ernsthaftigkeit ausführen.

Sitzen

Es ist nicht nötig, hier die Anweisungen für das Sitzen, die im fünften Kapitel dieses Buches gegeben wurden, zu wiederholen. Alles, was dort über Haltung, Sitzkissen, Kleidung und so weiter gesagt ist, gilt ebenso für die buddhistische Meditation, außer daß buddhistische Meister hinsichtlich der Sitzhaltung im allgemeinen strenger sind als die meisten Taoisten und die volle Lotus- oder Halb-Lotus-Haltung jeder anderen vorziehen, wenn der Meditierende in der Lage ist, eine von diesen einzunehmen. Außerdem ist die Haltung der Hände eine andere. Üblicherweise liegt die linke Hand mit nach oben gerichteter Handfläche auf dem Schoß und die rechte ruht so darin, daß die

Spitzen der Daumen einander berühren, um den Kreislauf des *Ch'i* zu erleichtern.

Bei langen Sitzungen war es in China üblich, als Erfrischung oder Mittel gegen Schläfrigkeit einen ziemlich starken grünen Tee (ohne Milch und Zucker) zu trinken. Der Tradition nach wird er in henkellosen Schalen serviert, und sowohl die Kanne wie auch die Schalen sind von äußerster Einfachheit und haben keinerlei ablenkende Verzierungen. Der Tee wurde schon im voraus aufgebrüht und warmgehalten, indem man die Kanne in einen Deckelkorb mit dickem Steppfutter stellte. Es heißt, daß die kunstvolle Teezeremonie, die in Japan entwickelt wurde, ihren Ursprung im Teetrinken der *Chan*-Mönche in chinesischen Klöstern während der Pausen zwischen ihren langen Meditationszeremoniellen habe. Ihre Art, den Tee zu servieren und zu trinken, folgte einem vorgeschriebenen Ritual, das aber äußerst einfach war im Vergleich zum japanischen *Cha-no yu* in seiner heutigen Form; und da er in der Meditationshalle serviert wurde, herrschte natürlich Schweigen dabei.

Atmen

Es gibt eine ganze Reihe von buddhistischen Atem-Meditationstechniken, deren Zweck es ist, sowohl die rastlosen Wellen der Gedanken zu beruhigen, als auch das In-einen-Punkt-gesammelt-Sein des Geistes zu erzeugen und das Einströmen des *Ch'i* – oder *Prana* im Sanskrit – zu erleichtern. Die fortgeschrittenen Techniken können unter Umständen gesundheitsschädlich sein und sollten nur unter der Aufsicht eines vollausgebildeten Lehrers erlernt werden; aber selbst die einfachen Übungen, die keine Überwachung brauchen, sind sehr wirksam. Sie werden im allgemeinen beim Sitzen in der Meditationshaltung ausgeführt.

Die Buddhisten bevorzugen, ebenso wie die Taoisten, die

Techniken, bei denen der Ein- und Ausatem gleich lang sind und man die Bewußtheit auf das stille Ein- und Ausströmen des Atems durch die Nasenlöcher richtet. Dies kann man als Übung für sich nehmen; im allgemeinen wird diese Technik nur fünf bis zehn Minuten zur Vorbereitung auf andere kontemplative Übungen angewendet, um damit den Geist zu beruhigen. Außerdem kehren viele Meditierende gern am Ende ihrer Hauptübung noch einmal für ein paar Minuten dazu zurück.

Eine Variante dieser Methode, die gleichfalls als Übung für sich oder als Einleitung für eine andere Übung gebraucht werden kann, besteht darin, daß man die Bewußtheit auf das lautlose Zählen jedes Atemzuges richtet, wobei man immer wieder von eins bis zehn zählt, solange man will. Das ist besonders für Anfänger geeignet, denen es schwerfällt, ihre Bewußtheit länger als ein paar Augenblicke frei von störenden Gedanken zu halten, da die Notwendigkeit, beim Zählen nicht den Faden zu verlieren, den Geist vom Herumwandern abhält. Eine weitere Variante ist die, das Zählen durch die geistige Wiederholung der Wörter »ei . . . n« und »au . . . s« zu ersetzen, die auf die Länge eines jeden Atemzugs ausgedehnt werden. Die Wörter sollen nicht gesprochen werden, sondern im Geist den Atem rhythmisch begleiten, wobei die Bewußtheit auf den Atem gerichtet bleibt. Diese letztere Variante kann auch zu jeder anderen Zeit des Tages geübt werden, ob man geht, steht, sitzt oder liegt. Wann immer der Übende sich des Aufsteigens von Ärger oder eines anderen unzuträglichen Geisteszustands bewußt wird, sollte er seine Aufmerksamkeit von den Umständen, die das verursacht haben, zurückziehen, seinen Atem sorgfältig regulieren und lediglich auf die stille Wiederholung der Wörter »ein« und »aus« achten. In psychologischer Hinsicht wird ihn dies von der unzuträglichen Emotion ablenken; physiologisch gesehen erleichtert der langsame, harmonische und relativ tiefe Atem das Einströmen von *Ch'i*, das den physiologischen Prozessen entgegenwirkt, die durch die Emotion ausgelöst wurden, und sie somit zum Abflauen bringt. Eine weitere Verwendungsmöglichkeit dieser Variante besteht in der Beruhigung des Geistes, wenn unzuträgliche Emotionen es erschweren, zur gewohnten Zeit einzuschlafen.

Die in den beiden vorausgegangenen Absätzen besprochenen Techniken können noch in folgender Weise variiert werden: Statt während der ganzen Übung denselben Ein- und Ausatemrhythmus zu behalten, kann man mit relativ kurzen Atemzügen beginnen und sie dann nach und nach länger werden lassen, bis sie ungewöhnlich tief und langanhaltend sind. Ein- und Ausatem sollten jedoch im Gleichgewicht gehalten werden.

Nun könnte jemand meinen, die eben beschriebenen Übungen seien vielleicht für Anfänger recht geeignet, jedoch enttäuschend elementar, und schon Ausschau nach fortgeschritteneren Techniken halten. Das wäre meiner Ansicht nach nicht die richtige Einstellung. Es ist nicht nur so, daß fortgeschrittene Atemübungen gewisse Gefahren beinhalten und eine qualifizierte Beaufsichtigung erfordern, der im Falle tibetischer Techniken eine Initiation vorausgegangen sein muß, die manchmal nur schwer zu erhalten ist. Es sind auch die Übungen, die ich hier ausgeführt habe, keinesfalls nur für Anfänger geeignet; sie werden im Gegenteil von vielen Yogins auf allen Stufen des Weges gebraucht. Eine gegenteilige Meinung rührt von mangelnder Einsicht in die tiefen Wirkungen der einfachen Atembeobachtung und Atemkontrolle her. Zu diesen Wirkungen gehören die folgenden:

1. Viele körperliche Funktionen werden durch die Art des Atmens beeinflußt. Wird der Atem des Adepten nach anfänglicher Kontrolle schließlich auf natürliche Weise rhythmisch, harmonisch und nicht zu flach, dann kommen alle Funktionen des Körpers in einen Zustand ruhigen Gleichgewichts. Dies unterstützt den Geist darin, eine dauerhafte Stille, verbunden mit heiterer Gelassenheit, zu erreichen.

2. Das Atmen, das eine Aktivität ist, die unwillkürlich erfolgt, aber dennoch in jedem Augenblick unter bewußte Kontrolle gebracht werden kann, liegt auf der Schwelle zwischen den bewußten und den unterbewußten Ebenen des Seins. Der Meditierende, der danach trachtet, sein Bewußtsein auszudehnen, macht sich den kontrollierten Atem zunutze, um die Pforten zu diesen tieferen Ebenen zu öffnen, die gewöhnlich nicht im Bereich der Bewußtheit liegen.
3. Der Atem ist das Vehikel, mittels dessen *Ch'i*, die kosmische Lebenskraft, in den menschlichen Körper eindringt. Wenn der Atem harmonisch und gewohnheitsmäßig tiefer als der des nicht geschulten Menschen geworden ist, werden Einströmungen und Kreislauf des *Ch'i* im Körper verstärkt und regelmäßiger aufrechterhalten, da sie weniger der unbewußten Hemmung unterworfen sind.

Obwohl ich mich an dieser Stelle nicht mit der fortgeschrittenen yogischen Vorstellung von einem »Atem-Körper« befassen will, ist es zweckdienlich, darauf hinzuweisen, daß die Praxis der einfachen, voll bewußten Beobachtung des Atemprozesses ein hervorragendes vorbereitendes Training ist, bis man einen Lehrer des fortgeschrittenen Yoga gefunden hat. Wenn der Adept dann die Technik des richtigen Atmens so weit gemeistert hat, daß dieser für ihn ganz normal und spontan geworden ist, wird er in der Lage sein, weitergehende Unterweisungen viel schneller und nutzbringender aufzunehmen.

Als ich dieses Buch plante, hatte ich zunächst die Absicht, die Technik der »Neun Atem« einzubeziehen. Aber dann bedachte ich, daß sie selten – wenn überaupt – ohne Initiation gelehrt wird, und beschloß, sie wegzulassen. Ich erwähne sie hier nur als etwas, das der Übende früher oder später von einem qualifizierten tibetischen Lama lernen kann, wenn er es wünscht. Inzwischen tut er gut daran zu lernen, zu jeder Zeit immer tiefer und in einer regelmäßigeren Weise als bisher zu atmen.

Da der Geist, verblendet durch falsche Vorstellungen, die sich aus der unvollkommenen oder begrenzten Funktion der sinnlichen Wahrnehmung ergeben, einem für alle Zeit von wechselnden Winden und Strömungen aufgepeitschten Ozean gleicht, ist die kontemplative Meditation so wichtig für das Erlangen der Erleuchtung. Solange sich die Wellen müßiger Gedanken nicht glätten, besteht wenig Möglichkeit, zur intuitiven Wahrnehmung des wahren Gesichts der Wirklichkeit vorzustoßen. Buddhisten, Taoisten und Mystiker aller Glaubensrichtungen betonen gleichermaßen die Weisheit des Ringens um geistige Stille – obwohl »Ringen« vielleicht ein irreführender Begriff ist, da die Stille eher durch »Lassen« als durch »Machen« erreicht wird. Vollkommene geistige Stille, die über einen Zeitraum von einigen Minuten oder länger aufrechterhalten wird, bezeichnet man oft als »objektlose Bewußtheit«. Wie Lama Govinda jedoch in einem kürzlich erschienenen Buch ausgeführt hat, ist objektlose Bewußtheit unmöglich, da Bewußtheit ihrem Wesen nach die Bewußtheit von etwas sein muß.

Man beginnt damit, nach der »Einspitzigkeit« des Geistes zu streben; das heißt, daß die Wellen des Geistes sanft zum Abflauen gebracht werden, indem der Geist unbeirrbar in einem einzigen Punkt gesammelt wird. Am Anfang kann das alles mögliche sein – ein tatsächliches Objekt oder ein fester Lichtpunkt, ein vorgestelltes Objekt wie etwa ein *Bija-Mantra* (das aus einer leuchtenden Silbe besteht), oder auch ein Kreuz oder eine Svastika, die in Augenhöhe visualisiert werden. Das Meditationsobjekt kann die Empfindung des Ein- und Ausatmens oder das Pulsieren des Blutes sein, ein Teil des Körpers, wie etwa das geheimnisvolle Dunkle Tor hinter der Nasenwurzel oder das Feuer-Zentrum in Nabelhöhe, und vieles andere mehr. Auf einer späteren Stufe wird die Bewußtheit nahezu objektlos, wie die Strahlen einer hellen Lampe in einer grenzenlosen Weite von unberührtem Schnee. Noch später steigt dann die intuitive Erfahrung der unermeßlichen Stille auf, die im Herzen der kosmischen Bewegung liegt. Jenseits davon liegen Bereiche, die sich jeder Beschreibung entziehen, und wenn der Meditierende von dort zurückkehrt, wird er keine Worte finden, um den Inhalt seiner Bewußtheit während der den Geist umkrempelnden Erfahrung dieser Bereiche zu beschreiben. Auf einer früheren Stufe können Visionen von strahlendem Licht, himmlischen Wesen und ähnlichem aufsteigen, aber man sollte sich dadurch nicht ablenken lassen. Ebenso wie gewöhnliche Dinge der unmittelbaren Umgebung des Meditierenden sind sie geeignet, die innere Stille zu stören. Man sollte sie nicht angestrengt meiden oder verjagen, sondern sie ruhig aus dem Blickfeld der Aufmerksamkeit entlassen, so wie irgendwelche anderen wandernden Gedanken, bis sie dann von selbst verschwinden.

Unbeirrte Kontemplation eines einzigen Objekts oder Phänomens ist ein guter Weg, die innere Stille zu erlangen – nicht etwa eine völlige »Bewußtlosigkeit« (das wäre nicht wünschenswert), sondern ein beständiges In-einen-Punkt-gesammelt-Sein des Geistes. Diese Übung mag zunächst unergiebig und langweilig erscheinen, aber mit zunehmender Stille ergeben sich Empfindungen heiterer Ruhe, die sich manchmal bis zur tiefen Beglücktheit steigern können. Doch kann selbst diese Beglückung ablenkend sein; man sollte also nicht dabei verweilen, sondern weiterhin die Stille um ihrer selbst willen aufrechterhalten.

Stille, Stille, Stille! Hierin liegt der Schlüssel zum wahren Erfolg in yogischer Kontemplation. Die Stille öffnet den Geist für immer neue Ebenen des großen Geheimnisses und erreicht ihren Höhepunkt schließlich in der Erleuchtung.

Eine Geschichte

Ein junger Mann, der vom Weg gehört hatte, entschloß sich, ihm zu folgen, koste es, was es wolle. Er verließ sein Heim, schor den Kopf und begab sich zu einem alten Mönch, der in einem kleinen und wenig bekannten Tempel bei Fêng T'ai in der Nähe von Peking lebte, um bei ihm zu lernen. Nach einer angemessenen Zeit ging der junge Mann in das berühmte Kloster Chieh T'ai in den Westlichen Hügeln, um die Ordination zu erhalten und zwei- bis dreihundert monastische Regeln zu erlernen, die er fürderhin peinlich genau einhielt. Danach wurde er ein Wandermönch, der überall nach neuen Quellen der Weisheit suchte. Er reiste durch die einsamen Weiten in der Gegend der Großen Mauer und bestieg den Berg Wu T'ai, wo sich etwa dreihundert Tempel auf einem blumenübersäten Plateau und an den Hängen seiner fünf hoch aufragenden Gipfel erhoben. Dort blieb er ungefähr zwei Jahre lang und wurde von chinesischen, mongolischen und sogar tibetischen Lehrern in die Geheimnisse des esoterischen Buddhismus eingeweiht. Als nächstes unternahm er eine mühsame Wanderung von Hunderten von Meilen zu dem heiligen Berg Chiu Hua in der Provinz Anhui, wobei er oft genug unter freiem Himmel schlief, nur wenig geschützt vor den kalten Herbstwinden und mit kaum mehr zu essen als einer Schale voll Hirsebrei oder ein paar rohen Maiskolben. Dort schulte er sich in einem der kleineren Tempel weiter, wo zu dieser Zeit ein Weiser lebte, der hohe Fähigkeiten in der *Chan-(Zen-)*Meditation erworben hatte und der ihm weit mehr als die bloßen Anfangstechniken des *Chan* vermittelte. Dann wanderte er mehrere Wochen lang nach Süden, bis er zum Yangtse-Fluß kam und sich als Deckpassagier auf einer großen hölzernen Dschunke einschiffte, die gegen eine starke Strömung flußaufwärts geschleppt wurde. Obwohl er unter dem feuchtwarmen Klima dieser Gegend litt, verbrachte er dennoch Tag um Tag in Studium und Meditation, bis er schließlich Chia Ting erreichte, von wo ihn eine andere, kleinere Dschunke einen Nebenfluß aufwärts bis zum Fuß des gewaltigen Berges Omei brachte. Unbeirrt von Geschichten über die Rache, die angeblich die Affen in den bewaldeten Höhen an Reisenden nahmen, die sie unhöflich behandelten, arbeitete er sich mühselig auf einem Weg empor, den man wohl die längste Treppe der Welt nennen könnte. Er traf zwar einige Affen, begrüßte sie jedoch freundlich mit ein paar passenden Worten aus den buddhistischen Sutras. Auf dem aufragenden Gipfel dieses Berges verbrachte er einige Monate bei einem gelehrten Mönch mit dem Studium der *Hua-Yen*-Lehre. Sie lehrt, daß jedes Ding, sei es auch so klein wie die Spitze eines Haares, den ganzen Kosmos in sich enthalte. Auf diese Weise wurde der junge Mönch mit einer sehr tiefgründigen und erhabenen Philosophie vertraut.

Betrübt darüber, daß er sich der Erleuchtung so fern fühlte wie eh und je, bestieg er wieder ein Schiff und gelangte flußabwärts in kurzer Zeit nach Shanghai, von wo er sich zu Fuß zu einem Ort an der südchinesischen Küste gegenüber der Insel P'u-t'o begab, die dem Bodhisattva Kuan Yin geweiht ist. Dort überquerte er das Meer, das nach altem Glauben an dieser Stelle von Drachen heimgesucht wird, und das Wetter war denn auch so, daß alle Passagiere entsetzlich seekrank wurden. Schließlich erreichte er die Insel, auf der er die nächsten fünf Jahre damit verbrachte, sich in die Methoden der buddhistischen Schule vom Reinen Land zu vertiefen. Zweimal wurde er mit flüchtigen Visionen des Bodhisattva in der Höhle Ch'ao-yang belohnt, aber mit nichts, was man als Erleuchtung hätte bezeichnen können. Da er nicht wußte, wohin er sich auf seiner Suche nach Weisheit noch wenden sollte, kehrte er aufs Festland zurück und wanderte viele Monate lang nordwärts, bis er erschöpft in dem kleinen Tempel bei Fêng T'ai ankam, wo seine lange und mühselige Reise zehn Jahre zuvor begonnen hatte.

Derselbe alte Einsiedlermönch, der erste seiner zahllosen Lehrer, lebte immer noch hier, und er bekam den herzlichen

Empfang, nach dem er sich lange gesehnt hatte. Sein Gastgeber lauschte nur zu gerne tagelang seinem ausführlichen Bericht über alle seine Wanderungen.

»Wunderbar!« rief der alte Mann, als er von all den berühmten Mönchen, unter denen sein Schüler gelernt hatte, und alle die Einzelheiten der Lehren, die sie ihm vermittelt hatten, hörte. »Obwohl du einst mein eigener kleiner Schüler warst, möchte ich mich jetzt vor dir verbeugen, denn du bist inzwischen gewiß ein Bodhisattva geworden!« sagte er und erhob sich behende.

»Nein, nein!« beschwor ihn der junge Mann und sprang gerade noch rechtzeitig auf, um seinen früheren Lehrer davon abzuhalten, vor ihm auf die Knie zu fallen. »Es wäre beschämend, wenn ich Euer Ehrwürden erlauben würde, irgend etwas dieser Art zu vermuten. Gewiß, ich habe eine ganze Menge Wissen erworben und Tausende von Büchern gelesen, seit wir uns zum letztenmal gesehen haben, und ich habe aufmerksam zahllosen Vorträgen gelauscht, aber ich bin so ein dummer Kerl, daß alles, was ich gelernt habe, zu keinerlei Weisheit geführt hat. Ich bin nicht imstande, mit dem Resultat all dieser kostbaren Dinge auch nur die kleinste Münze zu vergolden.«

»Genau so ist es!« rief der Alte, und ein Lächeln umspielte seine Lippen. »Nun, um dir die Wahrheit zu sagen, bin ich ganz und gar nicht überrascht. Ich frage mich, ob du einen Blick in jenes kleine Buch geworfen hast, das ich dir als Abschiedsgeschenk gab, bevor du zu den Westlichen Hügeln gingst, um dich ordinieren zu lassen.«

»Leider nicht«, antwortete der andere beschämt. »Seht, damals war meine Ausbildung noch begrenzt, und ich konnte mit den altertümlichen Schriftzeichen, in denen diese Ausgabe des *Tao Tê Ching* gedruckt war, noch nichts anfangen.«

»Macht nichts«, lächelte der alte Mönch. »Zufällig habe ich hier eine zerschlissene Ausgabe desselben Werkes in normalen Schriftzeichen, und du hast jetzt genug gelernt, um mir die volle

Bedeutung auszulegen – das ist gewiß. Hier, schlage Kapitel siebenundvierzig auf und lies die Worte laut vor.«

Gehorsam las der Wandermönch: »Ohne das Haus zu verlassen, kann man alles im Himmel und auf Erden kennen. Ohne aus dem Fenster zu schauen, kann man die Wege des Himmels sehen. Jene, die hinausgehen, lernen um so weniger, je weiter sie reisen. Deshalb kennt der Weise alles, ohne irgendwohin zu gehen, sieht alles, ohne hinauszuschauen, tut nichts und erreicht (das Ziel)!«

»Verstehst du?« rief der alte Mann und blickte seinen ehemaligen Schüler an. »Ah, was für eine Energieverschwendung! Welche Mühsal für nichts! Wie müssen die Reden hundert wortgewaltiger Meister deine Ohren ermüdet haben! Das Ziel kann genau hier erlangt werden. Schließe einfach die Türen deiner Sinne und schaffe Stille. Da ist wirklich nicht mehr zu sagen.«

In diesem Augenblick brach der Schüler zu einer plötzlichen Erkenntnis durch, und er fiel auf die Knie und begann seinen Kopf gegen die Steinfliesen zu Füßen des alten Mannes zu schlagen und rief: »Gut, gut! Nun habe ich zuletzt meinen wahren Meister gefunden!«

»Wo, wo?« rief der alte Mann munter und sprang mit Leichtigkeit auf die Füße. »Steht er hier vor dir? Oder meinst du, er ist hier in diesem Buch?«

»Nein«, antwortete der junge Mönch vergnügt. »Er ist noch viel näher. Er war von Anfang an hier in mir, aber verdeckt von dem stinkenden Nebel und undurchsichtigen Gebrodel meiner eigenen dummen Gedanken und Hoffnungen.«

»Genau«, lachte der andere und schlug sich vor Freude auf die Schenkel. »Wie bedauerlich, daß du mich nicht gefragt hast, wo er zu finden sei, bevor du dich auf eine so lange Reise machtest!«

16. Übungen mit Körper, Rede und Geist

Die Dreifache Zuflucht

Dies ist ein grundlegender Ritus, der in allen buddhistischen Ländern üblich ist. Er ist in der Tat ein Mittel, um formell Buddhist zu werden, was einfach auf die Weise geschehen kann, daß man die Formel der Zufluchtnahme zum »Dreifachen Juwel« aufrichtig zitiert, sei es öffentlich oder allein. So kann jeder, der sich zur Lehre des Erleuchteten hingezogen fühlt, ohne weiteres Aufheben Buddhist werden. Außerdem werden diese Formel und das kurze Ritual, das sie üblicherweise begleitet, von ernsthaften Buddhisten mindestens einmal an jedem Tag ihres Lebens verwendet, im allgemeinen als Prolog für jede Meditationssitzung. Es ist heutzutage im Westen Mode, gegen Riten und Zeremonien eingestellt zu sein. Weshalb das so ist, läßt sich schwer sagen, denn der Mensch erachtete sie durch alle Jahrhunderte hindurch seit dem Beginn der Geschichte und in allen Kulturen als schön und sinnvoll. Außerdem sind sie ein angenehmer Gegensatz zur Eintönigkeit des modernen Lebens – das wird durch ein Phänomen wie etwa die Begeisterung der Massen in Disneyland für die großartigen nächtlichen Prozessionen sichtbar. Ebenso wie Singen und Tanzen sind Riten Mittel für den Menschen, um der Sehnsucht seines Herzens Ausdruck zu geben. Im Sinne des Yoga liegt die wesentliche Bedeutung des anschließend beschriebenen Rituals darin, daß es ein Heilmittel gegen egoistische Selbstbefriedigung und die schädliche Aufblähung der Ego-Täuschung ist, die sich aus dem Gefühl des Erfolges in der Meditation ergeben kann. Es sollte für

Menschen, die die militärische Notwendigkeit, Offiziere zu grüßen, anerkennen und bereit sind, sich bei Zeremonien vor einem Ehrenmal zu verneigen, nicht schwierig sein, jener Quelle der Weisheit, des Mitleids und des Friedens, die den Buddhisten als »Lehrer der Götter und Menschen« und der ganzen Welt als der Erleuchtete bekannt ist, eher noch größere Achtung zu bezeigen.

In seiner einfachsten Form besteht der Ritus aus der langsamen, aufrichtigen dreimaligen Wiederholung der Formel: »Ich nehme Zuflucht zum Buddha. Ich nehme Zuflucht zum *Dharma.* Ich nehme Zuflucht zum *Sangha.*« Die volle Bedeutung dieser Worte ist etwa folgende: »Im Vertrauen auf den Erleuchteten, seine Lehre und die Gemeinschaft derer, die sie praktizieren, will ich nach dieser Lehre leben und darauf hinarbeiten, die Befreiung durch die Erleuchtung eines Buddha zu erlangen.« Eine dreifache Wiederholung dieser Formel allein genügt schon, aber es ist der Brauch, zuerst ein Räucherstäbchen anzuzünden und sich jedesmal vor einem Bild oder einer Statue des Buddha niederzuwerfen, nachdem man einen der drei Sätze rezitiert hat. Auf diese Weise macht man bei der dreifachen Wiederholung der ganzen Formel insgesamt neun Niederwerfungen. Jeder der Sätze wird rezitiert, während man steht oder kniet, und die Niederwerfung erfolgt unmittelbar danach.

Wenigstens einmal am Tag verwenden die chinesischen Buddhisten die Formel in erweiterter Form – als Rezitation, die auch der Sehnsucht nach dem Wohlergehen aller fühlenden Wesen Ausdruck gibt:

Ich nehme Zuflucht zum Buddha
Und wünsche, daß alle fühlenden Wesen
Durch Festhalten am Erhabenen Weg
Die unübertroffene Weisheit erlangen mögen.

Ich nehme Zuflucht zum Dharma
Und wünsche, daß alle fühlenden Wesen
Durch tiefes Studium der heiligen Schriften
Das Ozean-weite Wissen erlangen mögen.

Ich nehme Zuflucht zum Sangha
Und wünsche, daß alle fühlenden Wesen,
Vereint in einer gemeinsamen Sache,
Frei von allen Behinderungen
Die heilige Ordnung ehren mögen.

Der Wortlaut des chinesischen Originals ist viel schöner, aber es ist nie leicht, chinesische Texte in metrischer Form in eine westliche Sprache zu übersetzen, ohne sich vom Sinn des Originals zu entfernen. Die chinesische Melodie, in der die Worte gesungen werden, hat wahrscheinlich ihren Ursprung im fernen Indien und ist hinreißend schön, aber außergewöhnlich schwierig in westliche Notation zu übertragen; außerdem würde sie nicht mit den übersetzten Worten zusammenpassen. Irgendein einfacher, getragener Singsang zwischen Singen und Rezitieren genügt. Nach chinesischem Brauch steht man während der ersten zwei Zeilen jedes Verses mit vor der Brust aneinandergelegten Händen und wirft sich dann rasch nieder, so daß die Stirn den Boden (oder das Meditationskissen) berührt, wenn der Vers endet. Eine Pause vor dem Beginn des nächsten Verses gibt die Gelegenheit, wieder in die aufrechte Haltung zurückzukehren. Während der sehr langen Meditations-Perioden, die von Zeit zu Zeit in chinesischen Tempeln abgehalten wurden (mit bis zu achtzehn Stunden Meditation täglich), halfen Rituale dieser Art, die Auswirkungen des langen Sitzens zu lindern.

Niederwerfung mit Rezitation

Diese Übung ist der eben beschriebenen ziemlich ähnlich, und sie fördert ebenfalls das Gefühl der Achtung und Ehrfurcht gegenüber dem, was größer ist als das Selbst, und wirkt egoistischer Selbstüberhebung entgegen. In diesem Fall wird jedoch eine kurze Formel mehrere hundert- oder tausendmal hintereinander intoniert, und damit wird die psychologische Wirkung dieses Mittels zur Erlangung der inneren Stille unterstützt. Wenn ein einzelner Adept diesen Ritus vollzieht, kniet er nieder und berührt mit der Stirn bei jeder zweiten Invokation den Boden, wobei die Rezitation auf die entsprechende Zeitdauer ausgedehnt wird. Dann erhebt er sich langsam wieder zur aufrechten Haltung, die Handflächen vor der Brust aneinandergelegt, und intoniert dabei die dazwischenliegende Wiederholung. Wenn mehrere Leute diesen Ritus gemeinsam ausführen, teilen sie sich in zwei Gruppen, je eine links und rechts vom Bild des Buddha, die Zehen nahe dem Meditationskissen und mit genügend Abstand voneinander in Reihen geordnet, so daß gute Bewegungsfreiheit gesichert ist. Wenn eine bestimmte Person die Meditation leitet, steht sie allein im Raum zwischen den beiden Gruppen. Während der ersten Anrufung bleibt eine Gruppe stehen, während sich die andere niederwirft. Bei der nächsten Invokation wirft sich die andere Gruppe nieder, während die erste sich erhebt. Dies wird bis zum Schluß fortgesetzt, an dem dann die eine Gruppe stehenbleibt, während die andere sich erhebt. Wenn beide Gruppen in der Lage sind, sich mit Anmut zu verbeugen, ist das ein beeindruckender Anblick, vor allem, wenn alle knöchellange Gewänder tragen.

Die Worte der Anrufung sind sehr einfach. Sie sollten langsam und mit einer Dehnung der einzelnen Silben intoniert werden, damit für diejenigen, die sich verbeugen, und jene, die aufstehen, genügend Zeit bleibt, ihre Bewegung weich und fließend auszuführen. Die am häufigsten gebrauchte Formel ist:

Namu Pên-shih Shih-chia-mo-ni Fu auf chinesisch oder »Verehrung dem Lehrer Shakyamuni Buddha«. Das Sanskrit-Äquivalent *Namu Upādhyāya Shākyamuni Buddha* ist vielleicht klangvoller und leichter melodiös zu intonieren (das *Sh* wird als *Sch* gesprochen). Alle Silben werden auf derselben Note gesungen – außer den letzten drei; von diesen beginnt das »ni« auf derselben Note und wird dann einen Halbton angehoben, und die Silben »Buddha« werden um einen Ganzton tiefer gesungen. Das Ganze kann so dargestellt werden:

Na–a–a–mu–u Uu–padh–ya–ya Shakya–mu–u– ni–i Buddha–a

Wenn man eine Heil-Meditation vollzieht, die auf der Kontemplation des Bodhisattva Kuan Yin basiert, lautet die Invokation *Namu Ta-pei Kuan-shih-yin P'u-s'a* oder »Verehrung der mitleidsvollen Kuan Shih Yin Bodhisattva«, in Sanskrit *Namu Mahā-karunā Avalokiteshvara Bodhisattva.* Die Melodie kann so dargestellt werden:

Na–a–a–mu–u Ma–ha–a–ka–ru–u–na–a Avalokiteśva–a–ra

Bodhi–sa–at–va–a

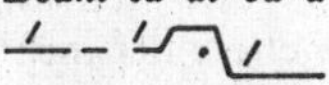

Wenn diese chinesische Tonfolge schwer zu verstehen ist oder wenn sie nicht inspirierend klingt oder die innere Stille nicht fördert, so genügt auch eine ähnliche Melodie in einer Molltonart mit beliebigen Silbenlängen.

Mantras, Mudras und geistig erzeugte Opfergaben

Mantras sind machtvolle sakrale Formeln, die nicht unbedingt eine offenkundige verbale Bedeutung haben müssen. Sie sind Klang-Ketten, deren Macht auf psychischen Entsprechungen beruht (und die nicht mit Zaubersprüchen verwechselt werden dürfen) – ein Thema, das zu kompliziert ist, um in ein paar Worten abgehandelt zu werden, das ich jedoch nach besten Kräften in meinem Buch *Die Macht des heiligen Lautes** ausgeführt habe. Vielleicht kann es gar keine vollständige Erklärung für die Art ihres Wirkens geben; *daß* sie ungeheuer wirksam sind, ist Grund genug, sie zu verwenden. Im allgemeinen werden *Mantras* nur an Initiierte weitergegeben, da sie unter der Aufsicht eines qualifizierten Lehrers praktiziert werden müssen, aber das *Mani-Mantra*, das weiter unten erklärt wird, ist heutzutage schon so weitgehend bekannt, daß es nicht länger der yogischen Geheimhaltung unterliegt. Obwohl es am besten ist, sich um eine Initiation in seinen vielfältigen Gebrauch zu bemühen, kann es auch ohne Lehrer erfolgreich angewendet werden, vorausgesetzt, daß man es in der richtigen Weise *meistert.* Das geschieht, indem ein Adept, der beharrlich darum ringt, anderen Wesen mit tiefem Mitgefühl zu begegnen, es über einen beträchtlichen Zeitraum hin mehrere hundert- oder tausendmal täglich mit absoluter Aufrichtigkeit wiederholt. Die Opfer-*Mantras*, die ebenfalls weiter unten angeführt sind, bedürfen nicht unbedingt der Initiation, um erfolgreich verwendet zu werden.

Mudras sind sakrale Gesten der Hände, die ebenfalls ihre Macht aus der Verbindung mit psychischen Kräften beziehen. Für sie gelten mit einigen wenigen Ausnahmen dieselben Einschränkungen wie für *Mantras.*

Geistig erzeugte Opfergaben sind Opfergaben in Form von einer, sieben oder acht Schalen voll klarem, frischem Wasser (oder auch Opfergaben, die nur in der Vorstellung des Adepten existieren), das durch die Macht der Vorstellungskraft in alle denkbaren Arten von schönen und kostbaren Substanzen in unermeßlicher Fülle verwandelt werden kann. Wird ein yogi-

* John Blofeld, *Die Macht des heiligen Lautes*, O. W. Barth Verlag, München 1978.

scher Ritus mit einer solchen Opferung vollzogen, dann ist es am besten, wenn tatsächliche Opfergaben vorhanden sind; anderenfalls können eine oder mehrere Schalen mit Wasser oder geistige Bilder der gewünschten Opfergaben als Ersatz dienen. Reale Opfergaben, solche, die durch klares Wasser symbolisiert sind, oder als geistige Bilder existierende Opfergaben können allesamt schön sein und durch die Vorstellungskraft des Geistes vervielfältigt werden – denn diese geistige Kraft ist bei allen yogischen Methoden der überragende Faktor. Wie andere ritualistische Formen sind auch die Opfer-Rituale außerordentlich nützlich zur Anregung bestimmter geistiger Zustände. Es wird nicht angenommen, daß die Buddhas und Bodhisattvas solche Opfer wünschen oder brauchen, und noch weniger, daß sie sie von ihren Gläubigen unter Androhung schrecklichster Strafen fordern! Solche Vorstellungen sind dem Buddhismus fremd.

Durch den Gebrauch von *Mudras, Mantras* und bildlicher Vorstellung können die drei Fähigkeiten des Körpers, der Rede und des Geistes gleichzeitig für yogische Zwecke eingesetzt werden.

Das sogenannte *Mani-Mantra* besteht aus sechs Sanskrit-Silben: OM MANI PADME HUM, wobei PADME sehr häufig als BÄHME ausgesprochen wird. Dies ist das *Mantra*, das mit dem Bodhisattva des Mitleids, Avalokiteshvara (chinesisch: Kuan Yin; tibetisch: Tschenresi), verbunden ist. Neben seiner Eignung für den Gebrauch zu Heilzwecken, wie er im neunzehnten Kapitel beschrieben ist, ist es ein machtvolles Hilfsmittel zum Erzeugen von innerer Stille, geistigem Frieden und Furchtlosigkeit angesichts von Gefahr. Außerdem kann es schreckliche Visionen und schlechte Träume bannen oder sogar völlig verwandeln, sobald man gelernt hat, sich seiner in Augenblicken der Spannung oder im Schlaf zu erinnern. Vor allem aber ist es ein Mittel, um Mitgefühl für sich selbst und vor allem für andere Wesen hervorzurufen. Es kommt jedoch nur zur vollen Wirkung, wenn man es durch häufige Wiederholung gemeistert und den mitleidsvollen Bodhisattva während der Wiederholungen immer wieder mit tiefster Inbrunst angerufen und deutlich visualisiert hat. Wer entschlossen ist, das *Mani-Mantra* zu meistern, um es in Zeiten der Anspannung und zum Nutzen leidender Wesen gebrauchen zu können, der sollte es über lange Zeit hin täglich Tausende von Malen und dann das ganze Leben lang so häufig wie möglich wiederholen, aber niemals dann, wenn der Geist mit Gedanken beschäftigt ist, die dem lebenspendenden Prinzip des Mitgefühls, das durch Kuan Yin verkörpert wird, widersprechen oder nichts damit zu tun haben. Wenn es richtig beherrscht wird, ist es eines der fruchtbarsten yogischen Mittel, um mit Sorgen, Furcht, Panik und Hysterie umzugehen und allen Wesen in jeder Art von Not zu helfen, wie auch, um negative Leidenschaften wie Neid, Eifersucht oder Wut in heitere Ruhe zu verwandeln.

In vielen asiatischen Ländern benützen Adepten, die sich der *Mani*-Praxis der hunderttausendfachen Wiederholung innerhalb eines bestimmten Zeitraums zugewandt haben, eine Kette *(Mala)* mit hundertacht Perlen als Zählinstrument. Manchmal sind noch kurze Schnüre mit verschiebbaren Metallscheiben darangebunden, mit denen sich die Anzahl der bereits rezitierten Tausender und Zehntausender festhalten läßt. Ist solch eine Kette schwer zu bekommen, kann man eine bestimmte Zeitspanne von soundsovielen Minuten oder Stunden pro Tag für die *Mani*-Rezitation festsetzen, um das *Mantra* meistern zu lernen. Doch ist all das fruchtlos, wenn man nicht ständig mit allen verfügbaren Kräften darum bemüht ist, in Gedanken, Worten und Taten gegenüber allen Wesen mitfühlend zu sein, giftige Reptilien und Insekten nicht ausgeschlossen. Es sollte undenkbar sein, absichtlich irgendeinem fühlenden Wesen Schaden zuzufügen. Sportarten wie Jagen und Fischen müssen völlig gemieden werden, sonst wird die yogische Praxis zu einer pietätslosen Farce.

Die *Mantras* und *Mudras* für die Opferungen, die bei vielen yogischen Riten benützt werden, sind folgende (und der Geist sollte dabei das Bild einer jeden Opfergabe in einer Form visualisieren, die so prachtvoll und schön wie möglich ist):

Wasser für das Gesicht:

OM ARGHAM AH HUM

Die Hände werden mit den Handflächen nach oben so in Brusthöhe aneinandergelegt, daß sie eine flache Schale bilden, deren teilweiser Rand aus den Daumen besteht, die an den Zeigefingern anliegen.

Wasser für das Bad:

OM PADYAM AH HUM

Die Hände werden getrennt mit den Handflächen zur Brust hin in Brusthöhe gehalten, wobei Zeige- und Mittelfinger gestreckt und die anderen beiden zur Handfläche hin gekrümmt und vom gekrümmten Daumen festgehalten werden. Die ausgestreckten Finger beider Hände kreisen dreimal um die der anderen Hand, um die Bewegung des Wassers anzudeuten.

Blumen:

OM PUSHPE AH HUM

Die Hände werden mit einander zugewandten Handflächen in Gebetshaltung in Brusthöhe gehalten, doch so, daß die Fingerspitzen verschränkt sind und eine einzige Linie aufwärts weisender Fingerspitzen bilden. Die Hände berühren sich nur an den Fingerspitzen und über den Handgelenken und bilden in der Mitte einen Hohlraum, um so die Gestalt der Lotusknospe anzudeuten. Die Daumen erheben sich vertikal nebeneinander und umschließen die dem Adepten zugewandte Seite der Knospe.

Räucherstäbchen:

OM DHUPE AH HUM — Die Hände werden vor der Brust Rücken an Rücken mit nach oben weisenden und verschränkten Fingern gehalten (die Daumen liegen an den Zeigefingern an), um Räucherstäbchen in einem Weihrauchgefäß zu symbolisieren.

Lampen:

OM ALOKE AH HUM — Die Hände werden mit den Handflächen nach oben in Brusthöhe gehalten; die Finger sind gekrümmt, so daß die Fingernägel der Brust zugewandt sind, und die Daumen sind aufgerichtet, wobei der Handballen zur Mitte der Hand hin gedrückt wird, um die aus der Öllampe aufragenden Dochte anzudeuten.

Duftwasser:

OM GANDHE AH HUM — Die linke Hand wird horizontal in Brusthöhe gehalten, die Handfläche nach unten und die Fingerspitzen vom Körper weg zeigend, der Daumen gekrümmt an der Handfläche anliegend. Die rechte Hand wird vertikal gehalten, der Daumen liegt ebenfalls gekrümmt an der Handfläche an, und die Wurzel der rechten Handfläche liegt leicht auf dem rechten Rand der linken Hand auf, um einen Krug anzudeuten, der neben einem flachen Behälter steht.

Reine Nahrung:

OM NAIVIDHE AH HUM — Die Hände formen eine Schale wie beim ersten *Mudra*, nur daß die Daumen diesmal nach innen gekrümmt auf der Handfläche liegen, um eine flache Schale mit reiner Nahrung darin anzudeuten.

Jedem dieser *Mudras*, die von den jeweiligen *Mantras* begleitet werden, geht eine Geste voraus, bei der das rechte Handgelenk vor der Brust über das linke Handgelenk gekreuzt wird, so daß die Finger der rechten Hand zur linken Schulter und die der linken Hand zur rechten Schulter zeigen, und zugleich macht man mit den Händen ein schnalzendes Geräusch, indem die Spitzen der Mittelfinger fest gegen die Daumen gepreßt werden und dann mit einem Klicken zur Daumenwurzel abrutschen.

Dieselbe Geste folgt unmittelbar nach jedem *Mudra*, doch liegt dabei das linke Handgelenk über dem rechten.

Währenddessen sieht man vor seinem inneren Auge einen Diener, der auf das erste Schnalzen hin erscheint und bereitsteht, die Opfergabe in Empfang zu nehmen, die durch das unmittelbar folgende *Mudra* symbolisiert wird. Das zweite Schnalzen entläßt den Diener, damit er die Opfergaben vor dem Buddha oder Bodhisattva niederlegt, der jetzt als lebendiges Wesen visualisiert wird.

Das folgende Diagramm zeigt den Ablauf, wobei die mit einem R oder L versehenen Kreise für die Schnalz-Geste mit dem rechten oder dem linken Handgelenk nach außen und die Quadrate für die *Mudras* stehen (wobei jedes den Anfangsbuchstaben der entsprechenden Opfergabe enthält).

Dahinter steht das Prinzip, daß man – ob nun reale Schalen voller Opfergaben oder sieben Schalen mit Wasser verwendet werden, um diese zu repräsentieren, oder ob man die Opfergaben visualisiert – durch das Rezitieren der *Mantras* und das Ausführen der entsprechenden *Mudras* in Verbindung mit einer intensiven bildlichen Vorstellung den Opfergaben gewaltige, geradezu kosmische Dimensionen verleihen, sie mit atemberaubender Schönheit ausstatten und sie in herrlich verzierten Schalen aus purem Gold und mit eingelegten kostbaren Edelsteinen darbringen kann. Diese Reihe von Opfergaben hat ihren Ursprung in Indien und wurde vielleicht in alten Zeiten beim Gottesdienst für anthropomorphe Hindu-Gottheiten verwendet, was die Art der geopferten Dinge erklären könnte. Wie wir bereits gesehen haben, war es buddhistischer Brauch, die vorbuddhistische Ikonographie und Ritualistik der Länder, in denen sich der Buddhismus ausbreitete, für den Gebrauch im buddhistischen Sinne zu übernehmen. In den vergangenen zweitausend Jahren wurde der Ritus der sieben Opfergaben (oder manchmal acht, wobei man Schneckenmuscheln als Symbol für Musik hinzufügte) hauptsächlich als Vorspiel für verschiedene tantrische Rituale verwendet, die jedoch unter keinen Umständen ohne vorhergehende Initiation vollzogen werden können. Daß ich die Opfer-*Mudras* in dieses Buch aufgenommen habe, hat jedoch mehrere Gründe. Erstens gehören sie zu den ganz wenigen, die ohne Initiation gelehrt werden können. Zweitens illustrieren sie, wie in der tantrischen Praxis Aktionen des Körpers, der Rede und des Geistes miteinander verbunden werden. Drittens kann dieser Ritus von praktischem Nutzen als Vorspiel zu den Reinigungs- und Heil-Yogas sein, die in einem späteren Kapitel beschrieben sind. In diesem Zusammenhang muß noch einmal betont werden, daß die Himmlischen Buddhas und Bodhisattvas nicht so aufgefaßt werden, als würden sie die Opfergaben verlangen; doch ist es im Sinne des Yoga wünschenswert, daß der Adept dieses Mittel zum Erzeugen einer achtungsvollen und ehrfürchtigen Geisteshaltung benützt. Für manche Leute mag das Ritual bedeutungslos erscheinen, und in diesem Fall ist es besser, darauf zu verzichten; bei anderen wird es zum Hervorrufen eines yogischen Geisteszustandes höchst wirkungsvoll sein, vor allem als Vorbereitung für die Reinigungs- und Heil-Yogas.

Rituelle Gesten werden schließlich von fast jedermann benützt, um entsprechende geistige Zustände zu schaffen oder zu symbolisieren, wie etwa, wenn man gegenüber einer Fahne salutiert, zeremoniell den Hut hebt, in der Kirche niederkniet, Hände schüttelt, Freimaurer-Riten vollzieht, akademische Roben trägt, um einen Universitätsgrad zu verleihen oder entgegenzunehmen, und so weiter. Ihre Universalität weist darauf hin, daß sie einem menschlichen Bedürfnis entsprechen. (Jene extremen Protestanten, die Wert darauf legen, in der Kirche nicht zu knien, machen in Wirklichkeit daraus ein Ritual des *Nicht-Kniens*!) Bei einigen Seminaren in Nordamerika baute der *T'ai-Chi*-Meister Huang Chung-liang (Al Huang) die Opfer-*Mudras* in einen sehr schönen sakralen Tanz ein. Tanzen ist ja tatsächlich nur eine andere uralte Methode, um tiefe Verehrung für das auszudrücken, was größer ist als das Selbst, zum Beispiel für das *Tao* als die Lebenskraft, die alle Wesen belebt, oder für die Bodhisattvas oder psychischen Verkörperungen der Prinzipien der Weisheit und des Mitleids.

Vor allem ist es wichtig, sich daran zu erinnern, daß *Mantras* und *Mudras* von intensiven Visualisationen begleitet werden sollten. Man muß lernen, die juwelengeschmückten Opferschalen mit ihrem schönen Inhalt, das Kommen und Gehen der vorgestellten Diener in glänzenden Seidengewändern und das Annehmen der Opfergaben durch ein Wesen, dessen Haltung von wunderbarer Gelassenheit und liebevollem Mitgefühl zeugt, so deutlich zu sehen, als würde man all das greifbar vor Augen haben.

Eine Geschichte

Ein Yogi lebte in einer Höhle am Gestade des Blauen Sees (Kokonor) in der wunderschönen, blumenreichen Wildnis, die eine Randzone an den Grenzen Chinas, der Mongolei und Tibets bildet. Dort hatte er sieben Jahre lang in Einsamkeit gelebt, selten gesehen und noch seltener im Gespräch mit den Dorfbewohnern, die gläubig jeden Tag mit Opfergaben von Nahrungsmitteln und anderen Dingen kamen, die nötig waren, um seine geringen Bedürfnisse zu befriedigen. Sein Ruf von unbefleckter Heiligkeit war weit in die umliegenden Lande gedrungen. Eines Tages ließ ein chinesischer Beamter, der sich auf einer Inspektionsreise in dieser Region befand, seine Reiterschaft nicht weit von der Höhle des Yogi anhalten und kletterte allein zu ihrem Eingang hinauf. Wo er den Yogi selbst zu finden hoffte, sah er jedoch nicht mehr als ein paar zerlumpte Schaffelle, einen alten bronzenen Topf, die nötigen Gerätschaften, um ein Holzkohlefeuer für den Tee zu machen, und ein paar primitive Eßutensilien. Er hob seine Stimme und rief: »Heiliger Mann! Diese unbedeutende Person bittet flehentlich um Audienz.«

»Wer ist da?« fragte eine wohlklingende Stimme aus den schattigen Tiefen der Höhle.

»Mein unbedeutender Nachname ist Han. Ich bereise den Distrikt als Vertreter des Gouverneurs von Ch'ing Hai und habe hier haltgemacht, um Euch meine Aufwartung zu machen.«

»Was kann eine so hochstehende Persönlichkeit wie Euer Ehren von einem unwissenden alten Kerl wie mir wollen?« erwiderte die Stimme.

»Oh, ich bitte, keine Förmlichkeit. Der Ruf von Euer Ehrwürden erklingt im ganzen Distrikt. Wie sollte ich nicht viel von Euch lernen können? Bitte überseht meinen wertlosen Rang und empfangt mich als einfache Person, die dringend der Weisheit bedarf.«

In der Dunkelheit bewegte sich etwas, und der Inspektor erblickte einen dünnen alten Mann in einem schäbigen bronzefarbenen Gewand, dessen schütteres, ungekämmtes Haar lose über seine Schultern hing. Der alte Mann lud seinen Gast ein, sich auf ein Bündel Schaffelle zu setzen, und bereitete auf der Feuerstelle einen Tee.

»Heiliger Mann«, fragte schließlich der Beamte, »fühlt Ihr Euch nicht einsam hier, so weit weg vom Klang menschlicher Stimmen?«

»Einsam?« rief der Einsiedler sichtlich verwundert. »Nein, nein, nein. Ich bin selten allein. Von der Morgendämmerung bis Mitternacht ist meine Höhle gedrängt voll mit Besuchern.«

»Ich sehe nichts von ihnen«, erwiderte Han, der sich fragte, ob der Alte wohl noch recht bei Sinnen sei.

»Natürlich, Herr, natürlich. Diese vielen Wesen sind geistig geschaffen und für andere unsichtbar.«

»Geistig geschaffen? Wie können sie dann die Einsamkeit bannen? Ich verstehe ja, daß Ihr sie *seht*, aber da man sich nicht mit ihnen unterhalten kann . . .«

»Aber sie unterhalten sich Tag und Nacht mit mir und haben mich zahllose wunderbare und heilige Dinge gelehrt. Warum nicht?«

»Gewiß können doch Geschöpfe Eures eigenen Geistes Euch nicht mehr erzählen, als Ihr bereits wißt?«

Dem alten Einsiedler schien es aus Verwunderung über diese Frage die Sprache verschlagen zu haben. Nach langer Pause sagte er: »Der unvergleichliche allumfassende Geist, der größer ist als Trilliarden von Welten, ist es, der diese Wesen hervorbringt. Ein Zeitraum von zahllosen Äonen wäre zu kurz, um ihre Lehren auszuschöpfen. Die Weisheit aller Weisen, die diese Welt kennt, umfaßt nicht mehr als eine Haarspitze des Ganzen.«

Der gelehrte Inspektor, orthodoxer Konfuzianer von Kindesbeinen an, hatte das Gefühl, vor diesen ungeheueren Ausmaßen wie vor einem bodenlosen Abgrund zurückzutaumeln. Da er sah, daß solch ein Dialog nicht weitergehen konnte, ohne daß er sich in unbekannten Meeren verlor, versuchte er ihn zu beenden, indem er rief: »Wunderbar! Wunderbar! Zutiefst bedauere ich, daß meine Studien mich nicht dafür ausgerüstet haben, die Mitteilungen Eurer spirituellen Meister zu hören!«

Der Einsiedler, von der Aufrichtigkeit seines Gastes beeindruckt und nicht wenig erstaunt, in einer Persönlichkeit, deren Rang auf einen Gelehrten mit hohen Auszeichnungen hinwies, eine solche Bescheidenheit vorzufinden, antwortete: »Erlaubt mir den Versuch, meine Erfahrung mit Eurer Exzellenz zu teilen.«

Han stimmte freudig zu, und der alte Mann nahm die Lotus-Haltung ein und begann einige *Mantras* zu intonieren, während seine Hände eine Reihe komplizierter Gesten vollzogen, die zu schnell ineinander übergingen, als daß der Konfuzianer sie einzeln hätte zu unterscheiden vermögen. Bald hörten die Gesten auf, aber das mantrische Gemurmel, das von den Lippen des Alten kam, wurde lauter und lauter, bis es klang, als liege die Höhle hoch oben auf einem Gebirgspaß und ein gewaltiger Wind brause herein und schlüge gegen die Wände. Zugleich wurde die Dunkelheit von sanftem Licht durchdrungen, das immer strahlender wurde und jede Ritze und Spalte erleuchtete und eine Versammlung überwältigend schöner Wesen enthüllte, die in schimmernde Gewänder aus Seidengaze gekleidet waren. Aus diesen Wesen brach nun ein Strahlen hervor, das eine vielfarbige flammende Aura bildete, welche die ganze Gesellschaft sitzender Figuren umhüllte, die sich Reihe um Reihe zu einer Höhe erhoben, die um ein Vielfaches die Höhe der Höhle übertraf, denn die Felsendecke war nicht mehr zu sehen.

»Wer können sie wohl sein?« fragte sich der verwunderte Konfuzianer, der seinem neuen Freund keine Fragen stellen konnte, solange die Sturzflut mantrischer Klänge von dessen Lippen strömte. Doch augenblicklich blitzte in seinem Geist die Antwort auf, als habe der Einsiedler sie ausgesprochen: »Dies sind die Lehrer meiner Linie, die sich durch die Jahrhunderte bis zum Erleuchteten selbst zurückerstreckt, den du über den acht Himmlischen Bodhisattvas und anderen hohen Wesen sitzen siehst.«

Han sah hinauf zur Spitze dieser leuchtenden Pyramide und

erblickte als oberste Gestalt den Shakyamuni Buddha, den Lehrer der Götter und Menschen, dessen sanftes Lächeln und halb geschlossene Augen von der entrückten Seligkeit des *Samadhi* zeugten.

»Wenn eines dieser majestätischen Wesen endlich reden würde«, dachte der konfuzianische Gelehrte, »dann würde ich wissen, ob das, was es sagt, dem Inhalt meines eigenen Geistes entspringt oder aus einer anderen Quelle kommt, und dann könnte ich die Antwort auf meine Frage finden, ob man von geistig erschaffenen Wesen Wissen erhalten kann.«

Kaum hatte er dies gedacht, als auch schon eine wundervoll klingende Stimme sagte: »Unsere Rede hat nichts mit bloßer Gelehrtheit zu tun, doch magst du sie durchaus eine Reflexion deines eigenen Geistes nennen, da es keine Trennung gibt zwischen dem Geist der fühlenden Wesen und dem grenzenlosen GEIST außer jener illusionären Barriere, die der Unwissenheit um die Einheit von Einem und Allem entspringt. Wie können dein Geist und der grenzenlose GEIST zwei sein, wenn beide am wahren Wesen der Leere teilhaben?«

Es folgte noch vieles, bevor die Belehrung zu Ende war, das Strahlen verblaßte und der Strom mantrischer Klänge bis zur völligen Stille abebbte und den alten Einsiedler verzückt in der Seligkeit des *Samadhi*, in der er gleich dem Buddha verharrte, zurückließ. Hans Frage war beantwortet worden; denn wie die meisten konfuzianischen Gelehrten war er nie mit der Lehre vom Einen Geist in Berührung gekommen; sie war ihm völlig neu und hatte ihm deshalb von dem, was in seinen Augen immer sein eigener Geist gewesen war, nicht mitgeteilt werden können. Er hatte seinen Geist immer als persönlichen Besitz betrachtet, der nichts gemeinsam hatte mit dem Geist anderer oder mit dem, was er jetzt als Synonym für das *Tao*, die Leere, die Wirklichkeit, als GEIST zu bezeichnen gelernt hatte.

Da der Einsiedler keine Anstalten machte, aus der Seligkeit der Meditation zurückzukehren, neigte der Gelehrte dreimal sein Haupt zur Erde und ging leis von dannen. Innerhalb eines Jahres quittierte er den kaiserlichen Dienst und kehrte zu seinem Heimatort zurück. Nachdem er sich dort von seinen erstaunten Frauen und Kindern verabschiedet hatte, begab er sich in ein nahe gelegenes Kloster und ließ sich als einfacher Novize dort aufnehmen. Schritt für Schritt stieg er zu einem berühmten *Dharma*-Meister auf, der überaus gefragt war als Lehrer der befreienden Lehre des »Nicht-Zwei«.

17. Kontemplative Übungen

In China verschmolzen schon vor langer Zeit – anders als in Japan, Tibet und in anderen Ländern – die verschiedenen Sekten des *Mahayana*-Buddhismus zu einer einzigen Form des chinesischen Buddhismus, die sechs Komponenten umfaßte:

1. Die Befolgung der vielen *Vinaya*-Regeln des Verhaltens durch Mönche und Nonnen sowie der Fünf Gebote – Enthaltung von Töten, Stehlen, unpassendem Geschlechtsverkehr, Lügen und der Einnahme von Rauschmitteln –, verbunden mit der Pflege des Mitgefühls, durch Laienbuddhisten.
2. Rituale wie die Niederwerfungen und Opferungen vor dem Dreifachen Juwel (den Drei Kostbarkeiten), die in allen buddhistischen Ländern üblich sind.
3. Kontemplative Meditation unter fast gänzlicher Vernachlässigung philosophischer Studien (inspiriert von der *Chan*-Sekte).
4. Kontemplative Meditation, die auf gründlichen philosophischen Studien basiert und von ihnen unterstützt wird (inspiriert von den *Hua-Yen-*, *T'ien-T'ai-* und *Wei-Shih*-Sekten).
5. Kontemplative Meditation in Verbindung mit der Rezitation sakraler Formeln und der Anrufung der Himmlischen Buddhas und Bodhisattvas (inspiriert von der *Ching-T'u*-Sekte, der Sekte des Reinen Landes).
6. Einige Praktiken, die aus alter Zeit überliefert sind, als es noch die *Mi-Tsung-* oder esoterische Sekte gab, die ein geheimes Wissen um die Handhabung machtvoller psychischer Kräfte mit der Unterstützung durch *Mantras* und *Mudras* vermittelte, wie es die heutigen tantrischen Meister Tibets lehren.

Die letztgenannte Sekte verschwand, nachdem sie sich die Feindschaft des konfuzianischen Establishments zugezogen hatte, so daß nur Fragmente ihrer Praxis überlebten. Die kontemplativen Sekten hingegen wurden recht selten verfolgt. Im großen und ganzen beziehen sich die in diesem Kapitel besprochenen Übungen auf die dritte und vierte der oben genannten Kategorien.

Ununterbrochene Bewußtheit

Die Übung der ständigen, ununterbrochenen Bewußtheit körperlicher und geistiger Vorgänge, des Ablaufs von körperlichen Bewegungen, des Aufsteigens und Abklingens von Emotionen oder der jeweiligen Erfahrung im Hier und Jetzt ist in buddhistischen Ländern, seien sie am *Mahayana* oder am *Theravada* orientiert, sehr weit verbreitet. Was dem Nichtunterrichteten auf den ersten Blick als eine ziemlich langweilige oder sogar bedeutungslose Übung erscheinen mag, erweist sich mit einiger Erfahrung als außerordentlich lohnend. Die Übung dieser Bewußtheit ist nämlich ein erstklassiges Mittel, um die Ich-Verblendung abzubauen, negative Emotionen umzuwandeln oder zum Verschwinden zu bringen und das wahre Wesen des Seins zu erkennen, eine Erkenntnis, in der die Identität von »Ich« und »andere« offenkundig wird. Obwohl diese Übung viele verschiedene Formen haben kann, zielen diese alle darauf ab, eine bessere Einsicht in das Wesen des Seins zu gewinnen. Diese Einsicht wird durch die ununterbrochene Bewußtheit in einer Weise ermöglicht, die leichter zu erfahren als zu erklären ist. Es ist, als öffne die ununterbrochene Bewußtheit eine Tür in ungeahnte Dimensionen des Seins. Einige der Grundformen der Übung sind folgende:

In Meditationshaltung sitzend richtet man seine Aufmerksamkeit auf einen bestimmten Teil des Körpers und nimmt

Empfindungen wahr, die zu fein sind, um der gewöhnlichen bewußten Erfahrung gegenwärtig zu sein. Man versucht, deutlicher als sonst dessen gewahr zu werden, was in dieser Körperregion geschieht. Meistens versucht man, sich des gesamten Vorgangs des Atmens voll bewußt zu werden, aber auch die Bewußtheit des Pulsierens des Blutes und der Anzeichen für das Funktionieren der Verdauungsprozesse tragen dazu bei, uns vor Augen zu führen, wie geringfügig der Anteil des vermeintlichen »Ich« an diesen Abläufen ist. Manchmal wird mit verschiedenen Atemweisen experimentiert, und man denkt dabei zum Beispiel: »Jetzt atme ich kurz (oder mittel oder lang) ein (oder aus).« Eine andere Variante ist die, darauf zu achten, welche Gemütslage, welches Gefühl oder welche Empfindung in jedem Augenblick vorherrscht, und sich darauf zu konzentrieren, wobei man denkt: »Jetzt atme ich ein (oder aus) und erlebe heitere Gelassenheit (oder welches Gefühl gerade vorherrschend sein mag).« Die Verbindung von Bewußtheit und bewußtem Atmen scheint besonders wirkungsvoll die intuitive Einsicht in das Wesen des Seins zu fördern.* Man kann aber auch die Aufmerksamkeit auf den Geist richten, indem man die einander folgenden Gedanken und Emotionen völlig unbeteiligt beobachtet, als sehe man sie auf einer Kinoleinwand ablaufen. Auch dies führt wirkungsvoll zu zunehmender Einsicht in die Abwesenheit von irgendeiner Einheit, die man tatsächlich als ein »Ich« bezeichnen könnte.

Geht man spazieren (sei es speziell zum Zweck der Pflege der Bewußtheit etwa um eine Meditations-Hütte herum, sei es auf dem Weg zum Markt oder irgendwo andershin im Zusammenhang mit den alltäglichen Verrichtungen, so konzentriert man seine Aufmerksamkeit auf den Ablauf der körperlichen Bewegungen und denkt dabei: »Jetzt hebe ich meinen Fuß (setze ihn

* Mehr darüber siehe Lama Anagarika Govinda, *Grundlagen tibetischer Mystik*, O. W. Barth Verlag, München, [4]1975.

nieder, laß meine Arme vorwärts oder rückwärts schwingen, und so weiter).« Diese Übung hat denselben Zweck wie die eben beschriebene Übung im Sitzen. Es ist eine sehr wirkungsvolle yogische Übung, sich die ununterbrochene Bewußtheit zur Gewohnheit zu machen, gleich was man gerade tut, wobei man die Haltung eines unbeteiligten Beobachters einnimmt.

Während man seinen alltäglichen Geschäften nachgeht, ist die leidenschaftslose Beobachtung dessen, was in einem selbst geschieht – vor allem, was die emotionalen Zustände und ihre physischen und psychischen Auswirkungen betrifft –, eine wunderbare Methode, um den Griff der Leidenschaften zu lokkern oder sie in gesündere Geisteszustände umzuwandeln. Man denkt: »Jetzt ist Ärger (Ruhe, Freude, Enttäuschung, Neid) in meinem Geist aufgestiegen. Jetzt schlägt mein Herz schneller (langsamer). Jetzt wird mein Atem kurz und keuchend (länger und ruhiger). Jetzt habe ich ein unangenehmes Gefühl im Magen (aus Zorn, Angst oder ähnlichem). Jetzt wird mein Gesicht rot (blaß). Jetzt lasse ich dummerweise einer Emotion freien Lauf, die mit Sicherheit mir selbst und anderen schadet (oder ich halte mich klug davon fern).« Solche Besinnungen können, wenn sie oft wiederholt und möglichst lange beibehalten werden, die Häufigkeit leidenschaftlichen Verhaltens, das man meist teuer zu bezahlen hat, verringern. Auf diese Weise sichern sie eine wachsende Selbstkontrolle.

Wenn man sitzt oder herumgeht, richtet man seine Bewußtheit auf Details der Umgebung, die man normalerweise nicht bemerkt, und denkt: »Jetzt beleuchtet ein Sonnenstrahl diese Blätter. Jetzt raschelt der Bambus im Wind.« Abgesehen davon, daß diese Übung uns die Augen für tausend Schönheiten öffnet, die man im allgemeinen ignoriert, regt sie die Bewußtheit dessen an, was man »die einzige Wirklichkeit« nennen könnte. Die Vergangenheit ist schließlich nicht mehr als eine Erinnerung und die Zukunft ein bloßer Traum. Je vollständiger man sich seiner Umwelt bewußt ist, desto unmittelbarer wird das Gefühl, nicht von ihr getrennt zu sein. Wir erkennen, daß sie tatsächlich nur eine Erweiterung dessen ist, was wir bisher für ein von ihr abgetrenntes Selbst gehalten haben.

Die Übung der Bewußtheit ist in vieler Hinsicht wertvoll. Die Bewußtheit körperlicher und geistiger Vorgänge schwächt den Griff der Ich-Verblendung, da man immer deutlicher sieht, wie weitgehend Handlungen, Empfindungen, Gefühle und Gedanken funktionieren oder aufsteigen und abflauen, ohne daß dabei irgend etwas von der Art eines Ego beteiligt ist. Das einstmals für allmächtig gehaltene »Ich« erweist sich in allzu vielen Situationen als weit entfernt davon, diese zu beherrschen. Wenn negative Emotionen aufsteigen, und man betrachtet sie als unbeteiligter Beobachter, dann erkennt man die Häßlichkeit ihrer Auswirkungen und entdeckt, wie armselig, unklug und wenig wünschenswert sie sind. Gleichzeitig entsteht eine geistige Stille, mit deren Hilfe man ihnen entgegenarbeiten kann. Die Bewußtheit der Umgebung enthüllt uns die Unmittelbarkeit des Hier und Jetzt und hilft dem Geist, sich von seiner ununterbrochenen Beschäftigung mit egozentrischen Gedanken über Vergangenheit und Zukunft zu lösen.

Viele Menschen sind so sehr zu Sklaven ihrer Reue, ihrer Erwartungen, ihrer Ängste und des idiotischen Spiels wirrer Gedanken geworden, daß sie ganz vergessen haben, wie man in der Gegenwart lebt und sie genießt. Freunde, die weit gefahren sind, um einen berühmten Naturpark, einen See oder Berg zu besuchen, lassen sich kaum Zeit für ein paar entzückte Ausrufe, bevor sie zu einem endlosen Dialog darüber zurückkehren, wer sich hat scheiden lassen und wer sich bald von wem scheiden lassen wird, ob es diesen oder jenen Firmenzusammenschluß in Paris oder München geben wird, ob Fräulein X irgendwelchen Anschlägen auf ihre Keuschheit unterliegen wird, oder wer was über was zu wem gesagt hat. Während dieser ganze Unsinn abläuft, glitzert der zauberhafte See ungesehen, und der Berg, der sein schneebedecktes Haupt in einen strahlend blauen Himmel erhebt, wird ignoriert. Sie verbringen vielleicht mehr als zwanzig Prozent ihres Lebens im Wachzustand mit solchen Trivialitäten, denn wenn sie niemanden haben, mit dem sie reden können, läuft das endlose Geschwätz in ihrem Geist weiter und weiter. Es ermangelt ihnen so sehr der Stille, daß das erhabene *Tao*, das Buddha-Wesen, das jederzeit bereit ist, in ihnen und um sie herum aufzuleuchten, von dichten Wolken der Geistlosigkeit vollkommen verdunkelt ist. Was für eine Verschwendung kostbarer Augenblicke! Selbst ein kleines bißchen Übung in ununterbrochener Bewußtheit könnte ihnen eine ganz andere und glücklichere Welt eröffnen und es ihren Mitmenschen ersparen, stets mit höflichen Erwiderungen aufwarten zu müssen.

Chih Kuan

Beeinflußt von den Lehren der *T'ien-T'ai*-Sekte befürworten viele chinesische Meditationslehrer die strikte Befolgung einer Methode mit dem Namen *Chih Kuan*, die in der einen oder anderen Form nahezu allen tibetischen Lamas vertraut ist. Sie besteht in dem abwechselnden Gebrauch zweier Grundformen der Meditation und sollte auf den meisten Stufen des Weges – abgesehen von den allerletzten – praktiziert werden. *Chih* (wörtlich: »anhalten«) und *Kuan* (was soviel bedeutet wie »unterscheidende Kontemplation«) sind notwendige Ergänzungen füreinander.

Chih umfaßt alle Arten der Meditation, die darauf abzielen, sich über das begriffliche Denken zu erheben, die gewöhnlichen Bewußtseinszustände zu transzendieren, die innere Stille zu erreichen und den Geist für das Einströmen intuitiver Weisheit zu öffnen. *Chih*-Meditation umfaßt darum das In-einen-Punkt-gesammelt-Sein des Geistes wie auch den Zustand, den man als objektlose Bewußtheit bezeichnet und in dem das Bewußtsein einer hellen Lampe gleicht, die über eine endlose Schneefläche strahlt. Die Kontemplation der Verkörperungen der Energie von Weisheit/Mitgefühl, wie etwa Kuan Yin Bodhisattva, und das Erlangen von *Samadhi* mit Hilfe von Rezitationen oder *Mantras* gehören ebenfalls dazu. Mit diesen Mitteln kommt der Mystiker zu einer unmittelbaren Erfahrung des wahren Gesichts der Wirklichkeit in ihrer undifferenzierten Form.

Bei der Anwendung im angemessenen Rahmen führt *Chih* geradewegs zur Erleuchtung. Wird es jedoch ununterbrochen während des gesamten Verlaufs jeder Meditationssitzung praktiziert und bei jeder denkbaren Gelegenheit angewendet, um den Geist von der Umwelt abzuziehen, können sich daraus zwei große Gefahren ergeben: Entweder kann der Übende »in der Leere verlorengehen« oder voller Entsetzen vor ihr zurückweichen. Ersteres bedeutet, daß er an der Seligkeit der Leere festhält und diese Erfahrung fälschlich für die unmittelbare Wahrnehmung der Wahren-Wirklichkeit hält. Dies kann dazu führen, daß er fortan die Welt verachtet, ablehnt oder an ihrer Wirklichkeit zweifelt, wie jene indischen Weisen, die sie als *Maya* bezeichnen – als reine Täuschung – und ihre Realität leugnen. Da er etwas, das nur ein Stadium der intuitiven Wahrnehmung ist, für das letzte Ziel hält, macht er auf halbem Wege halt und gibt sich keine Gelegenheit zu weiterem Fortschritt. In diesem Fall wird er den Schatz, den zu suchen er sich aufgemacht hatte, niemals finden! Stundenlang in verzückter Kontemplation verloren, aber mit dem unglücklichen Gefühl, von dieser Verzückung ausgeschlossen zu sein, wenn er sich mit etwas anderem befassen muß, wird er zu einem Geist in den Augen anderer, die er ebenfalls als bloße Geister erachtet.

Aber viel, viel schlimmer noch ist die zweite Gefahr; die Wahrnehmung der grenzenlosen Leere kann den Adepten so sehr mit Entsetzen erfüllen, daß er plötzlich auf dem Wege haltmacht, wie ein Langstreckenläufer, der schreiend vom Rand eines finsteren Abgrunds zurückweicht. Die »Ding-losigkeit«

erscheint ihm plötzlich als bloßes Nichts. Ich sagte »viel, viel schlimmer«, und dennoch ist im Sinne des Yoga das Verwechseln verzückter Seligkeit mit dem eigentlichen Ziel ein ebenso großer Irrtum wie das Erstarren in äußerstem Entsetzen. In beiden Fällen kommt der Fortschritt zum Stillstand.

Kuan oder die diskursive, unterscheidende Kontemplation umfaßt, zumindest auf den anfänglichen und mittleren Stufen, den bewußten Gebrauch des begrifflichen Denkens und die Orientierung an der Logik. Ausgerüstet mit einigem Vorwissen über das Wesen des Ziels, sei es durch einen Lehrer oder durch eigenes Lesen etwa der unvergleichlichen Lehren des Nagarjuna, setzt der Adept sein intellektuelles Wissen dazu ein, auf dialektischem Weg falsche Vorstellungen zu zerstören, wie etwa die von der Realität der Ego-Einheiten und der Gültigkeit der Unterscheidung zwischen Selbst und anderen, oder die Meinung, daß Geschöpfe und Dinge mehr als eine vorübergehende, wellenartige Individualität besitzen. Durch analytische Betrachtung der Funktionen seines Körpers und seines Geistes sowie des Ich-losen Wesens ihrer Zusammensetzung und durch intellektuelle Folgerung vermag er – zuerst gedanklich und dann intuitiv – die Unwirklichkeit des Ich und jeder Art von vermeintlich unabhängiger Existenz zu erkennen. Dies erfordert ein intensives Studium bestimmter *Mahayana*-Lehren als Unterstützung der Meditation. Ohne *Chih* wird ihn *Kuan* jedoch keineswegs zu seinem Ziel bringen. Den Leerheits-Aspekt der Realität intellektuell zu erfassen, genügt nicht; und *Kuan* wird den Adepten nicht befähigen, ihn intuitiv zu erkennen, wenn nicht *Chih* ihn dabei unterstützt. Deshalb sollten die beiden Methoden abwechselnd verwendet werden, entweder mehrmals während jeder relativ langen Meditationssitzung – das ist die Art und Weise, wie es zumeist empfohlen wird – oder indem man jeder dieser Formen für sich jeweils kurze Sitzungen widmet.

Chih wird üblicherweise in der Meditationshaltung praktiziert, indem man die Bewußtheit so sammelt, daß der Geist vom Herumwandern abgehalten wird. Die Gedanken werden, wenn sie aufsteigen, ruhig wieder losgelassen, wobei sich ein Gefühl seliger Losgelöstheit einstellen kann. *Kuan* wird im allgemeinen ebenfalls beim Sitzen in der Meditationshaltung praktiziert und folgt oft unmittelbar auf die *Chih*-Übung. Meistens hat es die Form analytischer Reflexion über einen bestimmten Aspekt der Buddha-Lehre, wie etwa über die drei Eigenschaften aller zusammengesetzten Phänomene: ihre letztlich unbefriedigende Natur, ihre Vergänglichkeit und die Abwesenheit einer eigenständigen Existenz. Andere Objekte der Analyse sind die Vergänglichkeit, gegenseitige Abhängigkeit und (im letzten, aber nicht im erfahrungsgemäßen Sinn) Unwirklichkeit individueller Lebewesen und Objekte; oder die Unmöglichkeit, eine Ego-Einheit von den Komponenten des eigenen Körper-Geist-Systems zu isolieren. Solche Überlegungen erfordern es oft, sich die Argumente ins Gedächtnis zu rufen und zu überdenken, die von Erleuchteten als Mittel der Schulung formuliert wurden. Auf diesen frühen Stufen wird der Intellekt mehr als die Intuition eingesetzt; später werden sie miteinander verbunden, und schließlich stellt sich plötzlich reine Intuition ein – aber nicht ohne die Hilfe von *Chih*.

Der Übende braucht nicht nach einem Zeitplan zu arbeiten, wenn er die beiden Übungen abwechselnd einsetzt. *Chih* ist besonders dann angebracht, wenn der Geist sehr unruhig ist, wenn die Aufmerksamkeit allzuleicht umherwandert und überflüssige Gedanken sich breitmachen. *Kuan* dagegen ist erforderlich, wenn der Geist träge und schwerfällig ist und es nicht fertigbringt, wie ein helles Licht zu sein, das über eine unterschiedslose Unendlichkeit scheint. Die Hauptsache ist, jede Meditationssitzung gut vorbereitet zu beginnen, indem man sich vorher schon für eine bestimmte *Chih*- und eine bestimmte *Kuan*-Meditation entschieden hat, so daß man in der Lage ist, reibungslos von einer zur anderen überzugehen, ohne daß eine

Unterbrechung für die Überlegung nötig ist, was man als nächstes tun soll.

Auf einer fortgeschrittenen Stufe bekommt *Kuan* zunehmend intuitiven Charakter, und letztendlich können *Chih* und *Kuan* miteinander verschmelzen. Mit wachsender Weisheit wird der Gebrauch des begrifflichen Denkens während der Meditation schließlich – zusammen mit dem Dualismus von Form und Leere – transzendiert; die dualistischen Aspekte der Wirklichkeit offenbaren sich als »Nicht-Zwei«. Jenseits davon ist nur Stille. Die Unerleuchteten können nicht von dem sprechen, was sie erst noch erfahren müssen. Die Erleuchteten haben entdeckt, daß es so unmöglich ist, ihre Erfahrung denen mitzuteilen, die sie nicht ebenfalls gemacht haben, als würden sie zu Blindgeborenen von Farbe und Perspektive sprechen. Lao-tzû's Spruch »Wer weiß, redet nicht; wer redet, weiß nicht«, ist, was die letzten Stufen des Weges angeht, ausnahmslos gültig. Von dort an kann man, wenn überhaupt, nur noch in negativen Aussagen und Paradoxa von der eigenen Erfahrung sprechen.

Unter den *Chan-(Zen-)*Anhängern im Westen gibt es einige, die in ihrem Eifer, zu betonen, daß *Chan* eine wortlose Lehre sei, die Notwendigkeit des intellektuellen Verständnisses herabsetzen – ungeachtet der Millionen Worte, die in den vergangenen paar Jahren über diese wortlose Lehre geschrieben wurden! Dieser Irrtum kann daher rühren, daß sie auf einige Aussprüche der Bilderstürmer unter den *Chan*-Meistern *außerhalb ihres ursprünglichen Zusammenhangs* gestoßen sind und eine Belehrung, die unter ganz bestimmten Umständen gegeben wurde, als universale Regel mißverstanden. Ich persönlich bin noch keinem chinesischen oder tibetischen Meditationslehrer begegnet, der nicht eine gründliche Kenntnis der *Mahayana*-Lehren als nötige Voraussetzung für das Erlangen des Ziels bezeichnete. Allerdings lehren sie alle auch, daß vor dem Erlangen der Erleuchtung eine Stufe kommt, auf der alle Lehren und Methoden aufgegeben werden können.

Von den Übungen in diesem zweiten Teil des Buches gehören diejenigen auf den Seiten 187 ff., 191 f. und 225 ff. weitgehend oder ganz zur *Chih*-Kategorie; diejenigen auf den Seiten 232 ff., 236 ff. und 239 ff. gehören zu *Kuan.*

Chan-(Zen-)Meditation

Es gab in China – wie heute in Japan – etliche Schulen des *Chan*-Buddhismus, die alle ihre besonders bevorzugten kontemplativen Techniken hatten. Das grundsätzliche Ziel bestand jedoch immer darin, durch *Chih*-Meditation zur direkten Wahrnehmung des eigenen Wahren-Wesens zu gelangen, das sich als etwas herausstellt, was kein persönlicher Besitz sein kann, sondern mit dem Wesen des kosmischen Seins identisch ist. Vom *eigenen* Wahren-Wesen zu sprechen ist deshalb eigentlich unangebracht. So werden die chinesischen Wörter für »eigenes Wesen« in diesem Zusammenhang nicht verwendet; die korrekten Begriffe sind *Pên Hsing* (ursprüngliches Wesen), *Pên Hsin* (ursprünglicher Herz-Geist) und *Fu Hsing* (Buddha-Wesen), die, wie der erleuchtete Geist weiß, allesamt dasselbe kennzeichnen. Um die unmittelbare Wahrnehmung dieses ursprünglichen Wesens zu erreichen, trachtet der Meditierende danach, einen Geisteszustand zu erlangen, der nicht vom kleinsten Gedanken gestört und dennoch von wunderbarer Wachheit ist – das genaue Gegenteil von bewußtlos oder unbeweglich. Im Verlauf dieser Bemühungen müssen alle Dinge, an denen der unerleuchtete Geist haftet, wie Erscheinungen, Namen, Begriffe, Meinungen und so weiter, fallengelassen werden.

Es mag für westliche Menschen überraschend sein zu erfahren, daß die *Koan*-Technik der japanischen *Rinzai*-Sekte, die in den letzten Jahrzehnten so viel Berühmtheit erlangt hat, in ihrer jetzigen Form bei den chinesischen Buddhisten nicht üblich ist – und wahrscheinlich nie war –, obwohl das *Koan* selbst chinesischen Ursprungs ist und in dieser Sprache *Kung An* genannt wird. Die vielen *Koan* (paradoxe Aussagen, deren Sinn durch diskursives Denken nicht zu erfassen ist), um deren intuitives Verständnis die Anhänger des *Rinzai-Zen* ringen müssen, sind prägnante Berichte von sinnträchtigen Begebenheiten, die sich alle unter verschiedenen Umständen ereigneten und deshalb natürlich unterschiedlich sind. Doch sind sie alle ohne Ausnahme Ausdruck derselben Wahrheit und führen, wenn sie richtig eingesetzt werden, zu demselben erwachten Geisteszustand. Deshalb nehmen die Chinesen an, daß es keinen Nutzen bringt, wenn man sie von ihrem jeweiligen Kontext losgelöst als Übungsreihe behandelt, die fortschreitend vom Elementaren zum Tiefgründigen führt. Die chinesische Technik besteht darin, daß man eine kurze, paradoxe Episode (technisch *Hua T'ou* genannt) verwendet und so lange damit arbeitet, wie eine solche Methode überhaupt nötig ist. Allerdings hat der Meditierende die Freiheit, zu einem anderen *Hua T'ou* überzugehen, wenn er trotz gewissenhafter Übung mit dem ersten nicht vorangekommen ist.

Wie Meister Hsü Yün ausführt, der im Westen durch die Bücher von Lu K'uan Yü (Charles Luk) bekannt geworden ist, enthält jedes *Hua T'ou* die Schlüsselfrage »wer?« oder impliziert diese Frage zumindest. Zum Beispiel: »Wer verehrt den Buddha?« oder »Bevor meine Eltern geboren wurden, was war da mein ursprüngliches Gesicht? (= wer war ich?)« Man legt sich diese Frage immer wieder vor, sowohl während der Meditationssitzungen wie auch zu anderen Zeiten, denn die Übung sollte möglichst ohne Unterbrechung den ganzen Tag lang weitergeführt werden, ob man geht, steht, sitzt oder liegt. Der Meditierende sucht keine verbale, von logischem oder begrifflichem Denken diktierte Antwort, die Absicht der Übung besteht gerade darin, das Aufsteigen von Gedanken im Geist zum Stillstand zu bringen. Außerdem wußte er höchstwahrscheinlich schon, bevor er mit dieser Übung begann, daß die Antwort, sofern sie in Worten vermittelt werden kann, GEIST ist – nicht »mein Geist«, »sein Geist«, sondern einfach GEIST im Sinne von »der eine Geist«, der die Quelle, die Nicht-Substanz und das Ziel allen Seins ist. Die Antwort, die er in diesem Fall sucht, ist etwas, das man nicht bloß benennen oder lediglich wissen kann, sondern durch ein Erwachen zum Wesen des ursprünglichen Geistes *unmittelbar erfahren* muß.

Das *Hua T'ou* hat die Form einer Frage, so daß es Zweifel anregen kann. Bisher war man sicher, »Ich bin Ich«, ohne daß man den Versuch unternommen hätte herauszufinden, was diese Ich-Einheit eigentlich sei. Mit Hilfe von Nagarjunas bewunderungswürdiger Dialektik kann man sich ein intellektuelles Verständnis der Tatsache aneignen, daß eine genaue Prüfung der Bestandteile eines individuellen Körper-Geist-Systems uns keine Einheit finden läßt, die man als das »Ego« identifizieren könnte. Doch Nagarjuna legt keinen großen Wert auf die bloße intellektuelle Erkenntnis dieser Tatsache, außer als Wegweiser zur intuitiven Erfahrung. Intellektuelle Prozesse sind zwar als Einstieg in den Weg und für das Vorankommen auf den ersten Stufen von Nutzen, müssen aber früher oder später fallengelassen werden. Man muß tief in den Geist eindringen und das begriffliche Denken transzendieren, um zur unmittelbaren Erfahrung dessen zu gelangen, was hinter der Erscheinung eines »Ich« liegt – zum unbegrenzten, ewigen, unterschiedslosen GEIST.

Das *Hua T'ou* ist, obwohl es ein wirkungsvolles Mittel darstellt, das angestrebte Ziel zu erreichen, selbst nicht makellos, da es Gedanken beinhaltet, und diese trüben die absolute Reinheit eines von *jeglichem* Denken befreiten Geistes. Es hat dieselbe Funktion wie das winzige Loch, das man in einem Kolben zum Absaugen der Luft läßt, um darin ein absolutes Vakuum zu erzeugen. Ist das Vakuum erreicht, wird das Loch versiegelt, das heißt, das *Hua T'ou* wird losgelassen. Während der Übung sollte das *Hua T'ou* nicht mit wildem Energieaufwand oder mit grimmiger Entschlossenheit angegangen werden – ganz im Gegenteil. Der Meditierende versucht – ob er in der Meditation sitzt, spazierengeht oder sich mit den unumgänglichen Angelegenheiten des täglichen Lebens befaßt – sein *Hua T'ou* nie aus den Augen zu verlieren und es jederzeit dem Kern seiner Bewußtheit so nah wie möglich zu halten. Alle anderen Gedanken werden entweder völlig ausgeschaltet oder, wenn sie im Umgang mit den alltäglichen Angelegenheiten für eine Weile zugelassen werden müssen, an die Peripherie des Geistes verwiesen. Und bei alledem muß das *Hua T'ou* mit einer solchen Gelassenheit gehandhabt werden, daß es kaum einen zarten Lufthauch in der sonst ungestörten Stille erzeugt. Wenn man es mit angestrengter Intensität oder andererseits nachlässig und nur in Abständen übt, wird die Antwort nie im Bewußtsein aufdämmern, und die ganze Übung ist umsonst. Die Bewußtheit wird mit ruhiger Beharrlichkeit auf diesen einen Gedanken gesammelt: »Wer verehrt den Buddha – w-e-e-e-e-r?« Da dieses Rätsel seinem Wesen nach einen dauernden Zweifel an der Gültigkeit der gewöhnlichen Erfahrung verursacht, treibt es unablässig den Geist an, der, entleert von allen anderen Gedanken, dem plötzlichen Erwachen näher und näher rückt, das dem Meditierenden sein ursprüngliches Wesen offenbart – das Buddha-Wesen, die unterschiedslose Leere, das *Tao*.

Der Gebrauch des Begriffs »plötzliches Erwachen« erinnert vielleicht an die berühmte Auseinandersetzung zwischen Vertretern der nördlichen und südlichen Schule des *Chan*, in der die ersteren behaupten, daß sich das Erwachen allmählich vollziehe, während die letzteren darauf bestanden, daß es plötzlich komme. Natürlich hatten beide recht. Das Erwachen vollzieht sich insofern allmählich, als ein langwieriger Prozeß dazu nötig ist, wie wenn ein Teekessel voll kaltem Wasser allmählich auf einem kleinen Holzkohleherd zum Kochen gebracht wird. Und es geschieht insofern plötzlich, als es, anstatt schon auf einer frühen Stufe aufzudämmern und allmählich intensiver zu werden, abrupt auftritt, wie wenn das Wasser im Kessel, nachdem seine Temperatur lange genug gestiegen ist, ohne irgendeine feststellbare Veränderung plötzlich den Siedepunkt erreicht und wild brodelnd über den Rand des Kessels spritzt.

Was den Begriff »Erwachen« – japanisch *Satori* – betrifft, so kann er im Geist westlicher Leser Verwirrung stiften – so zum Beispiel auch in meinem. In westlichen Büchern über *Zen* wird oft vom »großen« oder »kleinen« *Satori* gesprochen. Das chinesische Äquivalent für *Satori* ist *Chieh Wu* und bedeutet soviel wie »Erwachen« im Sinne einer Erleuchtung, die nicht etwas ist, was man in graduellen Abstufungen erfahren kann. Ich nehme darum an, daß *Satori* ein Wort ist, mit dem in Japan eine ganze Reihe von intuitiven Erfahrungen bezeichnet werden, *die in Richtung auf die Erleuchtung führen*, daß aber auch die Erleuchtung selbst so genannt wird. Wenn das stimmt, so muß man sich vor dem Irrtum hüten zu meinen, das erste schwache Aufblitzen der Intuition sei in seiner Intensität identisch mit dem, was allen Buddhisten als die Vollkommene Erleuchtung bekannt ist. Der Hinweis ist nötig, weil man im Westen, wo der Buddhismus noch in seinen Kinderschuhen steckt, gelegentlich an Leute gerät, die behaupten, die Erleuchtung erlangt zu haben, ohne jedoch auch nur eines der Zeichen erkennen zu lassen, die diesen hohen Zustand begleiten. Ich bin überzeugt, daß ein wirklich erleuchteter Mensch dies unter gar keinen Umständen jemals von sich selbst behaupten würde. Mit der Erleuchtung verschwindet nämlich auch der letzte Funke von Egozentrik, da sie zur Erkenntnis führt, *daß es da kein Individuum gibt, das erleuchtet sein könnte*, wogegen die Aussage: »Ich bin erleuchtet« ja das Gegenteil behauptet. Außerdem ist eine der hervorstechendsten Eigenschaften, an denen man wahre Weise erkennen kann, eine liebenswerte *Bescheidenheit*.

Wem die Praxis der *Chan*-Meditation neu ist, der sollte mit einer, zwei oder drei kurzen Sitzperioden täglich anfangen, am besten zu regelmäßigen Zeiten, und die Sitzungen allmählich verlängern, bis sie so lang sind, wie er es aushält, ohne sich dabei allzu sehr anzustrengen oder das Gefühl von Schalheit zu bekommen. In den Zeiten zwischen den Sitzungen sollte er häufig zur Kontemplation seines *Hua T'ou* zurückkehren, sich dabei aber nicht zu heftig vorantreiben, da das nutzlos ist und sogar zu einem Nervenzusammenbruch führen kann. Es sollte ein vernünftiger Eifer sein, so wie wenn ein Athlet sich bei seinem Training alle paar Tage dazu antreibt, nur ein bißchen mehr Leistung zu bringen, als er auf der jeweiligen Stufe seines Trainings bequem schaffen kann, aber ohne Übertreibung, ohne zusammengebissene Zähne, ohne wilden Samurai-Geist in der Art von »Schaff es oder stirb!«. Die Lehre des Buddha wird »Mittlerer Weg« genannt; alle Extreme sollten vermieden werden.

Wie fast alle, die von chinesischen Meistern ausgebildet wurden (unter denen es allerdings einige Ausnahmen gibt), glaube ich nicht, daß das Aufrechterhalten der Lotus-Haltung auch dann, wenn sie zu starken Schmerzen in den Beinen führt, anzuraten ist. Schmerzen können schwerlich etwas Gutes sein, da sie den Geist unweigerlich von der Kontemplation des *Hua T'ou* ablenken – wenn auch ein bißchen Schmerz, dem man sich vielleicht aussetzt, wenn die Sitzungen von Tag zu Tag nur ein paar Minuten verlängert werden, nichts schadet. Ich frage mich, ob jene Meditierenden, die das Ertragen von Schmerzen über einen langen Zeitraum hin als zweckmäßige Disziplin verfechten, sich bewußt sind, daß die Lotus-Haltung zu einer Zeit entwickelt wurde, als die Asiaten so sehr daran gewöhnt waren, mit gekreuzten Beinen auf dem Boden oder auf einer Couch zu sitzen, daß sie das Sitzen auf einem Stuhl als ausgesprochen unbequem empfanden. In Wirklichkeit wurde die Lotus-Haltung von den Weisen des Altertums als die *bequemste* Art des Sitzens – vor allem mehrere Stunden hintereinander – gelobt. Ich persönlich empfehle die Praxis, wie ich sie bei der *Zen*-Gemeinschaft in Tassajara, Kalifornien, beobachtete, wo das kleine Sitzpolster, das auf dem großen viereckigen Meditationskissen liegt, höher war, als bei den Asiaten üblich, um das Gesäß anzuheben und den Druck auf die Beine zu verringern. Die Fähigkeit, Schmerzen in frommer Ergebenheit zu ertragen, macht mir, auch wenn sie unter gewissen Umständen nützlich sein mag, nicht den Eindruck, als würde sie im geringsten zu erfolgreicher Meditation beitragen.

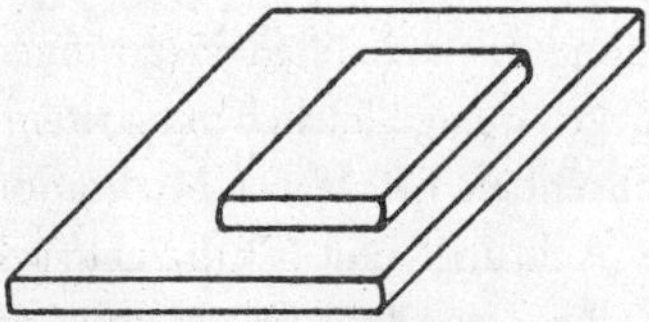

Herkömmliche Sitzmatte mit Sitzpolster

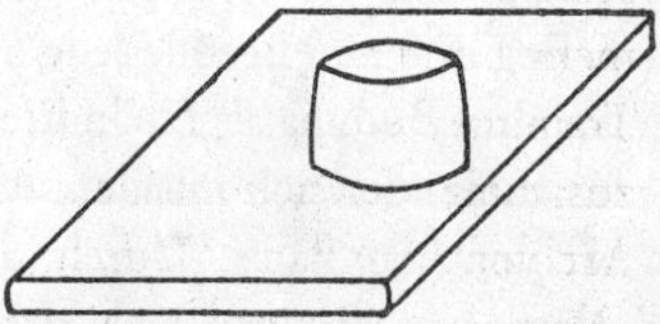

Sitzmatte mit hohem Sitzkissen

Zusammenfassung der elementaren Regeln

1. Sitze am Anfang nicht sehr lang an einem Stück. Verlängere die Sitzungen allmählich und sei nicht zu ehrgeizig. Versuche dich an regelmäßige Zeiten zu halten, am Morgen und am Abend, jeden Tag; und laß keine Sitzung aus, wenn es vermeidbar ist.
2. Versuche es bei jeder Sitzung mit der Lotus-Haltung, kehre aber lieber zum Schneidersitz zurück, anstatt ablenkende Schmerzen in den Beinen auf die Dauer auszuhalten. Stütze das Gesäß mit einem relativ hohen Kissen, wenn es nötig ist, um Schmerzen zu verringern.
3. Denke daran, daß die Arbeit mit einem einzigen *Hua T'ou*, solange es den nötigen Zustand des Zweifels erzeugt, ebenso wirkungsvoll sein kann wie eine fortschreitende Serie von *Koans.*
4. Vielleicht erweist es sich als wirkungsvoller, die chinesische Form des *Hua T'ou* zu benützen – *Nien Fu shih shei?* (Wörtlich: Verehrend den Buddha ist wer?) –, da sie nicht nur kürzer

ist, sondern den Vorteil hat, nachdrücklich mit dem Schlüsselwort »w-e-e-e-e-r« zu enden (Das »shei« spricht sich »schör«, mit einem fast klanglosen »ö«, als spreche man »schr«).
5. Mache das *Hua T'ou* mit sanfter Beharrlichkeit zum Mittelpunkt deiner ununterbrochenen Bewußtheit, doch orientiere dich bei deiner Übung am Bild des Wassers, das unmerklich den Stein höhlt, und nicht an dem des Sturms, der einen Baum entwurzelt. Vermeide Starrheit, Spannung und Anstrengung.
6. Beginne und beende jede Sitzung mit drei Niederwerfungen vor dem Buddha als Heilmittel gegen den gefährlichen spirituellen Stolz, der sich mit dem wachsenden Erfolg der Meditation breitmachen kann. Durch die Achtung und Ehrfurcht vor »dem, was größer ist als das Selbst« werden die egoistischen Gefühle bezwungen.

Kontemplation des Nicht-Selbst

Dies ist eine diskursive Meditation im *Kuan*-Stil, die auf der Ebene begrifflichen Denkens beginnt und zunächst nur eine intellektuelle Annäherung an die erhabenen Einsichten in das Wesen der Wirklichkeit, wie man sie durch reine Intuition erlangt, zu sein scheint. Allerdings kommt sie so nahe an das heran, was bei der *Chih*-Meditation offenbar wird, daß ihre Praxis mit der Zeit über das begriffliche Denken hinaus in den Bereich unmittelbarer intuitiver Wahrnehmung führt, vor allem, wenn man sie mit der In-einen-Punkt-gesammelten-Bewußtheit abwechselt, die im letzten Absatz beschrieben wird. Meine Darstellung basiert auf einem kontemplativen Werk des fünften Dalai Lama, das kürzlich von Geshe Rabten und Geoffrey Hopkins übersetzt wurde. Wenn ich bei der Vereinfachung seiner Essenz in irgendeiner Weise unrecht getan habe, so ist der Fehler mir zuzuschreiben und nicht dem verehrungswürdigen Autor oder den qualifizierten Übersetzern.

Nachdem der Übende die Meditationshaltung eingenommen hat, ruft er sich ins Gedächtnis, daß Geschöpfe und Dinge ihrem Wesen nach identisch sind mit der unterschiedslosen Nicht-Substanz der Leere. Das Ich oder Selbst für eine unabhängige Einheit zu halten bedeutet, die Leerheit seines Wesens zu leugnen und zu meinen, daß es unabhängig von allen anderen Manifestationen der Leere (die auch der »Eine Geist« ist) existiere. Zu akzeptieren, daß das Ich nicht wirklich ist, bedeutet, seine grundlegende Leere und seine völlige Abhängigkeit von allen anderen Manifestationen der Leere zu erkennen. Es heißt vor allem auch, zu dem Ergebnis zu kommen, daß es nichts in der Art eines Ich-Prinzips gibt, das man von den fünf Seinskomponenten (*Skandhas*), die zusammen das Körper-Geist-Phänomen einer Person bilden, isolieren könnte.

Den ersten Schritt nennt man »das Ermitteln des zu negierenden Objekts«. Der Übende stellt sich ein »Selbst« vor, als ob es wirklich existiere, und ruft sich einige Gelegenheiten ins Gedächtnis, bei denen dieses »Ich« durch Worte oder Taten anderer zu leiden hatte oder sich freute. Er versucht, genau festzustellen, wofür er dieses »Ich« hält, zum Beispiel in welcher Beziehung es zu seinem Körper, seinem Geist, seinen Gefühlen und Unterscheidungen steht und aus welchen Bestandteilen es zusammengesetzt zu sein scheint. Er überlegt vielleicht: »Ich, Peter Meier, bin unzweifelhaft eine wirkliche Person. Ich erinnere mich, wie gekränkt ich war, als meine Schwester mich vor allen Leuten einen Nichtsnutz nannte, und wie ich mich über den Beifall der Kritiker zu meinem letzten Buch freute. Mit ›Ich‹ meine ich diese Person, die hier sitzt, ein individueller Geist in einem individuellen Körper, der jetzt die Wärme der Sonne genießt und sich erinnert, wie unangenehm es ist, richtig zu frieren. Dieses ›Ich‹ ist deutlich mit meinem Geist verbunden, da es durch Herabsetzung verletzt und durch Lob in freudige Erregung versetzt werden kann; es ist aber auch mit meinem Körper verbunden, da es auf Wärme und Kälte reagiert.«

Der zweite Schritt, den man »Ermitteln der Durchdringung« nennt, besteht darin zu überlegen, daß das »Ich« entweder eins mit den fünf Aggregaten der Persönlichkeit oder aber von ihnen getrennt sein muß. Diese fünf Aggregate sind: *Form* (Körper, Sinnesorgane usw.); *Gefühle* (körperliche und geistige, einschließlich angenehme, unangenehme und neutrale); *Wahrnehmung* (von Form, Geruch, Geschmack usw., wozu auch die Fähigkeit gehört zu erkennen, zu unterscheiden und einzuordnen, also praktisch das, was wir als begriffliches Denken bezeichnen); *Konditionierungen* (einschließlich Willensäußerungen, Reaktionen wie Stolz oder Angst, Impulse, Neigungen, Urteile und »Bewegungen des Geistes in bezug auf Objekte«, wie etwa, wenn man darüber nachdenkt, ob etwas wünschenswert ist oder nicht); *Bewußtsein* (Gewahrwerden von Dingen, das eine Trennung von Subjekt und Objekt impliziert, und Bewußtheit der anderen, oben genannten Aggregate).

Folglich muß das »Ich« entweder dasselbe sein wie diese fünf oder von ihnen verschieden. Man mag also überlegen: »Wenn ›Ich‹ nicht etwas ist, das von diesen fünf Aggregaten getrennt ist, warum neige ich dann dazu zu sagen ›mein Körper‹, ›meine Wahrnehmung‹ und so weiter. Es wäre doch dasselbe, als würde ich sagen ›mein Ich‹ oder ›des Körpers Körper‹. Das klingt doch wohl ziemlich absurd. Gut, dann muß ich annehmen, daß mit ›Ich‹ nur mein Geist gemeint ist. Doch wie kann das sein? Kann der Geist frieren oder Hunger haben, oder braucht der Geist Lebensmittel oder Kleider? Gewiß nicht, aber ›Ich‹ fühlt und braucht solche Dinge, also ist es wahrscheinlicher, daß ›Ich‹ alle diese fünf Aggregate einschließlich *Form* (Körper) umfaßt. Aber in diesem Fall müßte es fünf verschiedene ›Ichs‹ geben, oder aber alle fünf Aggregate sind in Wirklichkeit eins – aber keins von beidem gibt einen Sinn. Ebenso wenig logisch erscheint es zu sagen, daß ›Ich‹ weder von den fünf Aggregaten verschieden noch dasselbe ist wie sie.«

Der dritte Schritt heißt »Ermitteln des Mangels an wahrer

Übereinstimmung des Selbst mit den fünf Aggregaten der Persönlichkeit«. Man erkennt, daß das »Ich« etwas anderes sein muß als diese fünf, da jedes davon deutlich als das erkannt werden kann, was es ist, während man das »Ich« offensichtlich in dieser Weise nicht identifizieren kann. Man mag sich denken:

»Ist ›Ich‹ also etwas anderes als diese fünf? Doch obwohl ich meinen Körper durch Berührung identifizieren kann und manches als angenehm und anderes als unangenehm empfinde, obwohl ich zwischen Grün und Rot unterscheiden kann, meine Neigung feststellen kann, lieber mit dem Kopf als mit den Händen zu arbeiten, und obwohl ich mir der Baumgruppe dort als Objekt meines Geistes bewußt bin, kann ich nie irgendeine Einheit berühren, fühlen, unterscheiden, genießen oder mir ihrer als Objekt meines Geistes bewußt sein, die von diesen fünf Aggregaten getrennt ist und als Ich identifiziert werden könnte. Kurz, ›Ich‹ ist nur eine leere Vorstellung, die überhaupt keine erkennbare Gültigkeit hat.«

Wenn der Übende auf diese Weise Tag um Tag meditiert, wird er mit Sicherheit immer wieder zu demselben Schluß kommen. In zunehmendem Maße wird er davon überzeugt sein, daß »Ich« und »mein« nicht mehr als konventionelle Begriffe sind, mit denen man im alltäglichen Bewußtseinszustand aus Bequemlichkeit eine Fiktion verschleiert. Diese Erkenntnis führt, wenn sie die intellektuelle Ebene überschreitet und eine Sache unmittelbarer Intuition wird, zur Befreiung, der »Erleuchtung«!

Bei jeder Sitzung sollte der Übende, nachdem er sich mit Variationen dieser Analyse des sogenannten »Ich« befaßt hat, zu einer Form der *Chih*-Praxis übergehen, die auf demselben Thema basiert, indem er seine Bewußtheit in einem einzelnen Objekt sammelt, das, wenn der Geist eine kurze Zeit lang still war, von dem Gedanken: »Das ›Ich‹ hat keine eigene Existenz« ersetzt wird. Dieser Gedanke wird nun das Objekt der In-einen-Punkt-gesammelten-Bewußtheit. Eine alternative Übung besteht darin, während einer einzigen Sitzung die *Kuan*-Form der Analyse mit dem Ziel, die »Ich«-Vorstellung zu negieren, und die *Chih*-Form der In-einen-Punkt-gesammelten-Bewußtheit mehrere Male miteinander abzuwechseln. Diese zweizinkige Attacke wird unweigerlich zur Verringerung und schließlich zum Verschwinden der auf der Ego-Vorstellung basierenden Verblendung führen.

Identifikation von »Selbst« und »andere(s)«

Diese Meditation ist in der Zielrichtung von der vorausgehenden nicht wesentlich verschieden. Der Übende beginnt damit, daß er eine ähnliche *Kuan*-artige Analyse der Bestandteile eines beliebigen Objekts vornimmt – zum Beispiel eines dunkelroten vierbeinigen Hockers aus Holz – und versucht, ihn als ein unabhängig existierendes Ding zu identifizieren, das etwas von der Art eines eigenen Seins besitzt. Indem er geistig die Stuhlbeine abmontiert und sie neben den flachen Sitz legt, erkennt er, daß dies kein Hocker mehr ist, obwohl alle seine Bestandteile vorhanden sind. Er überlegt, daß deren Farbe nicht nur von Licht und Schatten abhängig ist, sondern auch vom Auge des Betrachters, da es manche Leute gibt, die Rot und Grün nicht unterscheiden können, einige die Dunkelrot schön finden, und andere, die es überhaupt nicht leiden können. Indem er sich erinnert, was er für die Form des Hockers gehalten hat, bevor er ihn auseinandernahm, erkennt er, daß dies ebenfalls ein Trugbild war, da die »Gestalt« eines Objekts auf dem Blickwinkel beruht, aus dem es betrachtet wird. Er erinnert sich außerdem, daß jedes Ding zugleich groß und klein ist, da die Vorstellung von Größe von der benützten Vergleichsgrundlage abhängt. Denkt er über das Material nach, aus dem der Stuhl besteht, so stellt er fest, daß das Holz von einem bestimmten Baum stammt, der nicht derselbe Baum geworden noch genau dort gewachsen wäre, wo er stand, wenn nicht seine Vorfahren über einen Zeitraum von Millionen von Jahren und mehr Waldbrände und Krankheitsbefall überlebt hätten. Auf diese Weise kommt er zu dem Ergebnis, daß es diesem beliebigen Objekt gänzlich eines individuellen, unabhängigen Seins ermangelt. Es hat keine ihm innewohnende Eigenschaft, die man als »Essenz der Stuhlheit« bezeichnen könnte. In Wirklichkeit war es nur ein Stuhl, solange seine Bestandteile in einer bestimmten Beziehung zueinander standen, und selbst dann hätten Menschen einer anderen Kultur ihn für einen Tisch halten können, wodurch er ein Tisch *geworden* wäre, ohne daß seine Form die geringste Veränderung erfahren hätte. Der Stuhl ist also nicht notwendigerweise ein Stuhl; seine Farbe, Form und Größe hängen von zahllosen Faktoren ab, einschließlich den Betrachtern (und diese sind wiederum die Produkte unendlich langer und vielfältiger Ketten von Ursachen und Wirkungen); das Material, aus dem er zusammengesetzt ist, ist das Ergebnis von Ereignissen, die geschehen und nicht geschehen sind, noch bevor das Universum ins Sein getreten ist.

Mit diesen Betrachtungen als Ausgangspunkt überlegt er: »Nichts besitzt eine Natur, die man zutreffend als seine eigene bezeichnen könnte, da jede vergängliche Manifestation der Leere auf einer Unendlichkeit von einander folgenden und gleichzeitigen Ursachen beruht, die sich zum anfanglosen Anfang zurück und bis in die Ewigkeit erstreckt und hinaus zur fernsten Galaxis reicht. Dasselbe trifft auch für mich selbst zu. Alles innerhalb der ungeheueren kosmischen Umwelt, einschließlich jenes belanglosen Objekts, von dem ich bisher so viel gehalten und das ich als ›mich selbst‹ gesehen habe, ist im ganz wörtlichen Sinn von allem anderen abhängig. Alles sind vergängliche, voneinander abhängige Manifestationen der Leere; ›Ich‹ und ›andere‹ sind ihrem Wesen nach identisch, sie haben nichts, was sie wirklich ihr eigen nennen könnten. Wie töricht ist also der Stolz, mit dem ich bisher meine ›einmalige Individualität‹ empfand! So, wie ich mich mein ganzes Leben bemüht habe, Unbefriedigtsein, Leiden, vorzeitigen Verfall und Auflösung zu vermeiden, so wird es auch jedes andere Lebewesen gehalten haben, sei es ein Gott, ein Mensch, ein Elefant, eine Ameise, ein Dämon, ein Baum, eine Blume, eine Nutzpflanze oder ein Unkraut! Da ich das identische Wesen aller Geschöpfe und Dinge im grenzenlosen Kosmos erkenne, anerkenne ich, daß sie alle mir so nah sind, als wären sie Fleisch von meinem Fleisch. Da ich mir bewußt bin, daß mein Verlangen nach einem vollen Maß an Gesundheit, Wohlergehen und langem Leben von jedem fühlenden Wesen geteilt wird, wie kann ich da wagen, mich selbst für etwas Besonderes zu halten und auf andere herabzusehen?

Da es ein Gesetz der Natur ist, daß man zum Aufrechterhalten des Lebens Nahrung benötigt, muß ich essen und bin deshalb genötigt, Lebendes zu zerstören. Ja, ich kann nicht einen einzigen Atemzug tun, kein einziges Glas Quellwasser trinken, keinen Fuß auf den Boden setzen, mich nicht im Schlaf umdrehen und nicht die schwächste Medizin einnehmen, ohne dabei das Risiko einzugehen, unbeabsichtigt zahllose fühlende Wesen zu zerstören. Dennoch werde ich mich im Licht meines erweiterten Verständnisses absichtlicher Übergriffe auf das Wohlergehen und das Glück aller Menschen, Tiere und Pflanzen enthalten und mein Bestes tun, dieses zu fördern. Meine sklavische Abhängigkeit von meinem eigenen Wohlergehen auf Kosten anderer Geschöpfe war eine unrühmliche Haltung; von nun an werde ich Mitgefühl und liebevolles Verständnis für alles pflegen, was lebt. Nie wieder darf ich mir gestatten, dem unscheinbarsten aller Wesen willkürlich zu schaden. Das Leben ist heilig, weil das Leben des einzelnen das Leben aller ist. Selbst jene hohe, wenngleich bisher noch unverwirklichte Idee von der Bruderschaft der Menschen ist nicht der Rede wert im Vergleich zu der Verwandtschaft aller Wesen im Universum. Wenn es Galaxien gibt, die von unserer Millionen von Lichtjahren entfernt sind, so sind die Geschöpfe, die dort leben mögen, in einem gewissen Grad von mir abhängig und ich von ihnen. Möge ich niemals wieder in die törichte Haltung der Ich-Überschätzung zurückfallen.«

Meditation in dieser Weise, die von der festen Absicht begleitet wird, im Licht der gewonnenen Einsichten zu handeln, wird den Pfad zur Erleuchtung von vielen Hindernissen befreien.

Hua-Yen-Meditation

Das *Hua Yen Ching (Gandavyuha Avatamsaka Sutra)* ist das tiefgründigste aller Sutras und verkündet eine erhabene Lehre, die die weitreichendsten Implikationen der gewöhnlichen Logik in einer Weise transzendiert, daß man mit schwindelndem Geist vor der Kontemplation der sage und schreibe Billionen von Universen, die alle einander durchdringen, zurücktaumelt. In China bildete dieses Sutra die Basis eines hochentwickelten Meditationssystems, dem die vereinfachten Übungen, die hier beschrieben werden, entstammen. Einige Punkte der *Hua-Yen*-Philosophie sind folgende: Alle Dinge entstehen in völliger Abhängigkeit von allen anderen und ermangeln eines eigenen Selbst. Daraus folgt, daß man nur von der Leere mit Recht sagen kann, daß sie existiert; dennoch gibt es keine Leere, die von den faßbaren Erscheinungen getrennt ist. Nicht-Sein ist zusammen mit Sein gegeben – keine Trennung ist möglich. Die Myriaden Manifestationen, die das »All« umfassen, sind ohne Substanz und darum ihrem Wesen nach identisch mit dem »Einen«. Mehr noch, *das Kleine enthält das Große* nicht weniger, als das Große das Kleine enthält; *die »Besonderheiten« durchdringen einander und enthalten einander ohne die geringste Behinderung*, wobei eine jede jede andere widerspiegelt und zugleich von jeder anderen widergespiegelt wird.

Die ungeheueren Konsequenzen, die sich aus den kursiv gedruckten Worten ergeben, können im Rahmen einiger weniger Abschnitte nicht befriedigend erläutert werden. Interessierte Leser seien auf Dr. Garma Changs hervorragendes Buch zu diesem Thema verwiesen*. Hier befassen wir uns mit der praktischen Anwendung dieser Ideen als Basis für einige relativ einfache Meditationen.

Eine Vorstellung von der *Hua-Yen*-Philosophie vermittelt ein Bericht aus dem Buch von Dr. Chang über eine Demonstration des *Dharma*-Meisters Fa Tsang für die Kaiserin Wu Tsê-t'ien (die 684–705 n. Chr. regierte). Der Meister bedeckte die Decke, den Boden, die Wände und die vier Ecken eines Raumes mit riesigen Spiegeln; in die Mitte stellte er eine Buddha-Figur mit einer brennenden Fackel daneben. Jeder Spiegel spiegelte nicht nur die tatsächliche Buddha-Figur und ihre Spiegelbilder in den anderen Spiegeln, sondern auch die Spiegelbilder der Spiegelbilder der Spiegelbilder in nahezu unendlicher Folge. Dann holte der Meister eine Kristallkugel hervor, in deren Rundung die Kaiserin diese Unendlichkeit von Buddha-Figuren erblickte. Auf diese Weise demonstrierte der *Dharma*-Meister mit Hilfe einer visuellen Analogie, daß das Kleine das Große enthält und daß zahllose Besonderheiten einander ohne Behinderung durchdringen können.

Die folgenden Meditationen basieren auf einigen der viel schwierigeren Meditationen, die der erste und ein späterer Patriarch der *Hua-Yen*-Sekte, Meister Tu Shun (558–640) und Meister Fa Tsang (643–712) entwickelt haben:

1. Meditation über die wahre Leere

Der Zweck dieser Übung besteht darin, die irrige Anschauung zu zerstören, daß die wahre Leere getrennt von Form existiert. Obgleich der Bereich der Form, wie er durch unsere Sinne vermittelt wird, viele täuschende Eigenschaften hat, gibt es kei-

* Garma C. C. Chang, *The Buddhist Teaching of Totality*, London 1972.

ne absolute Leere, die außerhalb oder in irgendeiner Weise getrennt von diesem greifbaren Bereich existiert.

Der Meditierende, der durch ein Fenster hinausschaut (es kann auch das Fenster eines Flugzeugs sein), kontempliert die Wolken an einem jener Tage, wo sie sehr prächtig sind und sich rasch verändern. Er überlegt: »Diese Berge, Seen, Inseln, Halbinseln und Luftschlösser sind aus einer Substanz geformt – aus Wolken; sie sind ihrem Wesen nach alle identisch. Dies ist eine Analogie zum einheitlich leeren Wesen aller Dinge im Universum und illustriert die Lehre: ›Form ist Leere‹. Genauso wie es keine abstrakte Wolke gibt, die getrennt von ihren sichtbaren, sich verändernden Formen existiert, gibt es keine von der Form getrennte Leere – Leere *ist* Form! Diese zwei sind eins; der Unterschied besteht nur darin, ob wir uns eher der Form oder der Substanz bewußt sind.« Während er den Wolken zusieht, wie sie in immerwährender Verwandlung begriffen sind, findet der Meditierende eine Reihe von detaillierten Analogien dieser Art, die das gerade angedeutete Prinzip veranschaulichen. Damit befaßt er sich etwa eine halbe Stunde.

Dann richtet er seine Aufmerksamkeit auf das größte Objekt in seiner Umgebung und überlegt: »Anzunehmen, daß es hinter diesem Berg, den ich da sehe, andere und größere Berge gibt, wäre reine Spekulation, die von nichts, das im Bereich meiner Erfahrung liegt, gerechtfertigt würde, wohingegen dieser Berg eine Erfahrungstatsache ist. Ebenso spekulativ und ungerechtfertigt wäre es anzunehmen, daß es einen absoluten Bereich der Leere gibt, der getrennt von den Objekten der Wahrnehmung existiert, deren Realität ich erlebe. Ein möglicher Fehler bestünde nicht darin, eine Wirklichkeit hinter der Wirklichkeit zu leugnen (weil es nichts dieser Art gibt), sondern in der Annahme, daß Hand und Auge das wahre Wesen dessen enthüllen könnten, was ich berühre und sehe. Diese Dinge sind nicht deshalb wirklich, weil ich sie berühre und sehe, da meine Wahrnehmung notwendigerweise unvollkommen ist. Ihre Wirklichkeit entspringt vielmehr ihrem wahren Wesen – welches Leere ist. Mit anderen Worten, die Bäume und Berge um mich herum sind nicht undurchsichtige Gespenster, unerklärliche Visionen oder Täuschungen, die etwas verbergen, was hinter ihnen liegt. Die Verblendung liegt in der Annahme, sie seien so beständig, wie sie aussehen, und besäßen eine individuelle Selbst-heit.

Daß selbst Felsen nicht beständig sind, weiß jeder. Daß die Dinge kein wahres individuelles Sein besitzen, wird augenscheinlich, wenn man vergebens nach einer Einheit in ihnen Ausschau hält, die man zutreffend als aus-sich-selbst-seiend beschreiben könnte, und wenn man bedenkt, daß sie nicht in eine auch nur vorübergehende Existenz hätten treten können, ohne die endlosen Ketten von Ursache und Wirkung, die sie unauflöslich mit allen anderen im Universum verbinden. Man nehme zum Beispiel diesen Baum oder Felsen. Daß sie leer von einem eigenen Sein sind – im Sinne von irgendeiner ihnen innewohnenden Baum-heit oder Fels-heit –, kann man geistig dadurch demonstrieren, daß man Baum und Fels auf einen Haufen Sägespäne oder eine Menge feinsten Sandes reduziert, wobei kein Körnchen der Substanz, aus der sie bestehen, weggenommen wird. Obwohl immer noch alle Bestandteile vorhanden sind, haben wir doch nicht länger einen Baum oder einen Felsen vor uns. Um zu verstehen, daß sie ohne alles andere nicht existieren könnten, muß ich einige der Geschehnisse überdenken, die zu ihrer vorübergehenden Existenz geführt haben – Geschehnisse, die von immer umfassenderen Geschehnissen abhängig sind, welche bis in anfanglose Zeiten zurückreichen und die entferntesten Bereiche des Universums miteinbeziehen. Form ist also Leere! Dieser Baum, dieser Felsen, die kein ihnen innewohnendes Selbst-Sein besitzen oder von allem anderen getrennt sind, sind wie eine jener Wolkengestaltungen, die im einen Augenblick aussehen wie das Gesicht eines alten Mannes und sich im nächsten in eine Burg oder einen Drachen verwandeln, einmal abgesehen von dem unbedeutenden Umstand, daß der Zeitraum, in dem eine *sichtbare* Veränderung stattfindet, bei einem Baum oder Felsen ein anderer ist. Leere ist also Form! Sie existiert nicht getrennt von Bäumen, Bergen und allem anderen. Leere ist die universale Nicht-Substanz und nicht trennbar von Formen.«

Bis zu diesem Punkt war die Meditation weitgehend eine intellektuelle Übung. Obwohl im bisherigen Verlauf der Übung vielleicht schon eine gewisse intuitive Einsicht mit hinzugekommen ist, war sie in erster Linie eine Art von Drill, um das intellektuelle Verstehen zu fördern – als Vorbereitung für das, was folgt. Jetzt sammelt der Meditierende, während er alle seine Vorstellungen losläßt, seinen Geist auf ein beliebiges Objekt, und nachdem sich Stille eingestellt hat, ersetzt er das Objekt durch den einzigen Gedanken »Kein eigenes Sein« – bei dem er nicht in diskursiver Weise verweilt, sondern den er lediglich als Brennpunkt seines Gewahrseins verwendet. Wenn er will, kann er die Worte wie ein *Mantra* ständig wiederholen.

Diese *Kuan*- und *Chih*-Übungen können mehrere Male während einer einzigen Sitzung miteinander abgewechselt werden. Ohne ein durch *Kuan* entwickeltes grundlegendes Verständnis kann sich *Chih* als vergeblich erweisen; doch wenn *Chih* dann tatsächlich ausgeführt wird, darf das intellektuelle Verstehen den Geist nicht mehr verstellen. Im Laufe der Zeit wird der abwechselnde Gebrauch dieser beiden Methoden wahrscheinlich die Intuition zum Fließen bringen.

2. Meditation über »Das Kleine enthält das Große«

Dieser Gedanke sollte dem westlichen Meditierenden nicht völlig fremd sein. Sowohl Tennyson als auch Emerson oder Blake gelangten zu der Einsicht, daß ein winziges Ding wie eine Blume oder ein Sandkorn das gesamte Universum umfaßt. Die »Philosophy of Organism« des englischen Philosophen Whitehead führt diesen Gedanken aus, ebenso wie das Werk des Meisters Tu Shun. Leider sind die Meditationsanweisungen des Patriarchen – enthalten in seinem Werk *Meditation über die allumfassende Ganzheit* – alles andere als einfach. Dennoch ist seine Lehre, daß jedes Atom des Universums, ohne sich auszudehnen, zahllose Universen umfassen kann, so wichtig, daß ich das Wagnis eingegangen bin, eine einfachere Meditation zu entwerfen, die ich für wirkungsvoll halte. Der Gedanke dazu kam mir nach der Lektüre von Garma Changs Übersetzung von Meister Fa Tsangs Abhandlung *Über den goldenen Löwen*. In diesem Werk symbolisiert die Statue eines Löwen vor dem Palast der Kaiserin Wu den Bereich der Form; das pure Gold, aus dem sie bestand, symbolisiert die leere Nicht-Substanz des Universums. Fa Tsang erklärt, daß all die verschiedenen Teile des Löwen jeweils das Ganze enthalten, insofern sie alle reines Gold sind. Somit durchdringt zum Beispiel jeder dieser Teile die Augen des Löwen, die deshalb also ebenfalls die Augen, die Nase und so weiter sind. In gleicher Weise enthält jeder Teil von ihm bis hinunter zu jedem einzelnen Haar den ganzen Löwen, zusammen mit den zahllosen Löwen, die von jedem seiner winzigsten Teile beinhaltet werden. (Die offensichtliche Schwäche in dieser Argumentationsweise liegt darin, daß Gold als feste Substanz greifbar, meßbar und den physikalischen Gesetzen unterworfen ist. Diese Schwäche ist jedoch beseitigt, wenn wir an die Stelle von »Gold« die unmeßbare, nicht-räumliche Leere setzen.)

Die Meditation, die ich davon abgeleitet habe, verläuft folgendermaßen: Der Meditierende nimmt irgendein kleines Objekt in die Hand, sagen wir ein Gänseblümchen. Er überlegt: »Hier ist eine Blume. Sie ist so wirklich, wie sie nur sein kann, aber ihre Wirklichkeit hat nichts mit so flüchtigen Eigenschaften wie etwa ihrer Farbe und ihrer Form zu tun; sie ist wirklich, weil sie das unendliche Sein manifestiert – das *Tao*. Doch da das unendliche Sein völlig leer von Eigenschaften ist, wäre es Unsinn, mir selbst zu sagen, daß ich einen überwiegend weißen und sehr kleinen Teil der Unendlichkeit in der Hand halte. Die

Farbe und relative Kleinheit der Blume sind lediglich vergängliche Manifestationen dessen, was keine Farbe und keine Größe hat. Die Nicht-Substanz des Universums ist ebensowenig wie der Geist oder das Bewußtsein meßbar oder physikalischen Gesetzen unterworfen. Man kann nicht *ein Stück* Geist haben! Wenn das, was ich in meiner Hand halte, mit dem unendlichen Sein gleichzusetzen ist, dann halte ich tatsächlich das gesamte Universum in der Hand! Die Kontemplation dieser Blume ist nicht die Kontemplation eines ›Tropfens im Ozean des unendlichen Seins‹, sondern des Ozeans des Seins in seiner Ganzheit, da jeder Tropfen die Eigenschaft der Unendlichkeit besitzt und somit die gleiche Ausdehnung hat wie das Ganze.«

Über diesen Punkt kommt die Logik nicht hinaus. Um weitergehen zu können, muß man das begriffliche Denken loslassen und sich an die wunderbare Intuition halten, die gewissen Dichtern und Philosophen die Fähigkeit verlieh, das gesamte Universum in jeder Blume und in jedem Sandkorn wahrzunehmen. Der Meditierende hört jetzt auf zu philosophieren und konzentriert seine Bewußtheit ganz auf die Blume in seiner Hand. Nachdem er in sich Stille geschaffen hat, verlagert er seine Bewußtheit von der Blume auf den Begriff »unendliches Sein«; nach einiger Zeit kann sich *Samadhi* einstellen. Dann kommt er, nachdem er aus dem *Samadhi* oder einem annähernden Bewußtseinszustand, in den er vielleicht eingetreten ist, zurückgekehrt ist, zur diskursiven Kontemplation der Blume und dann wieder zur In-einen-Punkt-gesammelten-Bewußtheit zurück, so oft es ihm beliebt.

3. Meditation über »Alle Besonderheiten durchdringen und enthalten einander«

Man beginnt damit, daß man sich Meister Fa Tsangs Demonstration in der Halle der Kaiserin Wu ins Gedächtnis ruft und überlegt: »Die Tatsache, daß die Kristallkugel eine Myriade von Buddha-Bildern, von denen viele größer waren als sie selbst, enthalten konnte, rührte daher, daß diese in ihrer Größe stark reduzierte Spiegelbilder waren. Auf der Ebene der gewöhnlichen alltäglichen Betrachtung scheint es nicht möglich, daß eine kleine Kristallkugel eine Unendlichkeit von Dingen enthält, von denen einige zudem größer sind als sie selbst. Doch das wahre Wesen aller Dinge ist leer, nicht-räumlich. Wenn ein Träumender in einem Traum den Berg Kanchenjunga sieht, so kann man sagen, daß dieser ungeheuere Berg und alle Dinge, die er in seiner Umgebung noch sehen mag, in ihm existieren. Dies ist möglich, weil der Geist des Träumenden, der ja nicht-räumlich ist, keine Grenzen hat. Aber nach Aussage der Weisen, die mit den *Mahayana*-Lehren vertraut waren und in unmittelbarer Wahrnehmung die Erleuchtung durch die intuitive Weisheit erfuhren, ist das gesamte Universum eine Schöpfung des GEISTES. Deshalb ist alles und jedes eine geistige Schöpfung. Die physikalischen Gesetze gelten auf der Ebene der Erscheinungen, aber nicht auf der Ebene der Wirklichkeit, und deshalb ist es nicht schwierig zu verstehen, daß alle Dinge in dem kleinen Umfang eines jeden einzelnen enthalten sein können, wie etwa der Kanchenjunga ohne weiteres im Geist eines Träumenden Platz hat. Also gibt es keinerlei Hindernis für ihre gegenseitige Durchdringung. Der Kanchenjunga, der im wesentlichen eine geistige Schöpfung ist, kann die Formen von Träumenden ebenso leicht enthalten, wie Träumende die Formen des Berges im winzigen Umfang ihres Kopfes enthalten können!«

Nachdem der Meditierende mit Hilfe des logischen Prozesses so weit gekommen ist, beruhigt er seinen Geist, indem er ihn auf ein beliebiges Objekt sammelt; dann lenkt er seine In-einen-Punkt-gesammelte-Bewußtheit auf das geistige Bild einer kleinen Kristallkugel und erblickt darin eine Vielzahl von Dingen – ohne diese zu bewerten, zu erklären oder sich aufzuzählen, was er alles sieht, sondern indem er ausschließlich nur das geistige Bild anschaut. Damit öffnet er seinen Geist für das Einströmen intuitiver Weisheit. Was als bloße Vorstellung begann, kann sich im Licht dieser Weisheit als wirklicher erweisen als all die greifbaren Dinge in seiner Umgebung. Wie zuvor sollten auch hier wieder die *Kuan-* und die *Chih-*Übung miteinander abgewechselt werden.

Eine Geschichte

Ein Student an der Universität von Tsinghua in den vierziger Jahren dieses Jahrhunderts, den wir Sung nennen wollen, war der Sohn eines christlichen chinesischen Zinn-Minen-Besitzers in der damaligen Föderation von Malaya. Er war hauptsächlich deshalb nach Peking gekommen, um seine Kenntnisse der chinesischen Hochsprache zu vervollkommnen. Zu seinem eigenen Erstaunen begann er bald großes Interesse für den Buddhismus zu entwickeln. An Wochenenden und während der Ferien besuchte er die verfallenen Tempel innerhalb der Mauern der alten Hauptstadt, die sich von der Verarmung während der langen Zeit der japanischen Besatzung, die erst vor kurzem zu Ende gegangen war, nicht erholt hatten, oder er hielt sich in einem der beiden wichtigsten Klöster in den Westlichen Hügeln auf. Zunächst war es ihre Atmosphäre des Friedens, die ihn anzog. Als ich ihn fragte, ob er Buddhist geworden sei, erklärte er, daß eine Sache ihn zurückhalte. »Es ist mir einfach nicht möglich«, sagte er, »die Unwirklichkeit meines ›Selbst‹ zu akzeptieren. Ich erkenne zwar, daß es reine Illusion ist zu meinen, daß man selbst das Zentrum des Universums ist, wie jeder weiß, der auch nur ein kleines bißchen Intelligenz besitzt. Aber ich kann nicht anders, als das Gefühl zu haben, daß mein ›Ich‹ eine sehr wirkliche – und manchmal lästige – Angelegenheit ist. *Ich* will essen oder schlafen, und so esse *ich* oder gehe zu Bett. *Ich* möchte im Tempel bleiben und etwas über den Buddhismus lernen, weil *ich* gewaltig an *meiner eigenen* intellektuellen und spirituellen Entwicklung interessiert bin. Die *Mahayana*-Lehren haben mich nicht überzeugen können, daß der Mächtige Gebieter, wie ich mein Ego nenne, keine Existenz hat.«

Etwa zu dieser Zeit (1947) begegnete Sung einem Schüler des berühmten *Chan*-Meisters Hsü Yün, der, nachdem er den jungen Mann näher kennengelernt hatte, die Sache so erläuterte: »Wenn Anatomen einen Körper sezieren und alle seine Organe sorgfältig untersuchen, läßt sich keine Spur von etwas finden, das Träger eines Ich oder einer Seele wäre – wie jeder weiß. Und wenn jemand bei einer Reihe von Unfällen die meisten seiner Gliedmaßen verloren hat, so wird – da stimmst du mir gewiß zu – sein Ich dadurch nicht verringert. Also muß dein Ich, wenn es existiert, mit Sicherheit in deinem Geist zu finden sein. Einverstanden?«

Sung nickte, da er davon völlig überzeugt war, seitdem er sich zum erstenmal für dieses Thema interessiert hatte. »Gut, sehr gut«, rief der Mönch. »Kann aber irgend etwas ganz und gar Formloses und Ungreifbares in etwas angesiedelt sein, das ebenso formlos und ungreifbar ist? Ich glaube nicht. Wenn eine Wolke in eine Wolke eintritt, verschmelzen sie miteinander. Sollte nicht dasselbe für so ungreifbare Einheiten wie Ich und Geist gelten? Dein Ich kann kaum *in* deinem Geist sitzen, also sieht es so aus, als müsse es dein Geist *sein*. Ist das möglich? Vor kurzem hast du mir erzählt, daß du den Drang hattest, die Weidenalleen (ein Areal der Kurtisanen) zu besuchen, und zwar in einer Nacht, in der du eigentlich an der Feier zum Geburtstag der Kuan Yin im Kloster Nien Hua teilnehmen wolltest. Du fügtest hinzu, daß du dem etwas unwürdigen Drang nachgegeben hast, aber mit Widerwillen, der sich bis zur Reue steigerte. War das nicht ein Fall, in dem der Körper gebieterisch Ja sagte als Antwort auf des Geistes besorgtes Nein? Wo war dein Ich dabei? Es scheint sich im Kampf gegen deinen Geist mit deinem Körper verbunden zu haben. Wenn das so ist, wie können dann Ich und Geist eins sein?«

Der Mönch, der diesem Beispiel noch weitere folgen ließ, um

zu beweisen, daß das sogenannte Ich weder ganz mit dem Körper noch ganz mit dem Geist noch mit beiden gleichgesetzt werden kann, fuhr fort: »Würdest du also nicht sagen, daß das ganze Sein eines Menschen, sein Körper-Geist, dauernd von vielen widerstreitenden Kräften hin und her gezerrt wird, denen nur ein Narr ohne Überlegung freie Bahn gibt und ihnen damit erlaubt, aus ihm einen armseligen Spielball zu machen, wohingegen der weise Mensch lernt, sich ihrem Ziehen und Zerren zu widersetzen?«

Sung, der nicht imstande war, dem etwas entgegenzusetzen, nickte schweigend. Jetzt fuhr der Mönch fort: »Die Art von Mensch, die über die Jahrhunderte hinweg von allen nachdenklichen Menschen, die in dieser Welt des Staubes leben, am meisten bewundert wurde, ist die, wie sie vom Erleuchteten oder, im Westen, von Jesus von Nazareth repräsentiert wird – Weise, denen man gerade dafür Beifall zollt, daß sie das Gegenteil von Egozentrik verkörpern. Sie sind Beispiele für den Geist des Sieges – aber des Sieges über was? Wenn du sagst, es sei ein Sieg des Geistes über den Geist, so sprichst du ihnen damit zwei oder drei ›Geiste‹ in einem Leib zu. Wie kann das sein? Ihr Sieg war vielmehr der Sieg über diese ziehenden und zerrenden Kräfte. Aber wenn dein Ich in diesen Kräften sitzt, dann ist es erstaunlich umfangreich und umfaßt alle Arten von Dingen außerhalb deines Körper-Geist-Systems wie Gold, Jade und Perlen, Herrschaftshäuser mit prächtig lackiertem Gebälk und Toren, schöne Frauen mit zart geschwungenen Augenbrauen und anmutigem Gang. Kommt das Ziehen und Zerren nicht von alledem? Gewiß, manche Komponenten dieser Kräfte sind karmische Neigungen, die von vergangenen Leben in deiner Geist-Körper-Verbindung zurückgeblieben oder von deinen Gedanken und Taten im jetzigen Leben erzeugt worden sind; doch sie können nicht dein Ego sein, da sie mit Hilfe der geeigneten Schulung und der Ausrichtung auf den Bodhisattva-Weg beseitigt werden können. Wenn sie ihr Ziehen und Zerren verlieren –

würdest du dann sagen, daß dein Ich dadurch verschwindet? Wenn das so ist, dann ist dieses Ich ein armseliges Ding, nichts als ein Bündel von Anhängseln, das man ruhig in die Gosse werfen kann.«

Sung sah ihn unangenehm berührt an, und ich – ein stiller Zeuge dieses Gesprächs – konnte nicht umhin zu lächeln.

»Nun«, sagte der Mönch, »ich will dir sagen, was das ist, das du als angeborenes ›Ich‹ mißverstanden hast. Einige seiner Komponenten befinden sich in deinem Körper mit seinen acht Öffnungen und diversen Sinnesorganen – aber Fleisch, Blut, Knochen und Haut verändern sich so schnell, daß nach ein paar Jahren nicht das kleinste Teilchen dessen, was ich jetzt vor mir sehe, mehr vorhanden sein wird. Einige seiner Komponenten sind deine Gefühle von Annehmlichkeit und Unannehmlichkeit, aber diese kommen und gehen. Wenn das Kind, das gierig Bonbons nascht und den Geruch von *Ta-ch'iu* (Kornschnaps) verabscheut, ein Mann geworden ist, ist seine Vorliebe für Bonbons vorbei, wohingegen er mit dem größten Vergnügen ein Glas *Ta-ch'iu* nach dem anderen kippt. Angenehmes und Unangenehmes sind eines an des anderen Stelle getreten! Ein Teil von dem, was du für dein Ich hältst, besteht aus Impulsen, Willensäußerungen, Bemühungen und so weiter – und diese können sich, wie du weißt, von einer Stunde zur andern, wenn nicht gar von einer Minute zur anderen verändern. Ein Teil besteht aus dem Bündel deiner Wahrnehmungen, deiner Unterscheidungen zwischen schön und häßlich, wünschenswert und ekelerregend, gut und schlecht – muß ich noch sagen, daß diese sich ebenfalls ändern? Mein Onkel, ein Gatte vieler Frauen, pflegte von der Schönheit eines Mädchens nach dem anderen zu schwärmen, aber diejenigen, die er sich als Nebenfrauen sicherte, verloren innerhalb etwa eines Monats alle Anziehungskraft für ihn. Eine mondgesichtige Schöne kann kaum innerhalb weniger Wochen zu einer fetten Kuh werden, aber dieser Art war die Terminologie, die die Geschwindigkeit bezeugt, mit der sich meines Onkels Wahrnehmung von Schönheit veränderte! Ein weiterer Teil deiner Ich-Täuschung ist dein Bewußtsein, das, getrübt und von deinen Sinnen irregeleitet, auf einer Dualität zwischen ›Ich‹ und ›andere‹ besteht. Doch auch das kann sich innerhalb einer Stunde oder weniger ändern, wie zum Beispiel wenn ein Meditierender, der einen höheren Bewußtseinszustand erreicht, jegliche Unterscheidung zwischen Subjekt und Objekt als leer erfährt, wie das auch manchmal, wie man mir sagte, geschehen kann, wenn man mehr als die übliche Anzahl von Opiumpfeifen geraucht hat. Ich selbst hatte niemals eine besonders heftige Neigung, mich mit Frauen, Opium oder Schnaps zu vergnügen. Ich benütze diese Analogien nur, weil ich von etwas spreche, was für jedermann gilt, sei er weise oder lasterhaft.

Gewiß, man kann dich als Person mit Namen und Form, die dein eigen sind, identifizieren, aber der Name Sung ist nur eine Konvention; er bezeichnet nicht mehr als eine zufällige Kombination von fünf Gruppen (*Skandhas*), die ununterbrochen in Veränderung begriffen sind. Nicht ein Atom deines Körper-Geist-Systems bleibt das ganze Leben lang unverändert bestehen. Man mag dich auf Photos aus früher Kindheit wegen einer großen Ähnlichkeit der Form wiedererkennen, aber die Bestandteile dieser Form sind alle ersetzt worden, seitdem das Photo aufgenommen wurde. Dein Ich befindet sich also nicht in diesen fünf Gruppen, kann sich nicht darin befinden – doch befindet sich auch nicht der winzigste Teil von dir außerhalb ihrer. Wo ist also dann dein Ich? Ah, laß diese gefährliche Verblendung los, damit dein Geist gereinigt wird und sich seiner Heiligkeit, seiner unendlichen Weite, seiner Identität mit dem umfassenden GEIST, mit dem Buddha-Wesen bewußt werden kann!«

Es wäre sehr befriedigend, wenn ich berichten könnte, daß der junge Sung, von diesen Worten der Weisheit erweckt, schnell bis zur Erleuchtung fortschritt. Nun, so weit ich das beurteilen konnte, tat er das nicht. Dennoch hatte ihn die Beredsamkeit des Mönchs (die viel eindringlicher war, als ich es hier darstellen konnte, nachdem so viele Jahre vergangen sind) überzeugt, daß die Lehre vom »Nicht-Selbst« zumindest eine zutreffende Interpretation der wirklichen Lage der Dinge sein konnte. Er betrachtete sie nicht mehr als etwas, das er ohne weiteres zurückweisen konnte. Bereitwillig stimmte er zu, einige Meditationsübungen zu praktizieren, die der Mönch ihm empfahl.

Ein paar Tage, bevor wir Peking vor dem Herannahen der Roten Flut verließen, traf ich ihn zum letztenmal, und er sagte: »Ich glaube nicht, daß ich in der Meditation sehr tüchtig bin, denn mein alter Freund, das Ich, diktiert immer noch eine ganze Menge von dem, was ich sage und denke. Doch gibt es auch einige Anzeichen, daß der alte Bandit eines Tages seinen Griff lösen wird. Es kommen in meinen Meditationen recht oft Augenblicke, in denen ich feststelle, daß er verschwunden ist!«

18. Der Yoga des Mitgefühls

Um diesen wichtigen Yoga, der von allen Methoden, die ich persönlich kenne, am schnellsten zum Erfolg führt, zu praktizieren, muß man drei Voraussetzungen erfüllen:

1. Man muß imstande sein, ohne Rückhalt zu akzeptieren, daß im allumfassenden GEIST und deshalb latent in jedem individuellen Geist die transformierende Kraft, die man *Bodhi* nennt, existiert, deren zwei Bestandteile Buddha-gleiche Weisheit und Mitgefühl sind. Mystiker vieler Glaubensrichtungen haben auf intuitivem Wege zum Wissen um ihre Existenz gefunden. Christliche Mystiker halten die Energie des Mitgefühls, die dem *Bodhi* entstammt, für die Liebe Gottes; Sufis und Hindus haben eine ähnliche Vorstellung davon. Die Buddhisten nennen sie *Maha-karuna* (großes Mitgefühl) und betrachten sie in ihrer ursprünglichen Form als das dynamische Prinzip von *Bodhi* und deshalb als grundlegend wichtig für die Zerstörung der illusionären Barrieren zwischen dem individuellen Geist und dem Einen Geist. Ob man die Natur und Funktionsweise von *Karuna* richtig verstanden hat oder nicht – sein segensreiches Wirken ist eine Sache direkter Erfahrung, die niemand mehr in Frage stellt, der ein gutes Maß an intuitiver Weisheit erreicht hat.

2. Man muß auch – ohne sich allzu viel um Erklärungen zu kümmern, die auf jeden Fall immer verschieden ausfallen werden – imstande sein, die Wirksamkeit der *Mahayana*-Praxis zu akzeptieren, in der man für yogische Zwecke die *Maha-karuna*-Energie in einer oder mehreren traditionellen halb-anthropo-

morphen Formen verkörpert sieht, die unseren menschlichen Vorstellungsgewohnheiten entgegenkommen. Dabei ist man sich natürlich im klaren darüber, daß die Formen selbst geistige Konstrukte sind und daß zum Beispiel Pferde, wenn sie fähig wären, sich eine derartige Vorstellung zu machen, *Maha-karuna* in die Form eines Pferdes kleiden würden. Die Frage, in welchem Ausmaß solche Verkörperungen Wesen sind, die unabhängig oder nicht unabhängig vom Geist derjenigen existieren, die sie beschwören, ist eine Sache der Spekulation, die keinen Einfluß auf eine erfolgreiche Praxis des Yoga hat.

3. Wer sich dieser bestimmten Yoga-Methode bedient, sei es zu seinem eigenen Nutzen oder zum Wohl anderer, muß selbst ein mitfühlender Mensch sein oder wenigstens sich darum bemühen, fürderhin allen fühlenden Wesen zu helfen, so weit es in seinen Kräften liegt, und gewissenhaft vermeiden, ihnen willentlich zu schaden, nicht einmal in Gedanken, und noch viel weniger in Taten.

Traditionelle Verkörperungen von Maha-karuna

Die Energie des »großen Mitgefühls« ist in ihrer ursprünglichen Form im Himmlischen Buddha Amitabha (tibetisch Öpame, chinesisch O-mi-to Fu) verkörpert. Die yogische Praxis, in deren Mittelpunkt diese Verkörperung steht, zielt auf eine Wiedergeburt im Reinen Land hin (das oft mit dem reinen GEIST gleichgesetzt wird, der frei ist von allen Behinderungen, die der Ich-Verblendung entspringen). In ihrer sekundären Form wird sie vom Himmlischen Bodhisattva Avalokita (tibetisch Tschenresi, chinesisch Kuan Yin oder Kuan Shih Yin) verkörpert, der genauso wie der Buddha Amitabha in das Reine Land führen soll, der aber auch die Funktion hat, weltliche Schwierigkeiten und Leiden, die in der gegenwärtigen Existenz erlebt werden, zu beseitigen oder zu lindern.

In einer dritten Form wird *Maha-karuna* von der Tara verkörpert (tibetisch: Tara oder Dölma, chinesisch: Lü Tu Mu), der hauptsächlich die letztgenannte Funktion zufällt. Alle drei Formen stellt man sich als eng miteinander verbunden vor – Avalokita als Emanation von Amitabha, Tara als Emanation von Avalokita. Jede entspricht bestimmten yogischen und psychologischen Erfordernissen.

Im folgenden befassen wir uns mit der zweiten Verkörperung, Avalokita/Kuan Yin, und nur mit der Funktion, weltliche Schwierigkeiten zu beseitigen oder zu bessern, da dies eine Sache ist, über die zu schreiben ich mich eher qualifiziert fühle. Während des größten Teils meines Lebens habe ich die Anrufung von Avalokita/Kuan Yin, beziehungsweise das entsprechende *Mantra*, für verschiedene Zwecke eingesetzt. Aus rein persönlichen Gründen habe ich dann immer das *Mantra* und die yogische Anrufung der Tara als Hilfsmittel für meine eigene Sicherheit, mein Wohlergehen und meinen yogischen Fortschritt hinzugefügt, da mir dieses schöne, humorvolle und unendlich mitleidsvolle Wesen von meinem Lama als mein Haupt-*Yidam* (innewohnende Gottheit oder »Buddha-in-meinem-Herzen«) gegeben wurde; die Anrufung von Avalokiteshvara/Kuan Yin praktiziere ich hauptsächlich zum Wohl anderer. Im yogischen Sinne besteht jedoch kein grundlegender Unterschied zwischen diesen Formen, und es wäre eine unnötige Komplikation, die unterschiedlichen Übungen vorzustellen, die auf jede einzelne von ihnen bezogen sind. Avalokita/Kuan Yin kann sehr erfolgreich sowohl zum Wohl anderer wie auch dem eigenen angerufen werden.

Avalokita Bodhisattva wird hauptsächlich in drei seiner zahllosen Formen dargestellt und visualisiert, von denen die erste und zweite bei den tibetischen Buddhisten gebräuchlich ist, die erste und dritte bei den chinesischen, japanischen, koreanischen und vietnamesischen Buddhisten. Diese sind:

1. Eine stehende Figur mit elf Köpfen, tausend Augen und tausend Armen, die zugleich die Wahrnehmung des Leidens aller fühlenden Wesen und die unendliche Kraft zu heilen, zu bessern und zu trösten symbolisiert. Diese Symbolik gemahnt an die Bedeutung von Avalokita/Kuan Yins Namen – »Hörer des Weinens in der Welt«. Diese Form wird normalerweise bei der Rezitation des *Dharani* (oder des *Mantra*) des Großen Mitleids und der des Herz-Sutra wie auch bei Übungen visualisiert, die zum Wohl aller fühlenden Wesen vollzogen werden.
2. Eine in der Lotus-Haltung sitzende Figur mit einem Kopf und vier Armen, von denen zwei im *Mudra* des Segnens erhoben sind und zwei vor der Brust gehalten werden, wobei die Hände das »Wunscherfüllende Juwel« umschließen, das Symbol der Befreiung, die durch die Vereinigung von Weisheit und Mitgefühl erlangt wird. Es ist die Form, die zur Rezitation des *Mantras* OM MANI PADME HUM gehört.
3. Eine stehende oder sitzende Figur in der Form einer schönen Frau, im allgemeinen in ein weißes (oder blaues) Gewand mit einer Kapuze gekleidet, die Lippen in einem zarten Lächeln geschwungen, die Augen von Mitleid erfüllt oder in der Seligkeit der Meditation halb geschlossen. Diese Form, die in Tibet praktisch unbekannt ist, verbindet wahrscheinlich Avalokita/Kuan Yin und Tara zu einer Figur und ist die Form des Bodhisattva, wie sie hauptsächlich in weiter östlich liegenden Ländern, vor allem in China und Japan, visualisiert wird.

Für die folgenden Yogas ist jede dieser Formen gleichermaßen geeignet, falls nicht in meinem Text eine spezifische Form genannt wird. Arbeitet eine Gruppe zusammen, dann sollte natürlich von allen dieselbe Form visualisiert werden – diese kann man im voraus festlegen. Die Formen sind schließlich nur geistige Konstrukte, wohingegen die Wirklichkeit abstrakt und formlos ist, eine wunderbare Kraft, die dem allumfassenden GEIST innewohnt. Die Macht von *Maha-karuna* ist unendlich, die visualisierten Verkörperungen gehören zur Kategorie der *Upaya* (geeignete Mittel). Welche Verkörperung auch angerufen wird – die Antwort ist sicher, wenn die Sehnsucht nach *Maha-karuna* wirklich von Herzen empfunden wird und diejenigen, die sie beschwören, stets darum bemüht sind, allen fühlenden Wesen gegenüber Mitgefühl zu üben. Der Grad der Wirksamkeit wächst beständig mit der langen und häufigen Praxis über Monate und Jahre hin. Wenn die Ergebnisse beeindruckender werden, sollte der Adept sich hüten, unnötige Aufmerksamkeit auf seinen Erfolg zu ziehen, und noch viel weniger damit prahlen, denn er ist nicht mehr als ein unvollkommenes Werkzeug, durch das die *Maha-karuna*-Energie, die in Avalokita/Kuan Yin verkörpert ist, wirkt. Jeder Versuch, diese Energie zur Selbsterhöhung zu verwenden, wird mit Sicherheit dazu führen, daß sie abnimmt. Da sie im allumfassenden GEIST und deshalb in jedem individuellen Geist latent vorhanden ist, liegt sie jederzeit für diejenigen bereit, die dazu bereit sind, sie ohne unnötige Zurschaustellung nutzbringend anzuwenden.

Techniken des Yoga des Mitgefühls und Anwendungen

Von Anfang an sollte der Adept stets ein offenes Auge für die Leiden um sich herum haben. Wann immer er einen Menschen oder ein Tier in Not sieht, sollte er still und unauffällig die Anrufung »Ehre sei dem Bodhisattva des Großen Mitleids Avalokiteshvara« (oder »Na-mo Ta-pei Kuan-Shih-Yin P'u-sa«) oder auch das *Mantra* OM MANI PADME HUM rezitieren und dies mit einer kurzen Visualisation des Bodhisattva und dem tiefen Wunsch nach dem Wohlergehen des Leidenden begleiten. Eine Folgeerscheinung davon wird sein, daß die Offenheit des Adepten für das Leiden um ihn herum als beständige Anregung zur Erzeugung von *Bodhicitta* (mitleidvoller Herz-Geist) wirkt, welches Voraussetzung zum Erlangen der Erleuchtung ist. Eine unmittelbare Folge wird sein, daß die Kraft der Anrufung oder des *Mantra* – eine Kraft, die mit der Häufigkeit des Gebrauchs im Laufe der Jahre zunimmt – eine tatsächliche Besserung des Zustands beim Leidenden hervorruft, von einem vorübergehenden Gefühl der Erleichterung und des Wohlbefindens bis zur Verringerung oder Beseitigung der Leidensursache, je nach der Schwere des *Karma* dessen, der leidet. Manches Leiden, das wir in der Vergangenheit vielleicht kaum den Rand unseres Bewußtseins berühren ließen, wird uns so bewußt: ein Blinder oder ein Krüppel auf der Straße, ein räudiger Hund, ein Autofahrer, der mit einem Motorschaden festsitzt, das Opfer eines Verkehrsunfalls auf der anderen Straßenseite, ein unglückliches oder verängstigtes Kind, ein Baby, das in der Nacht weint und um das sich niemand zu kümmern scheint, ein Vogel mit einem gebrochenen Flügel oder ein Mensch, der häßlich behandelt oder beschimpft wird. Es ist oft nicht möglich, in das *Karma* eines anderen mit yogischen Mitteln so weit einzugreifen, daß etwa der Blinde sehend wird oder der Lahme wieder laufen kann. Trotzdem ist es erstaunlich, wie oft es zu deutlichen Erfolgen kommt, wie zum Beispiel, wenn das geängstigte Kind, das nicht weiß, was da jemand für es getan hat, plötzlich lächelt, oder wenn das Weinen des Babys auf einmal aufhört.

Mit zunehmender Praxis kommen die Anrufung oder das *Mantra* in Augenblicken der Not spontan auf die Lippen des Adepten, ob er wacht oder schläft. Mit ihrer Hilfe bringt er sein Auto, das ins Schleudern gekommen ist, weil er einem Lastwagen ausweichen mußte, noch rechtzeitig unter Kontrolle, bevor irgend jemandem etwas geschieht; oder ein fürchterlicher Alptraum nimmt sofort einen anderen Verlauf, und der Schrecken verschwindet augenblicklich. (In meinem Buch *Die Macht des heiligen Lautes** habe ich beschrieben, wie der höllische »Trip«,

* John Blofeld, *Die Macht des heiligen Lautes*, O. W. Barth Verlag, München 1978.

auf den ich bei meiner ersten und einzigen Erfahrung mit einer psychedelischen Droge geriet, durch eine einmalige Rezitation meines *Yidam-Mantra* blitzartig in eine fröhliche und Weisheit vermittelnde Erfahrung verwandelt wurde.) Menschen, die schon lange mit dieser Übung vertraut sind, können buchstäblich Hunderte von Beispielen berichten, wie körperliche und psychische Gefahren durch die Beschwörung der Kraft von *Maha-karuna* überwunden wurde.

Dieselbe Technik kann mit großem Erfolg dazu verwendet werden, geängstigte oder von Trauer übermannte Menschen und Tiere zu trösten und zu beruhigen, die man gut genug kennt, um sie in die Arme zu nehmen oder einen anderen körperlichen Kontakt zu schaffen. In diesem Fall wiederholt man die Anrufung oder das *Mantra* so lange wie möglich mit besänftigender Stimme und visualisiert dabei den Bodhisattva als schöne weibliche Gestalt, die in ihrer rechten Hand ein Gefäß mit dem »süßen Tau« der Weisheit und des Mitleids hält und ein paar Tropfen davon auf den Kopf des Leidenden fallen läßt. Wenn man den Leidenden, sobald er sich einigermaßen gefaßt hat, dazu veranlassen kann, an der Anrufung teilzunehmen, so ist das um so besser. Ein bejahrter mongolischer Lama machte es möglich, daß ich mich innerhalb weniger Stunden von einem Krankheitsanfall erholte, der mich während einer langen Reise das Bewußtsein verlieren und von meinem Maultier hatte fallen lassen, indem er einfach an meinem Bett saß und beruhigend das *Mantra* OM MANI PADME HUM rezitierte, bis ich in Schlaf fiel.

Eine kunstvolle Technik, bei der die Rezitation der Anrufung oder des *Mantras* mit einer detaillierten Visualisation des Bodhisattvas verbunden wird, kann man verwenden, um Angstzustände, Hysterie und sogar schwere körperliche und geistige Erkrankungen bei sich selbst und bei anderen zu heilen. Verschiedene Arten, sie zu gebrauchen, sind im folgenden Kapitel beschrieben.

Wer zu einem wirklich leistungsfähigen Instrument der Mitleids-Energie des Bodhisattva werden will, sollte folgendes Ritual nicht weniger als einmal täglich ausführen und es nur dann abkürzen, wenn es gar nicht anders geht. Es wurde von mehreren komplizierten Ritualen abgeleitet, die in der chinesischen monastischen Tradition überliefert wurden, und wird mit einer unbedingt notwendigen Visualisationsübung verbunden, die wahrscheinlich von den Lehren der *Mi-Tsung-* oder Esoterischen Sekte in ihrer Blütezeit vor mehr als tausend Jahren abstammt. Obwohl diese Visualisationspraxis tantrischen Charakter hat, wurde sie durch Nicht-Initiierte überliefert und ist deshalb für jedermann zugänglich. Das gesamte Ritual kann von einem einzelnen oder von einer Gruppe vollzogen werden, wobei die Pronomina »ich« oder »wir« entsprechend eingesetzt werden.

1. Man verbeugt sich tief vor einer Abbildung des Buddha und/oder Bodhisattva und steckt drei, fünf, sieben oder neun Räucherstäbchen aufrecht in ein mit Asche gefülltes Weihrauchgefäß, wobei man zeremoniell beide Hände benützt, um sie eins nach dem anderen in die Asche zu stecken. (Dies kann auch der Gruppenleiter tun, während die anderen zuschauen.) Die Handlung wird von folgender Rezitation begleitet:

Wir werfen uns nieder
Und opfern Weihrauch
Als Dharma-Opfergabe.
Mögen diese Wolken von duftendem Rauch
Das Universum durchdringen
Und jedes Buddha-Land
In der Form von zahllosen
Kostbaren Opfergaben!

(Dem folgen drei Niederwerfungen)

2. Die Zufluchtnahme zum Erleuchteten, der Heiligen Lehre und der Gemeinschaft der Heiligen wird folgendermaßen vollzogen:

Wir nehmen Zuflucht zum Buddha
(eine Niederwerfung)
Wir nehmen Zuflucht zum Dharma
(eine Niederwerfung)
Wir nehmen Zuflucht zum Sangha
(eine Niederwerfung)

3. Folgende Anrufung wird stehend und begleitet von der Visualisation des Bodhisattva in seiner tausendäugigen, tausendarmigen Form rezitiert:

Ehre sei dem Bodhisattva des Großen Mitleids Kuan Yin
oder
Na-mo Ta-pei Kuan-Shih-Yin P'u-sa
(Drei, sieben, einundzwanzig oder hundertacht Mal wiederholen, gefolgt von drei Niederwerfungen.)

4. In Meditations-Haltung sitzend und den Bodhisattva wie zuvor visualisierend, rezitiere:

Es steht geschrieben, daß der Bodhisattva in der Gegenwart des Buddha diese Gelübde ablegte:
»Von der Welt Verehrter, sollte irgend ein Wesen das heilige Dharani des Großen Mitleids rezitieren und ihm treu sein und dennoch in einen der drei schlechten Zustände der Existenz fallen, so gelobe ich, nicht in die Hohe Erleuchtung einzugehen.
Sollte irgendein Wesen das heilige Dharani des Großen Mit-

leids rezitieren und ihm treu sein und dennoch nicht in irgendeinem Buddha-Land geboren werden, so gelobe ich, nicht in die Hohe Erleuchtung einzugehen.
Sollte irgendein Wesen das heilige Dharani des Großen Mitleids rezitieren und ihm treu sein und dennoch nicht Beredsamkeit erlangen, die dem unbegrenzten Samadhi entspringt, so gelobe ich, nicht in die Hohe Erleuchtung einzugehen.
Sollte irgendein Wesen das heilige Dharani des Großen Mitleids rezitieren und ihm treu sein und dennoch nicht in diesem Leben die Früchte all dessen, was es wünscht, erhalten, dann kann es das Dharani des Herzens des Großen Mitleids nicht (wirklich richtig rezitiert und ihm die Treue gehalten) haben. Es sollte sein falsches Tun und seine Unaufrichtigkeit fallen lassen.«

Rezitiere jetzt das *Dharani* (benütze den folgenden Sanskrit-Text oder den chinesischen oder japanischen Text, die beide in lateinischer Schrift im Anhang zu finden sind; der Strich über einem Vokal weist darauf hin, daß dieser lang ausgesprochen wird).

Namo ratna-trayāya namah ārya avalokiteshvarāya bodhisattvāya mahasattvāya mahākarunikāya oṃ sabalavati shudhanatasya namaskṛivanimaṃ ārya avalokiteshvara lamtabha namo nīlakantha shrīmahapatashami sarvatodhushuphemं ashiyum sarvasada nama bhaga mabhatetu tadyathā oṃ āvaloki lokate kalati eshili mahābodhisattva sabho sabho mara mara mashi ridhayuṃ guru guru gamam turu turu bhashiyati mahā bhashiyati dhara dhara dhirini shvaraya jala jala mama bhamara mudhili edhyehi shina shina alashim bhalashari bhasha bhashim bharashaya hulu hulu pra hulu hulu shrī sara sara siri siri suru suru budhi budhi budhaya budhaya maitriye nīlakantha trisharana bhayamaṇa svāhā sitaya svāhā mahā sitaya svāhā sitayaye shvaraya svāhā nīlakaṇṭhi svāhā pranila

svāhā shri sidha mukhaya svāhā sarva mahā astaya svāhā cakra astaya svāhā padma keshaya svāhā nīlakaṇṭhe paṇṭalaya svāhā mobholishaṇkaraye svāhā namo ratnatrayāya namah ārya avalokita īshvaraya svāhā oṃ sidhyantu mantra pataya svāhā
(Drei, sieben, einundzwanzig, einhundertacht oder eintausendundachtzig Mal wiederholen, je nach Umständen.)

Rezitiere nun:

Als der Avalokita Bodhisattva die erste Rezitation dieses Dharani in der Gegenwart des Buddha beendet hatte, wurde die große Erde sechsmal erschüttert; juwelenbesetzte Blüten regneten vom Himmel; die Buddhas der zehn Bereiche des Universums waren hoch erfreut, und böse Wesen erschauerten.

Bedenke im stillen, daß dieses *Dharani* zu rezitieren und ihm treu zu sein auch dazu führt, deinen Herz-Geist mit folgenden Eigenschaften zu erfüllen: umfassendes Mitgefühl, Gleichmut, Freiheit von Verunreinigungen und Abhängigkeiten, die Fähigkeit der Kontemplation über die Leere, Ehrfurcht, Bescheidenheit, die Abwesenheit von Verwirrung und der Neigung, an dualistischen Anschauungen festzuhalten, und eine Fülle von makellosem *Bodhi*. Weitere Früchte sind das Vermeiden jeder Form eines vorzeitigen Todes und die Fähigkeit, eine Wiedergeburt unter Bedingungen zu erlangen, die eine weise und sittlich hochstehende Lebensführung ermöglichen und den Weg zur Erleuchtung begünstigen. Um jedoch all dies in seiner ganzen Fülle zu erreichen, muß man zuerst das Bodhisattva-Gelübde abgelegt haben, alle fühlenden Wesen zu erlösen, und allezeit die Gebote gegen das Töten, Stehlen, unangemessenes sexuelles Verhalten, Lügen und Berauschung einhalten.

Wiederhole nun im stillen folgende Worte:

Ich und alle fühlenden Wesen waren von anfangloser Zeit an mit vielen Arten von Aktivitäten befaßt, die schlechtes Karma erzeugen und die Erleuchtung verhindern. Ohne um die Buddhas und um den Weg zur Befreiung zu wissen, sind wir durch wiederholte Geburten und Tode gewandert und hatten keinerlei Kenntnis von den wundervollen Lehren des Shakyamuni Buddha. In der Gegenwart des Bodhisattva des Mitleids und der Buddhas der zehn Bereiche des Universums gebe ich (oder wir) im Namen aller fühlenden Wesen meiner Reue über alle diese Fehler Ausdruck und habe nur den Wunsch, ihnen beizustehen, auf daß sie die Hindernisse auf dem Weg zur Erleuchtung überwinden mögen.

5. Immer noch sitzend rezitiere das folgende *Herz-Sutra dreimal* langsam und mit klarer Einsicht in seine esoterische Lehre. Alle gewöhnlichen Lehren des Buddha sind hier im Licht der intuitiven Erkenntnis des leeren Wesens der Existenz transzendiert. Die fünf *Skandhas* oder Komponenten der scheinbaren Persönlichkeit eines Individuums werden als leer erklärt, wie auch die sechs Sinnesorgane (einschließlich des Verstandes), die sechs Formen der sinnlichen Wahrnehmung und die sechs Arten des Bewußtseins, die daraus erwachsen. Es werden selbst so fundamentale Lehren negiert wie: die zwölffache Kette des bedingten Entstehens, die von uranfänglicher Unwissenheit über das Werden und so weiter bis zu Verfall, Tod und Wiedergeburt führt. Ebenso negiert werden die Vier Edlen Wahrheiten (daß die Existenz nicht trennbar ist von Leiden/Frustration, daß die Ursache von Leiden/Frustration das unmäßige Verlangen ist, daß das Heilmittel das Schwinden des unmäßigen Verlangens/Ablehnens ist, und daß dies dann erfolgt, wenn man den Edlen Achtfachen Pfad beschreitet, der acht richtige innere Haltungen und äußere Verhaltensweisen des Körpers und des Geistes verlangt) und das Erlangen des *Nirvana* durch die Übung der

Weisheit. Alle diese Lehren, die zwar auf der Ebene der relativen Wahrheit unserer Erfahrung absolut gültig sind, erweisen sich als nicht mehr zweckdienlich, sobald die Leerheit der Wirklichkeit vollkommen erkannt und die Begrifflichkeit transzendiert ist. Der Hinweis am Ende des *Sutra* auf die Rezitation des *Mantra* der Höchsten Weisheit bedeutet nicht, daß man es nur rezitieren, sondern daß man es *leben* soll, indem man die Leerheit aller Vorstellungen, Besonderheiten und Geschöpfe ohne Ausnahme wahrnimmt. Die esoterischen Lehren des Buddha sollten jedoch gewiß nicht beiseite gelegt werden, bevor die intuitive Erfahrung der Leerheit zur kristallklaren unerschütterlichen Wahrnehmung der reinen, unbegrenzten, strahlenden Leere geführt hat. Die zu rezitierenden Worte sind folgende:

Ehre sei dem Sutra des Herzens der Höchsten Weisheit! Avalokiteshvara Bodhisattva erkannte während der tiefen Übung der höchsten Weisheit, daß alle die fünf Aggregate leer sind, und gelangte dadurch über alle Arten des Leidens hinaus. O Sariputra, die Form unterscheidet sich nicht von der Leere, noch die Leere von der Form. Form IST *Leere; Leere* IST *Form. Dasselbe gilt für Gefühle, Wahrnehmungen, Konditionierungen und Bewußtsein. Sariputra, alle diese sind durch Leerheit gekennzeichnet; weder kommen sie ins Sein, noch hören sie auf zu sein, weder sind sie unrein noch rein, weder nehmen sie zu, noch nehmen sie ab. Deshalb gibt es in der Leere keine Form, keine Gefühle, keine Wahrnehmung, keine Konditionierung oder Bewußtsein, keine Augen, Ohren, Nase, Zunge, Körper oder Geist; keine Form, keinen Klang, keinen Geruch, keinen Geschmack, keine Berührung, keinen Gedanken; noch irgend etwas anderes vom Seh-Bewußtsein bis zum Denk-Bewußtsein. Es gibt weder Unwissenheit noch Erlöschen der Unwissenheit noch irgendein anderes (der zwölf Glieder der Kette bedingten Entstehens) bis zu Verfall*

und Tod. Es gibt kein Leiden, keine Ursache, kein Heilmittel, keinen Pfad (dafür). Es gibt keine Weisheit, kein Erlangen. Weil es nichts gibt, das man erlangen könnte, sind die Bodhisattvas, die sich an diese höchste Weisheit halten, frei von Behinderungen des Geistes. Da sie diese Behinderungen nicht haben, haben sie keine Furcht, sind frei von aller Beunruhigung und Verblendung und erlangen schließlich das Nirvana. Weil sie sich auf diese höchste Weisheit stützen, erreichen alle Buddhas der Gegenwart und der Zukunft die Vollkommene Erleuchtung, wie sie sie in der Vergangenheit erreichten. Deshalb wissen wir, daß die höchste Weisheit ein großes und heiliges Mantra ist, ein großes Mantra des Wissens, ein unübertroffenes Mantra, dem nichts gleichkommt. Es kann jegliches Leiden wahrhaftig und unfehlbar beenden. Deshalb rezitiere dieses Mantra der Höchsten Weisheit so: »Gaté, gaté, pāragaté, pārasamgaté, bodhi, svāhā!« (Gegangen, gegangen, hinübergegangen, ganz hinübergegangen! Erleuchtung! Svāhā!)
Ehre sei dem Sutra des Herzens der Höchsten Weisheit.
(Die chinesische und die japanische Version dieses Sutras in lateinischer Schreibweise ist im Anhang zu finden.)

6. Immer noch sitzend, läßt man die Visualisation des Bodhisattva in seiner tausendäugigen und tausendarmigen Form im Bewußtsein verblassen, um der folgenden Visualisation Raum zu geben. Das, was als nächstes kommt, ist der wichtigste Teil des yogischen Rituals. Versuche, reine Leere zu visualisieren – Nichts, Leerheit. Dann wird diese Leerheit vom Bild eines Ozeans ersetzt, der von einem knapp über dem Horizont stehenden Vollmond beleuchtet wird. Das Meer ist silbrig mit kleinen, weiß gekrönten Wellen, der Himmel blauschwarz, der weiße Mond hell, aber nicht blendend. Du schaust lange den Mond an und fühlst dich zunehmend ruhig und glücklich. Dann zieht sich der Mond zusammen und wird dabei immer

heller, bis er einer Perle gleicht, die so hell ist, daß man sie kaum ansehen kann. Nach einiger Zeit dehnt sich die Perle aus, bis sie keine Perle mehr ist, sondern ein Strahlenkranz, in dessen Mitte eine wunderschöne Frau steht, in glänzendes Weiß gehüllt und mit den Füßen auf einem Lotus stehend, der auf den Wellen schwimmt. Jede Einzelheit ist deutlich sichtbar, da ihr Gesicht und ihre Gestalt von dem strahlenden Glorienschein beleuchtet wird; selbst ihre Gewänder strahlen Licht aus. Du hast nicht länger das Gefühl, daß zwischen dir und dem Bodhisattva Kuan Yin das breite Band des Meeres liegt. Auf geheimnisvolle Weise ist sie in deine nächste Nähe gerückt. Ihr Lächeln und ihr gesamter Ausdruck offenbaren die Freude, die sie in der Gesellschaft jener empfindet, die sie angerufen haben, um die Macht des Mitgefühls heranzuziehen. Wenn du sehr ruhig bleibst, nur immer und immer wieder ihren Namen flüsterst und keinen Versuch unternimmst, sie zum Bleiben zu drängen, wird sie vielleicht nach ihrem eigenen Belieben für eine, wie es dir erscheint, lange, lange Zeit bleiben. Dann wird sich ihre ganze Gestalt zur Größe eines Staubkörnchens zusammenziehen und schließlich zusammen mit Himmel und Meer verschwinden. Alles, was dann bleibt, ist herrlicher, strahlender Raum, der sich nach allen Seiten ohne Ende erstreckt. Diese Vision von Raum wird lange bestehen bleiben, wenn du einen so selbstvergessenen Zustand erlangt hast, als wärest du mit ihm in Subjekt-Objekt-loser Einheit vereint. An diesem Punkt sollte es keinen Gedanken wie »ich schaue den Raum« geben – da ist nur Raum, kein Ich.

7. Abschluß des Rituals. Rezitiere stehend die Formel:

Ehre sei dem Bodhisattva des Großen Mitleids Kuan Yin
oder
Na-mo Ta-pei Kuan-Shih-Yin P'u-sa
(dreimal, jedesmal in Verbindung mit einer Niederwerfung)

Wir nehmen unsere Zuflucht zum Buddha
(eine Niederwerfung)
Wir nehmen Zuflucht zum Dharma
(eine Niederwerfung)
Wir nehmen Zuflucht zum Sangha
(eine Niederwerfung)
(Ende des Rituals)

Eine vereinfachte Variante dieses Rituals verläuft so, daß man die Teile 4. und 6. durch die ständige Rezitation der Formel von 3. ersetzt. Diese rhythmische Rezitation kann zu einem erweiterten Bewußtseinszustand führen; aber man nimmt im allgemeinen an, daß die häufige Wiederholung des *Dharani* des Großen Mitleids ein machtvolleres und wirksameres Mittel ist, um *Maha-karuna* zu entwickeln und Hindernisse zu überwinden, als die einfache Anrufung.

Eine andere und ganz hervorragende Variante besteht darin, die dreifache Rezitation des Herz-Sutra (5.) durch eine einfache oder dreifache Rezitation des Gedichts aus dem Lotus-Sutra, das im Anhang zu finden ist, zu ersetzen. Dies ist besonders dann geeignet, wenn das ganze Ritual zu dem Zweck vollzogen wird, Gefahr oder Unglück abzuwenden.

Eine Geschichte

Geschichten von wunderbaren Reaktionen auf die Rezitation des *Dharani* des Großen Mitleids sind in den Ländern Ost-Asiens sehr verbreitet. Die folgende Geschichte ist ein typisches Beispiel. 1933, als in der Nähe von Schanghai heftige Kämpfe zwischen Chinesen und Japanern ausbrachen, wurden etliche Vorstädte mit einem schweren Bombardement belegt, dem ein furchtbares Feuer folgte. Vier Frauen in mittleren Jahren, die nicht rechtzeitig erkannt hatten, daß sich eine solche Entwicklung der Dinge anbahnte, trafen sich eines Nachmittags im oberen Geschoß eines kleinen zweistöckigen Hauses, in dem sie bis spät in die Nacht *Mah-jong* zu spielen pflegten. Sie waren weltlich gesinnte Damen, die an wenig anderes als an ihr eigenes Vergnügen dachten. Als um sie herum die Bomben zu fallen begannen und aus den benachbarten Gebäuden Flammen schlugen, waren sie außer sich vor Entsetzen, da es keine Möglichkeit zu geben schien, einem furchtbaren Tod zu entrinnen. Die einzige Person, die sich außerdem noch im Haus befand, war eine alte *Amah* (Dienstmagd), welche die Besitzerin des Hauses ihren Freundinnen gegenüber gerne als »nicht besser als eine Schwachsinnige« zu bezeichnen pflegte. Als die ersten Bomben fielen, kam dieses dünne, armselige, grauhaarige alte Geschöpf hereingeeilt, um zur Hand zu sein, falls ihre Herrin sie benötigen sollte, aber sie beteiligte sich nicht am Gejammer der Damen. Wenn die anderen sie auch nur im geringsten beachtet hätten, wären sie vor ihrer gelassenen Ruhe beschämt gewesen.

»Alter Vater Himmel«, kreischte die eleganteste der Besucherinnen und vergaß völlig ihre würdevolle Zurückhaltung, auf die sie bisher so stolz gewesen war.

»Das kommt davon, wenn man leichtfertig und ohne Ehrfurcht vor den Göttern lebt und sich nicht die Mühe gemacht hat, böswillige Dämonen zu beschwichtigen. Jetzt werden wir lebendig gebraten, und wer weiß, wie lange das Sterben dauern wird?«

»O weh, o weh!« jammerte eine andere. »Sagen Sie sowas nicht! Mein Hirn hat schon angefangen zu schmoren. Mein Schädel scheint ...«

»Genug!« stöhnte die dritte. »Haben Sie kein Erbarmen? Sehen Sie unsere arme Gastgeberin an! Sie haben ihr ihre beiden Seelen aus dem Leib gejagt mit Ihrem unverantwortlichen Gerede.«

Dies schien nicht ganz aus der Luft gegriffen, denn die umfangreiche Frau Chên war mit geisterblassem Gesicht nach vorn gesunken und hatte ihr Kinn in so heftigen Kontakt mit der marmornen Tischplatte gebracht, daß einige der Mah-jong-Steine auf den Boden gerollt waren. Ein kleiner Blutstrom, der von ihren Lippen rann, ließ darauf schließen, daß sie im Augenblick ihrer Ohnmacht auf ihre Zunge gebissen hatte. Das gequälte Geschnatter der anderen hielt unvermindert noch einige Zeit an, begleitet vom Krachen des Mauerwerks, als in der Nachbarschaft Haus um Haus zusammenbrach. Plötzlich wurden sie eine nach der anderen still und starrten erstaunt die »Schwachsinnige« vom Lande an, die sie stets mit achtloser Geringschätzung behandelt hatten. Unbemerkt war diese auf die Knie gesunken; ihr Gesichtsausdruck war voller Seelenruhe, und ein Lächeln lag auf ihren Lippen, während sie in erstaunlich kraftvollen Tönen, deren sie ein solch bescheidenes Geschöpf, das sich immer im Hintergrund hielt, nicht für fähig gehalten hätten, sehr langsam die Worte eines uralten *Dharani* des Großen Mitleids intonierte: ». . . SU FU LA YÄ, DSO LA DSO LA, MO MO FA MO LA . . .«

Nur eine der anwesenden Damen hatte mehr als eine vage Vorstellung, was diese seltsamen, unchinesisch klingenden Silben bedeuten mochten; stolz darauf, ganz und gar modern zu sein, hatten sie – außer in früher Kindheit – nie irgend etwas dieser Art gehört, oder hatten, wenn sie bei Beerdigungen die Mönche *Mantras* rezitieren hörten, dem nicht die geringste Beachtung geschenkt. Jetzt jedoch begannen sie, außerordentlich beeindruckt von etwas Unbenennbarem, die unvertrauten Silben mitzusprechen. Nach einiger Zeit hatte sich sogar Frau Chên so weit erholt, um mit zitternder Stimme ihren Teil beizusteuern. Ohne daß sie es bemerkten, hatte das Bombardement aufgehört, nur das Knattern des Feuers, das Donnern der zusammenbrechenden Gebäude und die Schreie der Verletzten und Sterbenden war noch zu hören, und von Zeit zu Zeit drang dichter schwarzer Rauch durch die Fenster herein, deren Glas schon längst herausgefallen war. Wunderbarerweise hatte sich eine außerordentliche Ruhe in dem Zimmer ausgebreitet. Die Frauen rezitierten mit so leiser Stimme, daß man sie für Buchhalter in einer Bank halten konnte, die ihre Zahlenreihen zusammenrechneten. Immer und immer wieder wurde das *Mantra* von den fünf Menschen wiederholt, die vollkommen die gespenstischen Flammen um sie herum und den Gestank verbrannten Fleisches, der sich mit anderen Gerüchen der entsetzlichen Zerstörung vermischte, vergessen hatten. Allmählich legte sich all der Schrecken, aber immer noch fuhren die Stimmen eifrig fort: ». . . POO YÄ MO NO, SO PO HO, SHI TO YÄ . . .«

Nach etlichen Stunden fiel eine nach der anderen aus reiner Erschöpfung in Schweigen, doch ließen sie mehr Frieden mit sich selbst erkennen als bei irgendeiner früheren Gelegenheit. Sie bemerkten jetzt, daß über dem Bild der Vernichtung um sie herum die Sonne aufgegangen war. Die drei Damen, die in anderen Stadtteilen lebten, verbeugten sich vor der alten *Amah* noch tiefer als vor ihrer Gastgeberin, Frau Chên, und machten sich auf den Weg durch die rauchenden Ruinen, betend, daß ihr eigenes Stadtviertel noch stehen möge. Links, rechts, vor ihnen und hinter ihnen erstreckte sich eine endlose Wüste der Zerstörung; kaum ein Gebäude stand noch, und keines von diesen wenigen war völlig unbeschädigt geblieben, mit Ausnahme des Hauses, in dem sie diese angsterfüllte Nacht verbracht hatten und das vom Vertrauen einer »Schwachsinnigen« auf die rettende Kraft des Bodhisattva des Großen Mitleids Kuan Yin beschützt worden war!

Die Pointe dieser Geschichte ist *nicht* die, daß das *Dharani* des Großen Mitleids ein Zauberspruch ist, der jeden beschützt, der es inmitten entsetzlichster Gefahren rezitiert, obwohl es manchmal tatsächlich den Anschein haben kann, als wirke es in dieser Weise, wenn einer oder mehrere von denen, die es rezitieren, etwas besitzen – vielleicht sogar ohne ihr eigenes Wissen –, das man als »gute Wurzeln« bezeichnet. Es ist wahrscheinlich, daß die angeblich schwachsinnige Dienerin eine einfache Person mit sehr rechtschaffenem Charakter war, die das *Mantra* durch häufige Wiederholung, das strikte Einhalten der Gebote und den aufrichtigen Wunsch, allen fühlenden Wesen zu dienen, gemeistert hatte. In diesem Fall bildete das mitleidsvolle Herz der bescheidenen (und möglicherweise nicht sonderlich intelligenten) alten Frau ein bewundernswertes Instrument, durch welches *Maha-karuna* unbeeinträchtigt durch irgendein Hindernis frei fließen konnte.

19. Reinigungs- und Heil-Yoga

Um die Techniken, die in diesem Kapitel beschrieben werden, richtig zu verstehen, sollte man sich mit den Gedanken, die in Kapitel 18 dargelegt wurden, gut vertraut gemacht haben.

Selbstreinigung

Der geistige Zustand, den man mit dieser Übung erreichen kann, geht über den des Christen hinaus, der sich im Beichtstuhl spirituell gereinigt hat, oder des Patienten, der auf der Couch des Analytikers zur geistigen Ganzheit zurückgekehrt ist; sie vertreibt jede Art psychischer Belastung ohne die Hilfe eines Priesters, eines Arztes oder einer äußeren Gottheit. Ich habe diese vereinfachte Form einer traditionellen Technik teilweise auf die überaus wirksame Methode der Selbstreinigung (mit Hilfe des Vajrasattva-Rituals) gestützt, wie sie von tibetischen Lamas verwendet wird, und teilweise auf eine aus China stammende Visualisation des Bodhisattva Kuan Yin. Da die erstere eine Initiation erfordert, bevor man die Unterweisung bekommen kann, mußte ich eine analoge Methode entwerfen, die für diejenigen geeignet ist, denen es zur Zeit nicht möglich ist, eine Initiation zu erhalten. Solch eine Verbindung von Elementen, die teils aus tibetischen und teils aus chinesischen Quellen kommen, steht in völliger Übereinstimmung mit der chinesischen Tradition. Seit dem Verschwinden der *Mi-Tsung-* oder Esoterischen Sekte des Buddhismus in China vor tausend Jahren haben individuelle chinesische Lehrer häufige Anleihen bei tibetischen und mongolischen Lamas gemacht, um die Lücke zu füllen, die durch das Abreißen der *Mi-Tsung*-Linie entstanden ist. Die Chinesen rufen gewöhnlich Kuan Yin, den Bodhisattva des Mitleids an, um *alle* Arten von Übeln zu bessern oder zu heilen; zudem ist der Kern des hier präsentierten Rituals – die Visualisation der Kuan Yin, die aus dem Mond heraustritt, der auf einen grenzenlosen Ozean herabscheint – zweifellos ein Überrest aus der chinesischen *Mi-Tsung*-Praxis. Die Form, in der wir es gebrauchen, enthält keine Neuerungen, außer daß diese Visualisation *zum Zweck der Selbstreinigung* in einer Weise angewendet wird, die an das tibetische Vajrasattva-Ritual erinnert. Mein Wagnis, in diesem Zusammenhang einen – wenn auch noch so kleinen – Gebrauch von einer tantrischen Technik zu machen, die nur für Initiierte vorgesehen ist, wird, meine ich, verzeihlich sein, da mein Lehrer, Dodrup Chen Rinpoche so gütig war, mir die Vollmacht zu geben, selbst zu entscheiden, wieviel ich in meinen Schriften über tantrische Themen sagen und nicht sagen wolle, und ich habe gewissenhaft alles vermieden, was den geheimeren Aspekten der Vajrasattva-Reinigungsübung nahekommt.

Am besten *regelmäßig* und in nicht allzu großen Abständen (mindestens alle drei Monate) sollte jeder, der yogische Meditation praktiziert, eine Sitzung zur Selbstreinigung einfügen. Nachdem der Übende Räucherstäbchen entzündet, sich dreimal zu Ehren des Dreifachen Juwels niedergeworfen* und seine übliche Meditationshaltung eingenommen hat, überlegt er: »Hier bin ich, die Füße fest auf dem Weg, aber blockiert von gewaltigen Unzulänglichkeiten, die aus der Last meines *Karma* erwachsen. Während der letzten Woche (oder des letzten Monats oder der letzten zwei oder drei Monate) habe ich oft meine Gedanken bei der yogischen Meditation herumwandern lassen

* Die Niederwerfungen können in Verbindung mit den oben beschriebenen Opfer-*Mudras* ausgeführt werden.

oder die Meditation nur oberflächlich vollzogen. Viele, viele Male bei Tag oder Nacht, wenn ich nicht mit der Meditation befaßt war, habe ich meine Achtsamkeit nicht aufrechterhalten und mir selbst erlaubt, mich in einer Weise zu benehmen (man kann sie spezifisch benennen), die einem Anhänger des Weges schlecht ansteht. Alle meine ungeschickten, *Karma*-erzeugenden Aktionen des Körpers, der Rede und des Geistes bedauere ich aufrichtig. Ich sehne mich danach, frei von ihren Auswirkungen zu sein, um die Erleuchtung eher zu erreichen und damit eine unversiegbare Quelle der Weisheit und des Mitleids zu werden, wie sie von den Myriaden Wesen so bitter benötigt wird, die hilflos im Kreislauf von Geburt und Tod herumgewirbelt werden.« (Bedenke dabei, daß Reue nicht egoistischen Betrachtungen der eigenen Situation und ihren schmerzlichen Seiten entspringen sollte, sondern dem Streben, eine unbegrenzte Hilfe für andere zu werden.)

Nachdem der Übende voller Bedauern über diese Dinge nachgedacht und sich fest entschlossen hat, es von jetzt an besser zu machen, ruft er Kuan Yin an, indem er immer und immer wieder die Formel »Ehre sei Kuan Yin, dem Bodhisattva des Großen Mitleids« oder *»Na-mo Ta-pei Kuan-Shi-Yin P'u-sa«* wiederholt. Er rezitiert die Anrufung langsam und feierlich und visualisiert ein stilles Meer, das sich nach allen Richtungen hin ausdehnt, und in der Mitte sitzt er selbst, als treibe er gewichtslos auf dem Wasser.

Ein voller Mond, der gerade erst aufgegangen ist und sich noch nicht weit über den Rand des Ozeans erhoben hat, beleuchtet mit sanftem Schein die Szene. Bald darauf erscheint in ihm Kuan Yin Bodhisattva in der Gestalt einer schönen Frau in weißen Gewändern, während die Mondscheibe sich in einen Strahlenkranz aus weißem Licht verwandelt, das von ihrem Körper ausstrahlt. Wie auch ihre Gewänder besitzt ihr Körper einen eigenen Glanz. Ihre Füße stehen auf einer riesigen weißen Lotusblüte, deren Blütenblätter rosig getönt sind. Nach einiger

Zeit gleitet der Lotus sanft über die Wellen, bis Kuan Yin nur eine Schrittlänge vom Übenden entfernt ist und mit einem freudigen Lächeln auf ihn herniederblickt. Als nächstes entströmt ihrer Stirn eine langanhaltende Flut blendend weißen Lichts, tritt durch den Scheitel des Übenden in seinen Kopf ein und dringt langsam abwärts. Dabei verdrängt das weiße Licht alle Übel, die Geist und Körper des Übenden heimsuchen – zahllose Unzulänglichkeiten, die zu *Karma*-schaffenden Aktionen führen und damit zu endlosem Wandern im Kreislauf von Tod und Wiedergeburt, wie auch Schmerzen, Kummer, Ängste, ungezügelte Leidenschaften, Unwissenheit, Dummheit und jede Art von geistiger und körperlicher Krankheit. Diese visualisiert er jetzt als Strom einer üblen schwarzen Flüssigkeit, die aus dem unteren Teil seines Körpers austritt, in den Ozean unter ihm hinabsinkt und gierig von einer Meute von Dämonen in der Gestalt scheußlicher Meeresungeheuer verschlungen wird, die aus allen Richtungen herbeieilen. (Dieser Teil der Visualisation sollte auf keinen Fall weggelassen werden, damit nicht die ausgestoßenen Übel die Umgebung vergiften und irgendeinem kleinen Geschöpf, das gerade anwesend sein mag, Schaden zufügen.)

Nachdem das weiße Leuchten nach und nach bis zu den Finger- und Zehenspitzen des Übenden vorgedrungen ist und jeden Winkel seines Wesens ohne Ausnahme erfüllt hat, gleicht er einem Kristallgefäß, das bis zum Rand mit blendendem Glanz gefüllt ist. In diesem Zustand verharrt er einige Zeit und erfreut sich des Mitgefühls, das so großzügig und freudig gewährt wurde, und er fährt ohne Pause mit der Anrufung fort, die bis zum Ende des Rituals nicht aufhören sollte. (Zur Abwechslung kann er, wenn er will, mit einer drei-, neun- oder einundzwanzigmaligen Anrufung beginnen, dann statt dessen das *Mantra* OM MANI PADME HUM rezitieren und erst am Ende wieder zur Anrufung zurückkehren, wenn er sich zu den Niederwerfungen erhebt.)

Wenn die ruhige, von Freude erfüllte Kontemplation des Bodhisattva Kuan Yin so lange wie möglich beibehalten wurde, läßt der Übende ihren Körper vor seinem inneren Auge allmählich blasser werden, bis er schließlich nicht mehr von dem mondartigen Strahlenkranz zu unterscheiden ist, der sich dann zu einem Punkt weißen Feuers zusammenzieht und binnen kurzem verschwindet. Danach bleibt er noch einige Zeit sitzen und gibt sich einem Gefühl der Gewichtlosigkeit und der Freiheit hin, das so stark ist, daß er sich geradezu zurückhalten muß, um nicht zu levitieren oder auf und davon zu fliegen. Auch wenn der Impuls zur Levitation sehr stark ist, sollte er ihm widerstehen, da es auf dieser Stufe nicht angebracht ist, solch einem Gefühl freien Lauf zu lassen.

Um das Ritual zu beenden, zieht er sich aus seiner Visualisation zurück, steht auf und vollzieht drei Niederwerfungen, verbunden mit der Invokation der Kuan Yin und der innigen Sehnsucht nach dem Glück und Wohlergehen aller Wesen. Zum Abschluß macht er drei weitere Niederwerfungen zu Ehren des Dreifachen Juwels.

Selbstheilung

Diese Übung sollte mit Bedacht ausgeführt werden, das heißt, nach sorgfältiger Betrachtung der Art der Beschwerden, die geheilt werden sollen. Wenn es sich um eine bereits lang andauernde Krankheit handelt, sollte man die Selbstheilung mit der Kraft des Mitleidsvollen Bodhisattva aus einem Grund, der durch das Folgende einsichtig wird, nicht versuchen.

Als ich bei meinem zweiten Besuch im Himalaja in dem kleinen Bergstädtchen Kalimpong dem gegenwärtigen Oberhaupt der tibetischen Nyingma-Schule Dudjom Rinpoche vorgestellt wurde, der mich bald darauf als Schüler annahm, überraschte es mich zu erfahren, daß dieser große Meister der yogischen Praxis seit vielen Jahrzehnten an einer in Abständen akut auftretenden Form von Asthma litt. Gewiß verfügte doch ein so bemerkenswerter Yogin, so dachte ich, über Mittel, sich von solch lästigen Beschwerden zu befreien, die ihn oft daran hinderten, diverse wichtige Dinge zu tun. Ich hatte das Gefühl, daß das eine Sache war, über die ihn zu befragen mir der Anstand verbot, da er mich noch nicht sehr gut kannte und vielleicht annehmen mochte, ich sei zu der Unverschämtheit fähig, das Ausmaß seiner yogischen Kräfte in Frage zu stellen. Statt dessen suchte ich die Antwort in dem, was ich während meiner Jahre in China bereits über den Buddhismus gelernt hatte. Dort hatte ich einerseits Geschichten von geradezu wunderbaren Heilungen gehört und war in einigen Fällen sogar selbst Zeuge davon gewesen. Andererseits hatte ich bemerkt, daß berühmte *Dharma*-Meister genauso wie andere Menschen krank werden, wenn auch dank ihrer Enthaltung von allen Arten emotionaler und körperlicher Exzesse und ihrer gesunden Lebensweise in den Bergklöstern und Einsiedeleien viel seltener. Als ich einige Monate lang im Kloster Hua T'ing bei Kunming lebte, war ich zutiefst bekümmert, als ich entdeckte, daß viele der Mönche dort große offene Entzündungen am Körper hatten. Da ich zu dieser Zeit der chinesischen Medizin noch wenig vertraute, nahm ich einen von ihnen mit hinunter in die Stadt und ließ ihn von einem Flüchtlingsarzt aus Wien untersuchen. Nach einer flüchtigen Untersuchung machte der Arzt eine Geste der Hilflosigkeit und erklärte, daß er nichts tun könne, da der Mönch eindeutig ein Opfer der Unterernährung sei – das Resultat der Verarmung des Klosters Hua T'ing im Zweiten Weltkrieg, als das ganze Land unter den Auswirkungen der japanischen Besetzung seiner fruchtbarsten Gebiete litt.

Als ich über all das nachdachte, kam ich zu dem Schluß, daß körperliche Krankheiten vom buddhistischen Standpunkt aus in zwei Kategorien eingeteilt werden können – in solche, die einen Teil der karmischen Last bilden, die von ungeeigneten

Taten des Körpers, der Rede und des Geistes in diesem und in früheren Leben herrühren; und solche, die eine aktuelle Ursache haben. Ich erkannte, daß ein so großer Yogi wie Dudjom Rinpoche wahrscheinlich seine unanzweifelbaren Kräfte hätte einsetzen können, um seine Krankheit zu heilen, daß er das aber wohl nicht wollte. Waren sie nämlich das Resultat des in einem früheren Leben angehäuften *Karma*, so würde ihre Heilung nur dazu führen, daß das *Karma* sich in irgendeiner anderen unangenehmen Weise auswirken würde. Karmische Ursachen können weder durch tugendhaftes Leben noch durch einen Akt des Willens getilgt werden, sondern müssen sich erschöpfen. Die korrekten yogischen Mittel, sie zu überwinden, bestehen darin, sich aller Handlungen zu enthalten, die der Bürde noch etwas hinzufügen, und auf diese Weise ihr allmähliches Abnehmen zu sichern. Andererseits eignen sich Krankheiten, die aktuelle Ursachen haben und nicht direkt mit der Auswirkung schweren *Karmas*, das aus früheren Leben herrührt, verbunden sind, für die Behandlung mit yogischen Mitteln, die, wie ich glaube, zum Beispiel für die Krankheit angemessen gewesen wären, unter der viele Mönche im Kloster Hua T'ing litten.

Es ist nicht einfach, die Kategorie zu bestimmen, zu der eine bestimmte Krankheit gehört. Als grobe Anleitung würde ich vorschlagen, daß langwierige oder häufig wiederkehrende Krankheiten karmischen Ursachen zuzuordnen sind, während solche, die von gegenwärtigen oder nicht lange zurückliegenden Umständen ausgelöst wurden, als geeignet für eine Heilung mit yogischen Mitteln betrachtet werden können. Vor allem Krankheitserscheinungen, die von ungesunden geistigen Zuständen, von Spannung, Nervosität, Ängsten, Depression, Furcht, Ausschweifung (zum Beispiel hinsichtlich Zorn, Sex, Drogen oder Alkohol) verursacht wurden, sind mit yogischen Mitteln leicht zu heilen. Um Enttäuschungen zu vermeiden, sollte man mit dem Wissen an die Übungen herangehen, daß manche Krankheiten mit diesen Mitteln nicht heilbar sind, oder daß die Heilung für den Patienten nicht in jeder Hinsicht etwas Positives bedeuten muß. Dennoch sollte man, sobald man sich entschlossen hat, einen Versuch der Heilung zu unternehmen, die Übung in einer ganz und gar optimistischen Geisteshaltung vollziehen. Heilungen mit yogischen Mitteln können in einem Zustand des Zweifelns keinen Erfolg haben.

Was man ungenau als »Selbstheilung« bezeichnet, was jedoch in Wirklichkeit Heilen mittels der Kraft von *Karuna* in der Verkörperung von Kuan Yin Bodhisattva ist, erfordert dasselbe Ritual wie das der Selbstreinigung (siehe oben), abgesehen von vier wichtigen Unterschieden:

1. Es sollte nicht in regelmäßigen Abständen über einen langen Zeitraum ausgeführt werden, sondern mit großer Intensität einmal, zweimal oder dreimal am Tag, bis die Krankheit beseitigt oder weitgehend gebessert ist.

2. Die Betrachtung über vergangene Unzulänglichkeiten und der Entschluß, es in Zukunft besser zu machen, sollte durch die Betrachtung über das Leiden aller fühlenden Wesen ersetzt werden, wobei man sich individuelle Beispiele menschlichen und tierischen Leidens lebhaft vorstellt; dem folgt die Sammlung auf die innige Sehnsucht nach dem Wohlergehen und Glück aller jener bestimmten Individuen und aller anderen Geschöpfe.

3. Während der Visualisation der Kuan Yin ist das Bewußtsein auf den Sitz der Krankheit, die ausgetrieben werden soll, gerichtet. Ist es eine lokalisierbare Krankheit, sollte sie auf die Weise beseitigt werden, daß sie durch das Einströmen der weißen Strahlen in den entsprechenden Teil des Körpers nach unten gedrängt, durch die unteren Körperöffnungen in Form einer üblen Flüssigkeit ausgestoßen und dann von den Meeresungeheuern verschlungen wird. (Ein psychologisches Problem kann man als im Kopf befindlich visualisieren. Wenn das Übel in einem Arm oder Bein sitzt, ergibt sich eine kleine Schwierigkeit, die jedoch auf zweierlei Weise zu lösen ist. Entweder stellt man sich vor, daß die dunkle Flüssigkeit durch die Fingerspit-

zen oder Zehen anstatt durch die unteren Körperöffnungen hinausgedrängt wird, oder man visualisiert, daß die weißen Strahlen an dem betroffenen Punkt vorbeifließen, die Fingerspitzen oder Zehen erreichen und dann zurückfluten, um die Krankheit auf einem passenden Weg durch den Körper zu den unteren Körperöffnungen zu drängen.)

4. Die Sehnsucht nach dem Glück und Wohlergehen aller Wesen, welche die Niederwerfungen am Ende begleitet, wird durch die folgende Abwandlung ersetzt: »Mögen alle fühlenden Wesen, die von geistigem oder körperlichem Übel betroffen sind, davon befreit werden und strahlende Gesundheit erlangen!«

Heilen anderer (einschließlich Gruppen-Heilen)

Was die für die yogische Behandlung geeigneten Krankheiten betrifft, so gilt für das Gruppen-Heilen weitgehend dieselbe Einschränkung wie für die Selbstheilung; doch in diesem Fall ist die Einschränkung möglicherweise weniger absolut. Wenn eine vollkommen uneigennützige Person (die frei ist vom Wunsch nach Belohnung oder nach Anerkennung als Heiler) die Macht von *Karuna* um eines anderen Wesens willen beschwört, wird das Verdienst ihrer großzügigen Anstrengung vermutlich zumindest soweit zu einem gewissen Erfolg führen, daß dadurch das schlechte *Karma* des Patienten zu einem gewissen Teil aufgewogen wird – vor allem dann, wenn der Vorrat des Heilenden an »Verdiensten« (eine Bezeichnung für die Ansammlung von gutem *Karma*) groß ist und ihm sehr daran liegt, ein wenig davon zum Zweck einer erfolgreichen Heilung zu übertragen. Man kann auch annehmen, daß die Kraft von *Karuna*, die in Kuan Yin Bodhisattva verkörpert ist, sehr bereitwillig auf eine wahrhaft mitleidsvolle Absicht reagiert, so daß selbst ein Mensch mit ziemlich wenigen Verdiensten Erfolg mit dem Beschwören dieser Kraft um eines anderen willen haben kann. Um die Übertragung von Verdiensten zu bewerkstelligen, bedarf es lediglich eines einfachen Willensaktes dessen, der sie angesammelt hat. Es gibt sogar Buddhisten, die solch einen Akt täglich als Teil ihrer regulären Übungen vollziehen – etwa mit den Worten: »Ich bitte darum, daß das Verdienst aller guten Handlungen von Körper, Rede und Geist als mein Opfer dem Wohl aller fühlenden Wesen dienen möge.« Wenn man eine spezielle Übertragung von Verdiensten vornehmen will, denkt man: »Ich opfere Verdienste für das Wohl von Soundso. Möge er (sie) von dieser Krankheit geheilt werden.« An solchen Übertragungen ist nichts Wunderbares; da unser individueller Geist nicht vom allumfassenden GEIST zu trennen ist, ist auch der eine vom anderen nicht zu trennen, abgesehen von der Ebene der relativen Wahrheit, auf der diese dualistischen Unterscheidungen Gültigkeit haben. Deshalb beeinflußt das aufrichtige sehnsuchtsvolle Streben einer Person selbstverständlich andere (ebenso wie böse Gedanken). Solche Wechselwirkungen finden dauernd statt, woraus sich die gute oder schlechte Atmosphäre erklärt, die man bei bestimmten Gelegenheiten im Zusammensein mit anderen Menschen empfindet. Außerdem stellte ich bei einigen meiner Seminare in Nordamerika fest, daß bei der Gruppen-Anrufung der Kraft von *Karuna* in der Verkörperung von Kuan Yin Bodhisattva für jemanden, der krank oder verletzt ist, die gemeinsame Anstrengung wirkungsvoller ist als die einer einzelnen Person.

Wenn jemand einen anderen durch die Beschwörung der Kraft von *Karuna* heilen will, ist die Methode dieselbe wie bei der Selbstheilung, außer daß die vorausgehende Zentrierung des sehnsuchtsvollen Strebens, das Visualisations-Ritual selbst und die abschließende Betrachtung ganz auf die zu heilende Person gerichtet sind. Während der Visualisation dringt also die Flut weißer Strahlen, die aus der Stirn des Bodhisattva hervortritt, nicht in den Körper des Meditierenden ein (der im visualisierten

Bild nicht anwesend sein muß), sondern in den des Patienten, der nach Möglichkeit anwesend sein sollte und der in jedem Fall als auf der Oberfläche des Meeres vor dem Bodhisattva sitzend oder liegend visualisiert wird. Der Lichtstrom tritt sichtbar durch den Scheitel ein und durchdringt allmählich seinen ganzen Körper, aus dem die Krankheit in der Form einer üblen schwarzen Flüssigkeit ausgetrieben wird, die dann die Meeresungeheuer verschlingen. Wenn der Patient persönlich anwesend ist oder vorher über die genaue Zeit des Heil-Rituals informiert werden konnte, sollte man ihm, falls sein Zustand es zuläßt, die Heil-Methode vermitteln und ihn selbst an der Anrufung der Kuan Yin und der darauf folgenden Visualisation teilnehmen lassen. In diesem Fall visualisiert er natürlich, daß die Strahlenflut in seinen eigenen Körper eindringt. Die Mitarbeit des Patienten beim Heil-Ritual erhöht den Grad des Erfolgs außerordentlich, aber man sollte ihn nicht zur Mitarbeit drängen, wenn sein körperlicher oder geistiger Zustand nicht dafür geeignet ist. Sollte er selbst mitarbeiten wollen, aber nicht genügend Kraft haben, um die gesamte Visualisation ausführen zu können, so gibt es den Mittelweg, daß er die Invokation der Kuan Yin oder das *Mantra* OM MANI PADME HUM rezitiert und sich dabei ruhig auf ihre Gestalt konzentriert.

Beim Gruppen-Heilen mit diesen Mitteln sollte der Patient nach Möglichkeit in der Mitte der im Kreis angeordneten Gruppe sitzen oder liegen. Die Gruppenmitglieder sollten ihn, ob anwesend oder nicht, so visualisieren, daß er allein vor dem Bodhisattva auf dem Wasser sitzt. Obwohl dieses geistige Bild gleichzeitig in ihrer aller Vorstellung entsteht, ist es nicht nötig, daß sie sich selbst als Teil der Szene visualisieren; alles, was sie sehen, ist der grenzenlose Ozean, der Bodhisattva und der Patient. Eine Methode, wie solch eine Gruppenaktivität koordiniert wird, ist auf den Seiten 106 f. beschrieben.

Zusammenfassung

Um allzu viele Wiederholungen zu vermeiden, habe ich im Abschnitt über die Heilung anderer auf die Abschnitte über die Selbstheilung und die Selbstreinigung zurückverwiesen. Die folgende Zusammenfassung aller drei Abschnitte mag deshalb zweckmäßig sein, sobald deren Inhalt vollkommen beherrscht wird:

<table>
<tr><th>Selbstreinigung</th><th>Selbstheilung</th><th>Heilen anderer</th></tr>
<tr><td>In regelmäßigen Abständen zu vollziehen</td><td>Zu vollziehen, wenn nötig</td><td>Zu vollziehen, wenn nötig</td></tr>
<tr><td colspan="3" align="center">Räucherstäbchen anzünden, drei Niederwerfungen und (eventuell) Opfer-Mudras</td></tr>
<tr><td>Betrachtung der Unzulänglichkeiten; Entschluß, es besser zu machen</td><td>Betrachtung der Leiden fühlender Wesen; sehnsuchtsvolles Streben nach ihrem Glück</td><td>Sehnsuchtsvolles Streben nach der Gesundheit des Patienten, der als anwesend visualisiert wird oder tatsächlich anwesend ist</td></tr>
<tr><td colspan="3" align="center">Anrufung des Bodhisattva Kuan Yin</td></tr>
<tr><td colspan="3" align="center">Visualisation des Ozeans, des Mondes und des Bodhisattva</td></tr>
<tr><td>Licht dringt in den eigenen Körper ein, treibt die karmischen Übel aus, die von den Mee-</td><td>Licht dringt in den eigenen Körper ein, treibt die Krankheit aus, die von den Meeres-</td><td>Licht tritt in den Körper des Patienten ein, treibt die Krankheit aus, die von den Meeres-</td></tr>
</table>

resungeheuern verschlungen werden, während man die Anrufung oder das *Mantra* rezitiert	ungeheuern verschlungen wird, während man die Anrufung oder das *Mantra* rezitiert	ungeheuern verschlungen wird, während man die Anrufung oder das *Mantra* rezitiert

Freudiges Verweilen und Dankbarkeit

Sehnsuchtsvolles Streben nach dem Glück aller fühlenden Wesen	Sehnsuchtsvolles Streben nach der Gesundheit aller fühlenden Wesen	Sehnsuchtsvolles Streben nach der Gesundheit und dem Wohlergehen des Patienten

Drei Niederwerfungen und Anrufung der Kuan Yin

Drei Niederwerfungen vor dem Dreifachen Juwel

Eine Geschichte

Chang Jung, ein ehemaliger Militärkommandant bei den Streitkräften des Generals Wu Pei-fu, der des Gemetzels müde war, hatte sich lange vor dem Sturz des Generals davongemacht und war ein wandernder Mönch geworden. Er pflegte im südlichen Teil der Provinz von Shantung, wo er geboren worden war, von Distrikt zu Distrikt umherzuwandern, und wurde nach und nach ein vertrauter Anblick für die dortige Bevölkerung. Da er erst so spät in seinem Leben Mönch geworden war, hatte er sich keinem strengen Noviziat unterziehen müssen und war deshalb in den Details nicht allzu sorgfältig. Jeden Abend ohne Ausnahme rezitierte er Kuan Yins *Dharani* des Großen Mitleids nicht weniger als hundertacht Mal, am liebsten in der freien Natur, wenn das Wetter günstig war. Hin und wieder sahen die Leute, wie Lichtstrahlen ihn umspielten, und die Gebildeteren erinnerten sich an eine Passage aus einem *Sutra*, die lautet: »Ihr solltet wissen, daß er eine Schatzkammer strahlenden Geistes ist, da er von den *Tathagatas* (Buddhas) hell beschienen wird. Ihr solltet wissen, daß er eine Schatzkammer des Mitleids ist, da er ununterbrochen das *Dharani* des Großen Mitleids rezitiert, uns lebenden Wesen zu helfen.« Es wurde allgemein angenommen, daß der alte Soldat für eine glückliche Wiedergeburt der Opfer betete, die in den Schlachten seiner früheren bösen Zeiten niedergemetzelt worden waren.

Nach und nach jedoch begann die Bewunderung der Leute für ihn abzunehmen. Ein Gerücht ging um, daß dort, wo er im Freien seine Praxis vollzogen hatte, das Gras im Umkreis des Platzes, an dem er gesessen hatte, bald welk wurde, und daß irgendwelche kleinen Geschöpfe, die sich zufällig dort befunden hatten, wie etwa eine Ameisenkolonie, hinterher tot aufgefunden wurden. Felsen und Steine rundum trugen manchmal Spuren von übelriechenden Substanzen, als hätten dort verwesende Leichen gelegen. Wenn das Wetter den Mönch dazu gezwungen hatte, seine Übungen in einem Schuppen durchzuführen, den er sich für die Nacht ausgesucht hatte, war der Boden oft mit denselben abscheulichen Substanzen befleckt, und Säcke voller Korn, die zufällig in der Nähe standen, wurden von Fäulnis befallen. Da die Leute in den Dörfern, die er von Zeit zu Zeit besuchte, einem so heiligen Mann die Gastfreundschaft nicht verweigern wollten, baten sie einen gelehrten *Dharma*-Meister, die Ursache dieser seltsamen Geschehnisse ausfindig zu machen.

Zuhöchst verwundert suchte der *Dharma*-Meister eine Gelegenheit, mit dem früheren Soldaten zusammenzutreffen. Er begrüßte ihn höflich und bemerkte: »Verehrter Herr, ich habe Geschichten gehört, daß Euch Lichter umstrahlen, wenn Ihr in Meditation versunken seid. Wahrlich wunderbar! Ich wäre Euch dankbar, wenn Ihr mir Eure Art und Weise, den Weg zu kultivieren, in aller Genauigkeit mitteilen wolltet.«

Dies tat der alte Mann mit Vergnügen.

»Ihr seht also tatsächlich die Körper derjenigen, die in längst vergangenen Schlachten erschlagen wurden, um Euch herum auf dem Boden liegen? Wenn Kuan Yin Bodhisattva ihre Strahlen über sie ausströmt, scheiden die Leichen üble Substanzen aus, was darauf hinweist, daß diese Wesen als Antwort auf Eure fromme Sehnsucht entweder im Reinen Land des Potala wiedergeboren werden, oder daß sie unter glücklicheren Umständen als zuvor wieder in diese Welt geboren werden. Euer Verdienst ist wirklich groß!«

Chang Jung neigte sein Haupt, als würde er dieses Lob nur ungern annehmen, aber ein Lächeln huschte über seine Lippen.

»Und was wird aus den üblen Substanzen, die aus ihren Körpern ausgetreten sind?«

»Was aus ihnen *wird?*« rief der alte Mann nicht wenig erstaunt. »Wieso, nichts. Diese Leichen sind, wie Euer Hochwürden sehr wohl wissen, Schöpfungen meines Geistes in der Meditation. Wenn ich die hundertacht Wiederholungen des *Dharani* beendet habe, ziehe ich meine Gedanken von diesen Erschlagenen zurück, und dann verschwinden sie natürlich.«

Daraufhin erklärte der *Dharma*-Meister, daß man bei solch einer Visualisation Vorkehrungen treffen müsse, um den ausgeschiedenen Unrat zu beseitigen.

»Haltet Ihr mich für einen Dummkopf?« rief der alte Kommandant und lachte so sehr, daß ihm die Tränen in die Augen traten. »Wie kann man geistig geschaffene Substanzen beseitigen, die gar nicht wirklich existieren?«

»*Alle* geist-geschaffenen Substanzen existieren wirklich«, antwortete der *Dharma*-Meister tadelnd. »Was sind Euer Körper und meiner oder dieses Zimmer, in dem wir jetzt sitzen, anderes als Schöpfungen des Geistes? Bitte kommt mit mir.«

Der *Dharma*-Meister bestand darauf, daß Chang Jung mit ihm zu dem Platz zurückkehrte, wo er am Abend zuvor seine Übungen vollzogen hatte, und zeigte ihm das welke Gras und die Steine, die mit einer scheußlichen Substanz bedeckt waren, von der immer noch ein unangenehmer Geruch aufstieg. Reuevoll fiel der alte Mann auf die Knie, ungeachtet dessen, daß der *Dharma*-Meister um viele Jahre jünger war als er selbst, und rief: »O weh, verzeiht mir. Dieser dumme alte Mann hat große Schuld auf sich geladen. Es war immer dunkel, wenn ich meine Übungen beendet hatte, und da ich selten länger als eine Nacht in einem Dorf blieb, entgingen mir diese Beweise meiner Dummheit. Ich bitte Euer Hochwürden, mich zu unterweisen, wie ich es richtig machen kann.«

Der *Dharma*-Meister war gern bereit, dies zu tun. »Ihr müßt die üblen Horden Yamas, des Herrn der Unterwelt, visualisieren, die unter der Erde hungrig darauf warten, den Unrat zu verspeisen, der für sie die herrlichste Delikatesse darstellt. Auf diese Weise erzielt Ihr doppelte Wirkung: Ihr sichert den Opfern der Schlachten, an denen Ihr beteiligt wart, eine glückliche Wiedergeburt und bereitet gleichzeitig den Scharen von Dämonen Vergnügen. Nichts könnte geeigneter sein, da die Dämonen das Vergnügen ebenso lieben wie die Menschen, aber es ist nicht immer so leicht, sie zufriedenzustellen, ohne daß Menschen deshalb leiden müssen. Darin besteht die Schönheit einer Meditationspraxis, die allen zugute kommt. Sie kann keinerlei unerfreuliche Resultate haben.« Er fuhr dann fort zu erklären, daß es keinen grundlegenden Unterschied zwischen den Schöpfungen des individuellen Geistes und denen des allumfassenden GEISTES gibt, und er fügte hinzu, daß der vermeintliche Unterschied noch geringer sei, wenn die Visualisation von jemandem wie Chang Jung vollzogen würde, der dank seiner unerschütterlichen Hingabe an seine Mit-Wesen ein so fortgeschrittener Yogin geworden war.

»Bitte versteht dies richtig. Ihr beschwört den Bodhisattva Kuan Yin in Eurem Geist. Ihr seht die leuchtenden Strahlen, die aus ihrer Stirn hervorbrechen, mit Eurem Geist. Dennoch solltet Ihr nicht annehmen, daß sie unwirklich sind. Der Grad der

Wirklichkeit mag sich von dem der sogenannten festen Dinge ein wenig unterscheiden, aber der Unterschied ist lediglich relativ, nicht wesensmäßig. Wenn Kuan Yin Bodhisattva, ihre leuchtenden Strahlen und die Leichen der Erschlagenen lediglich Trugbilder Eurer Einbildung wären, wie könnten dann Eure frommen Übungen den Erfolg haben, die karmische Last jener armen Opfer zu erleichtern, die von Euren Mannen erschlagen wurden? Die Wirklichkeit ist nicht leicht zu definieren. Doch seid gewiß, daß jede Gedankenform, jeder Traum, jede geistige Schau der objektiven Wirklichkeit näher steht, als Ihr bisher angenommen habt. Was die Leute üblicherweise als ›objektive Realität‹ bezeichnen, scheint für jene, die gelernt haben, die Dinge zu sehen, wie sie sind, gerade das Gegenteil davon zu sein. Vom absoluten Standpunkt gesehen, sind Subjekt und Objekt nicht voneinander verschieden. Der Denkende und der Gegenstand seines Denkens sind mit äußerster Gewißheit NICHT-ZWEI.«

Man braucht nicht jedes Detail dieser seltsamen Geschichte wörtlich zu nehmen. Phänomene wie die Strahlen, von denen man den alten Mönch während seiner yogischen Übungen umgeben sah, habe ich selbst oft genug feststellen können, so daß ich sie nicht als Allegorien oder Phantasieprodukte abtun kann. Andererseits ist es schwer zu glauben, daß visualisierte üble Substanzen, die nicht geistig beseitigt wurden, sichtbare Spuren hinterlassen, das Gras zum Welken bringen, Insekten töten oder Korn verfaulen lassen können. Ich verstehe diesen Teil der Geschichte als Hinweis darauf, daß schädliche psychische Einflüsse an dem Ort zurückbleiben können, an dem eine Heilung oder eine ähnliche Übung vorgenommen wurde, bei der man Schmerzen oder Krankheit in Form von geistgeschaffenen üblen Substanzen geistig ausgetrieben und sie nicht durch einen ähnlichen geistigen Akt beseitigt hat.

Danksagung

Meine Kenntnisse des kontemplativen Yoga verdanke ich meinen geliebten Freunden und Ratgebern aus lange zurückliegenden Tagen – dem Älteren Bruder Tsai Ta-hai, dem Fünften Onkel Pun und vielen chinesischen und tibetischen Mönchen und Laien, die in großzügigster Weise ihre Zeit und ihre Fähigkeiten darauf verwandten, mich zu unterweisen.

Für die willkommene Gelegenheit, im Herbst meines Lebens einen ausgedehnten Besuch Nord-Amerikas zu unternehmen, der mir die Möglichkeit gab, einige der spirituellen und psychischen Bedürfnisse der westlichen Menschen bei ihrer Suche nach östlicher Weisheit kennenzulernen, schulde ich der Alan Watts-Gesellschaft für vergleichende Philosophie großen Dank (vor allem Bob Shapiro, meinem unermüdlichen Führer und Berater, und Ruth Castello, einer hinreißenden Dichterin, die monatelang daran arbeitete, jede Einzelheit meiner komplizierten Rundreise zu arrangieren); ebenso der Living Tao Foundation (vor allem meinem »Neffen« T'ai-Chi-Meister Huang Chung-liang (Al Huang); den Mitgliedern der vier Institute Esalen, Cold Mountain, Oasis und Yes und den zahllosen buddhistischen Akademien und Gemeinschaften in den USA und Kanada, die mich herzlich einluden, an ihren Aktivitäten teilzunehmen; und all den Menschen, die zum Teil von weit her kamen, um meine Seminare mit ihrer Weisheit zu bereichern.

Für ihre liebevolle Gastfreundschaft möchte ich etlichen alten und neuen Freunden danken, die mich beherbergten und speisten, mich in den großen Städten herumfuhren oder bis zu zweitausend Meilen weit übers Land chauffierten und ihre Zeit, ihre Energie und ihr Geld für mein Wohlergehen und Vergnügen einsetzten und mir sogar so freundliche Dienste erwiesen, wie meine Kleider zu bügeln!

Mögen sie und alle Wesen glücklich sein!

ANHANG

1. *Das Dharani des Großen Mitleids*

Viele hingebungsvolle Buddhisten rezitieren dieses *Dharani* des Kuan Yin Bodhisattva mehrmals an jedem Tag ihres Lebens. Die chinesische oder japanische Version kann anstelle der (rekonstruierten) Sanskrit-Version, die auf Seite 262 zu finden ist, verwendet werden. Der folgende chinesische Text wurde freundlicherweise vom Institute for Advanced Studies of World Religions, New York, zur Verfügung gestellt. Die romanisierte Form hält sich an die traditionellen Regeln für die Aussprache chinesischer Schriftzeichen, wenn sie gebraucht werden, um Sanskrit-Silben umzusetzen. Für das wie ein langes »I« gesprochene »E« wurde in der deutschen Ausgabe jedoch ein »Ī« eingesetzt. Angesichts des nicht-phonetischen Charakters der chinesischen geschriebenen Sprache ist die chinesische Version im Klang sehr weit vom ursprünglichen Sanskrit entfernt (das bedauerlicherweise nicht überliefert ist). Doch scheint die falsche Aussprache keinen Einfluß auf die wunderbare Wirksamkeit des *Dharani* zu haben, da es in verschiedenen Teilen Asiens mit sehr unterschiedlicher Aussprache, aber dennoch niemals wirkungslos rezitiert wird. Kuan Yin ist vor allem anderen mitleidsvoll! Wenn man mantrische Silben rezitiert, verweilt man nicht bei der wörtlichen Bedeutung (oder braucht sie nicht einmal zu kennen), so daß die Aussprache kein Problem darstellt.

NÄ MO HĂ LĂ DĂ NŌ DŌ LĂ YÄ YÄ NÄ MŌ Ō LĪ YÄ
PŌ LU JĬ DĪ SŎ BU LĂ YÄ POO TĪ SĂ DŌ PŌ YÄ MŌ
HŌ SĂ DŌ PŌ YÄ MŌ HŌ JÄ LU NĪ JÄ YÄ ĂN SĂ BU
LĂ FĂ SHĔḤ SŌŌ DĂ NŌ DĂ SHÄ NÄ MŌ SHĬ JĬ LĪ DŌ
Ī MŌN Ō LĬ YÄ PŌ LU JĬ DĪ SŬ FŬ LĂ LĬN TŌ PŌ NÄ
MŌ NŌ LĂ JĬN TSĪ SHĪ LĪ MŌ HŌ BU DŌ SŌ MĪ SĂ PŌ
Ō TŌ DĒR SŌŌ PŌN Ō SŬ YUĬN SĂ PŌ SĂ DŌ NÄ MŌ
PŌ SĂ DŌ NÄ MŌ PŌ CHĬÄ MŌ FĂ DŬ DĒR DĂ TZĪ
TŌ ĂN Ō PŌ LU SHĪ LU CHĬÄ DĪ JÄ LŌ DĪ Ī SHĪ LĪ MŌ

HŌ PŌŌ TĪ SĂ DŌ SĂ PŌ SĂ PŌ MŌ LĂ MŌ LĂ MŌ SHĪ MŌ SHĪ LĪ TŌ YUǏN JŬ LŬ JŬ LŬ JĬ MŌN DŌŌ LŬ DŌŌ LŬ FĂ SĂ YĂ DĪ MŌ HŌ FĂ SĂ YĂ DĪ TŌ LĂ TŌ LĂ SĂ LĪ NĪ SŬ FŬ LĂ YĂ DSŌ LĂ DSŌ LĂ MŌ MŌ FĂ MŌ LĂ MŌ DĪ LĪ Ī SHĪ Ī SHĪ SŬ NŌ SŬ NŌ Ō LĂ SŬN FŬ LĂ SŌ LĪ FĂ SŌ FĂ SŬN FŬ LĂ SŌ YĂ HŌŌ LU HŌŌ LU MŌ LĂ HŌŌ LU HŌŌ LU SHĪ LĪ SŌ LĂ SŌ LĂ SHǏ LĪ SHǏ LĪ SŌŌ LU SŌŌ LU PŌŌ TĪ YĂ PŌŌ TĪ YĂ PŌŌ TŌ YĂ PŌŌ TO YĂ MĪ DĪ LĪ YĂ NŌ LĂ JĬĪN TSĪ SĂ LĪ SŬ NĪ NŌ PŌŌ YĂ MŌ NŌ SŌ PŌ HŌ SHǏ TŌ YĂ SŌ PŌ HŌ MŌ HŌ SHǏ TŌ YĂ SŌ PŌ HŌ SHǏ TŌ YŬ YĪ SŬ BU LĂ YĂ SŌ PŌ HŌ NŌ LĂ JĬĪN TSĪ SŌ PŌ HŌ MŌ LĂ NŌ LĂ SŌ PŌ HŌ SHǏ LĂ SŬN Ō MŌ CHǏĂ YĂ SŌ PŌ HŌ SŌ PŌ MŌ HŌ Ō SHǏ TŌ YA SŌ PŌ HŌ JĂ JĬ LĂ Ō SHǏ TŌ YĂ SŌ PŌ HŌ BŌ TŌ MŌ JĬ SHǏ TŌ YĂ SŌ PŌ HŌ NŌ LĂ JĬĪN TSĪ BU CHǏĂ LĂ YĂ SŌ PŌ HŌ MŌ PŌ LĪ SŬN JĬ LĂ YĂ SŌ PŌ HŌ NĂ MŌ HĂ LĂ DĂ NŌ DŌ LĂ YĂ YĂ NĂ MŌ Ō LĪ YĂ PŌ LŌ JĬ DĪ SŌ BU LĂ YĂ SŌ PŌ HŌ ĂN SHǏ DIĪN DŌŌ MĂN DŌ LA BU TŌ YĂ SŌ PŌ HŌ

Die folgende romanisierte japanische Version desselben *Dharani* wurde mir freundlicherweise vom Zen Centre, San Francisco, zugesandt. Die Vokale werden mehr oder weniger wie im Deutschen ausgesprochen; das »SH« spricht sich wie »sch«; das »Y« wie das »j« in »Japan«; das »J« wie »dsch«, also wie das »j« in »Fuji«; das »Z« wie das weiche »s« in »Sahne«; das »CH« wie »tsch«.

DAI HI SHIH DHARANI

NAMU KARA TAN NO TORA YA YA NAMU ORI YA BORYO KI CHI SHIFU RA YA FUJI SATO BO YA MOKO SATO BO YA MO KO KYA RUNI KYA YA EN SA

HARA HA EI SHU TAN NO TON SHA NAMU SHIKI RI TOI MO ORI YA BORYO KI CHI SHIFU RA RIN TO BO NA MU NO RA KIN JI KI RI MO KO HO DO SHA MI SA BO O TO JO SHU BEN O SHU IN SA BO SA TO NO MO BO GYA MO HA TE CHO TO JI TO EN O BO RYO KI RU GYA CHI KYA RYA CHI I KIRI MO KO FUJI SA TO SA BO SA BO MO RA MO RA MO KI MO KI RI TO IN KU RYO KU RYO KE MO TO RYO TO RYO HO JA YA CHI MO KO HO JA YA CHI TO RA TO RA CHIRI NI SHIFU RA YA SHA RO SHA RO MO MO HA MO RA HO CHI RI YU KI YU KI SHI NO SHI NO ORA SAN FURA SHA RI HA ZA HA ZA FURA SHA YA KU RYO KU RYO MO RA KU RYO KU RYO KI RI SHA RO SHA RO SHI RI SHI RI SU RYO SU RYO FUJI YA FUJI YA FUDO YA FUDO YA MI CHIRI YA NORA KIN JI CHIRI SHUNI NO HOYA MONO SOMO KO SHIDO YA SOMO KO MOKO SHIDO YA SOMO KO SHIDO YU KI SHIFU RA YA SOMO KO NORA KIN JI SOMO KO MO RA NO RA SOMO KO SHIRA SU OMO GYA YA SOMO KO SOBO MOKO SHIDO YA SOMO KO SHAKI RA OSHI DO YA SOMO KO HODO MOGYA SHIDO YA SOMO KO NORA KIN JI GYARA YA SOMO KO MO HORI SHIN GYARA YA SOMO KO NAMU KARA TAN NO TORA YA YA NAMU ORI YA BORYO KI CHI SHIFU RA YA SOMO KO SHITE DO MODO RA HODO YA SO MO KO

Die japanische Kurzform der Anrufung des Bodhisattva des Großen Mitgefühls, das *Mantra* der Kannon, lautet:

JI HO SAN SHI I SHI FU
SHI SON BU SA MO KO SA
MO KO HO JA HO RO MI

2. *Das Herz-Sutra (Prajnaparamitahrdaya Sutra)*

Meine Übersetzung und Erläuterung des *Sutra* ist auf den Seiten 265 f. zu finden. Man kann es natürlich, wenn man will, auch auf chinesisch rezitieren. Das Institute for Advanced Studies of World Religions, New York, hat mir freundlicherweise folgenden chinesischen Text zugesandt, dessen Romanisierung dem auch in Deutschland bekannten Wade-Giles-System der Romanisierung chinesischer Schriftzeichen entspricht:

PO JE PO LO MI TO HSIN CHING

KUAN TZU TSAI P'U SA HSING SHEN PO JE PO LO MI TO SHIH CHAO CHIEN WU YUN CHIEH K'UNG TU YI CH'IEH K'U EH SHEH LI TZU SEH PU YI K'UNG K'UNG PU YI SEH SEH CHI SHIH K'UNG K'UNG CHI SHIH SEH SHOU HSIANG HSING SHIH YI FU JU SHIH SHEH LI TZU SHIH CHU FAH K'UNG HSIANG PU SHENG PU MIEH PU KOU PU CHING PU TSENG PU CHIEN SHIH KU K'UNG CHUNG WU SEH WU SHOU HSIANG HSING SHIH WU YEN ER PI SHEH SHEN YI WU SEH SHENG HSIANG WEI CH'U FAH WU YEN CHIEH NAI CHIH WU YI SHIH CHIEH WU WU MING YI WU WU MING CHIN NAI CHIH WU LAO SZU YI WU LAO SZU CHIN WU K'U CHI MIEH TAO WU CHIH YI WU TEH YI WU SUO TEH KU P'U T'I SA TO YI PO JE PO LO MI TO KU HSIN WU KUA AI WU KUA AI KU WU YOU K'UNG PU YUAN LI TIEN TAO MENG HSIANG CHIU CHING NIEH P'AN SAN SHIH CHU FU YI PO JE PO LO MI TO KU TEH AH NOU TO LO SAN MIAO SAN P'U T'I KU SHIH PO JE PO LO MI TO SHIH TA SHEN CHOU SHIH TA MING CHOU SHIH WU SHANG CHOU SHIH WU TENG TENG CHOU NENG CH'U YI CH'IEH K'U CHEN CHIH PU HSU KU SHUO

PO JE PO LO MI TO CHOU CHI SHUO CHOU YUEH CHIEH TI CHIEH TI PO LO CHIEH TI PO LO SENG CHIEH TI P'U T'I SA P'O HO

Das Folgende ist eine romanisierte japanische Übersetzung des Herz-Sutra, die freundlicherweise vom Zen Centre, San Francisco, zur Verfügung gestellt wurde (Aussprache wie beim japanischen DAI HI SHIN DHARANI, Seite 296).

MA KA HAN NYA HA RA MI TA SHIN GYO

KAN JI ZAI BO SATSU GYO JIN HAN NYA HA RA MI TA JI SHO KEN GO ON KAI KU DO IS SAI KU YAKU SHA RI SHI SHIKI FU I KU KU FU I SHIKI SHIKI SOKU ZE KU KU SOKU ZE SHIKI JU SO GYO SHIKI YAKU BU NYO ZE SHA RI SHI ZE SHO HO KU SO FU SHO FU METSU FU KU FU JO FU ZO FU GEN ZE KO KU CHU MU SHIKI MU JU SO GYO SHIKI MU GEN NI BI ZES SHIN NI MU SHIKI SHO KO MI SOKU HO MU GEN KAI NAI SHI MU I SHIKI KAI MU MU MYO YAKU MU MU MYO JIN NAI SHI MU RO SHI YAKU MU RO SHI JIN MU KU SHU METSU DO MU CHI YAKU MU TOKU I MU SHO TOK KO BO DAI SAT TA E HAN NYA HA RA MI TA KO SHIN MU KE GE MU KE GE KO MU U KU FU ON RI IS SAI TEN DO MU SO KU GYO NE HAN SAN ZE SHO BUTSU E HAN NYA HA RA MIT TA KO TOKU A NOKU TA RA SAM MYAKU SAM BO DAI KO CHI HAN NYA HA RA MI TA ZE DAI JIN SHU ZE DAI MYO SHU ZE MU JO SHU ZE MU TO DO SHU NO JO IS SAI KU SHIN JITSU FU KO KO SETSU HAN NYA HA RA MIT TA SHU SOKU SETSU SHU WATSU GYA TE GYA TE HA RA GYA TE HARA SO GYA TE BO JI SOWA KA HAN NYA SHIN GYO

3. Ein Gedicht aus dem Lotus-Sutra

Die berühmte Beschreibung der wunderbaren Kräfte des Bodhisattva Kuan Yin als der Verkörperung des unüberwindlichen *Maha-karuna* wird von hingebungsvollen Buddhisten täglich viele Male rezitiert. Sie sollte wenigstens von Zeit zu Zeit als Alternative (oder, noch besser, zusätzlich) zum Herz-Sutra als Teil des beschriebenen yogischen Rituals gelesen werden.

Von der Welt Verehrter und Vollkommener,
Ich bitte Euch zu erklären,
Weshalb dieser heilige Bodhisattva
Kuan Shih Yin genannt wird.
Hierauf antwortete der Vollkommene
Mit folgendem Gesang:

Die Echos ihrer heiligen Taten
Klingen durch die Welt,
So groß und tief waren ihre Gelübde,
als sie nach zahllosen Äonen,
In denen sie Scharen von Vollkommenen gedient hatte,
Ihr reines Verlangen hören ließ
(alle gequälten Wesen zu befreien).

Nun höret, wozu dies führte –
Ihren Namen zu hören oder ihre Gestalt zu sehen
Oder ihren Namen inbrünstig zu rezitieren,
Befreit die Wesen von jeglichem Leid.

Würdest du mit mörderischer Absicht
In einen feurigen Ofen gestoßen –
Ein Gedanke an Kuan Yins rettende Kraft
Würde diese Flammen zu Wasser verwandeln.

Würdest du auf dem Meere treiben,
Von Drachenfischen und bösen Geistern umgeben –
Ein Gedanke an Kuan Yins rettende Kraft
Würde dich vor den hungrigen Wogen verschonen.

Würde dich vom Gipfel des Berges Sumeru
Ein Feind hinunterstürzen –
Ein Gedanke an Kuan Yins rettende Kraft,
Und du würdest sonnengleich im Raume stehen.

Würdest du von bösen Menschen verfolgt
Und gegen den eisernen Berg geschmettert –
Ein Gedanke an Kuan Yins rettende Kraft,
Und kein Haar würde dir gekrümmt.

Wärest du umzingelt von einer Bande von Räubern,
Die ihre grausamen Messer schon zum Gemetzel erhoben haben –
Ein Gedanke an Kuan Yins rettende Kraft,
Und Erbarmen würde ihren Stoß verhindern.

Wäre der König ergrimmt über dich
Und des Scharfrichters Schwert schon zum Schlag erhoben –
Ein Gedanke an Kuan Yins rettende Kraft
Würde das Schwert in Stücke brechen lassen.

Wärest du von Gefängnismauern umschlossen,
An Händen und Füßen mit Ketten gebunden –
Ein Gedanke an Kuan Yins rettende Kraft
Würde augenblicklich zur Befreiung führen.

Hättest du einen schlechten Trank getrunken
Und lägest nun dem Tode nah darnieder –
Ein Gedanke an Kuan Yins rettende Kraft
Würde unschädlich machen das Gift.

Wärest du von Raksa-Geistern bedrängt,
Oder von bösen Drachen, von stammelnden Dämonen –
Ein Gedanke an Kuan Yins rettende Kraft,
Und keiner würde es wagen, dich anzugreifen.

Würden wilde Bestien auf dich eindringen,
Mit angsterregenden Fängen, grausamen Klauen –
Ein Gedanke an Kuan Yins rettende Kraft
Würde sie Hals über Kopf davonjagen.

Würden Schlangen auf deinem Weg liegen
Und giftigen Dampf und Flammen speien –
Ein Gedanke an Kuan Yins rettende Kraft
Würde sie schnell wie einen Ton verschwinden lassen.

Würde der Donner rollen und Blitze zucken
Oder furchtbarer Regen herniederstürzen –
Ein Gedanke an Kuan Yins rettende Kraft
Würde den Sturm mit einem Schlag beruhigen.

Obwohl die Wesen, überwältigt von karmischer Not,
Zahllose Leiden zu tragen haben,
Gibt Kuan Yins wunderbare Wahrnehmung
Ihr die Möglichkeit, sie alle zu läutern.

Mit übernatürlicher Kraft begabt
Und weise im Gebrauch von geeigneten Mitteln,
Manifestiert sie in jedem Winkel der Welt
Ihre zahllosen Formen.

Welche schwarzen Übel sich auch ansammeln mögen –
Höllengebürtige Dämonen, wilde Bestien,
Übel der Geburt, des Alters, der Krankheit, des Todes,
Kuan Yin wird eines nach dem anderen zerstören.

Wahrhaftige Kuan Yin! Reine Kuan Yin!
Unermeßlich weise Kuan Yin!
Voller Mitleid und Erbarmen,
Allezeit ersehnt und verehrt!

O reines und glänzendes Strahlen!
O Nacht-vertreibende Sonne der Weisheit!
O Siegerin über Sturm und Flammen!
Deine Glorie erfüllt die Welt!

Dein Erbarmen ist ein Schutzschild gegen Blitze,
Dein Mitleid formt eine wunderbare Wolke,
Die Dharma-Nektar herniederregnet
Und die Flammen des Leides löscht.

Jenen, die in Rechtsstreit verstrickt sind
Oder inmitten von Kriegsheeren zittern,
Kommt der Gedanke an die Kraft Kuan Yins,
Woraufhin aller Haß zerstreut wird.

Der wunderbare Klang des Namens Kuan Yin
Ist heilig wie der Donner des Meeres –
Nichts gleicht ihm in der Welt!
Und deshalb sollten wir ihn oftmals nennen.

Wende dich an ihn, niemals zweifelnd,
Kuan Shih Yin – reiner und heiliger Klang;
Für jene, die sich in Todesangst befinden,
Eine niemals wankende Stütze.

Die Vollkommenheit ihrer Verdienste,
Das Mitleid in ihrem Strahlen,
Die Unbegrenztheit ihres Segens
Anbetend, beugen wir unser Haupt!